都市経営研究叢書3

AIと社会・経済・ビジネスのデザイン

増補版

村上憲郎・服部桂・近勝彦・小長谷一之［編］

日本評論社

『都市経営研究叢書シリーズ』 刊行にあたって

　21 世紀はアジア・ラテンアメリカ・中東・アフリカの都市化と経済発展の時代であり、世界的には、人類の過半が都市に住む都市の時代が到来しています。

　ところが、「人口消滅都市（※注）」などの警鐘が鳴らされているように、逆に先進国都市では、人口の減少、高齢化、グローバル化による産業の空洞化が同時進展し、都市における公共部門やビジネス等の活動の課題はますます複雑になっています。なぜなら、高齢化等により医療・福祉などの公共需要はますます増大するにもかかわらず、人口減少・産業の空洞化が同時進行し、財政が緊迫するからです。

※注：2014 年に日本創成会議（増田寛也座長）が提唱した概念

　このため、これからは都市の行政、ビジネス、非営利活動のあらゆる分野で、スマート（賢く）でクリエイティブ（創造的）な課題解決が求められるようになります。人口減少と高齢化の時代には、高付加価値・コストパフォーマンスの高いまちづくりや公民連携（PPP や PFI）が不可欠です。今後重要性の高い、効果的なまちづくりや政策分析、地域再生手法を研究する必要があります。また、人口減少と高齢化の時代には、地方自治体の行政運営の仕方、ガバナンスの課題が大変重要になってきます。限られた財政下で最大の効果を上げる行政を納税者に納得して進

めていくためにも、合意形成のあり方、市民参画、ガバメント（政府）からガバナンス（運営と統治）への考え方の転換、NPO などの新しい公共、そして法や制度の設計を研究する必要があります。また、産業の空洞化に対抗するためには、新産業の振興、産業構造の高度化が不可欠であり、特に、AI などの ICT 技術の急速な進歩に対応し、都市を活性化する中小・ベンチャーの経営革新により、都市型のビジネスをおこす研究が必要です。一方、高齢化社会の到来で、医療・社会福祉・非営利サービス需要はますます増大いたしますが、これらを限られた財政下で整備するためにも、医療・福祉のより効率的で効果的な経営や倫理を研究し、イノベーションをおこさないといけません。

　これらから、現代社会において、都市経営という概念、特に、これまでの既存の概念に加え、産業や組織の革新（イノベーション）と持続可能性（サスティナビリティ）というコンセプトを重視した都市経営が必要となってきています。

　このために、都市経営の基礎となるまちづくり、都市政策・産業政策・経済分析や、都市経営のための地方自治体の行政改革・ガバナンス・公共政策、都市を活性化する中小ベンチャーの企業経営革新や ICT 化、医療・福祉の経営革新等の都市経営の諸課題について、都市を支える行政、NPO、プランナー、ビジネス、医療・福祉活動等の主要なセクターに属する人々が、自らの現場で抱えている都市経営の諸課題を、経済・経営・政策・法 / 行政・地域などの視点から、都市のイノベーションとサスティナビリティを踏まえて解決できるように、大阪市立大学は、指導的人材やプロフェッショナル / 実務的研究者を養成する新しい大学院として都市経営研究科を、2018 年（平成 30 年）4 月に開設いたしました。

　その新しい時代に求められる教程を想定するとともに、広く都市経営に関わる諸科学に携わる方々や、学ばれる方々に供するため、ここに、『都市経営研究叢書』を刊行いたします。

2019 年 2 月

都市経営研究科 開設準備委員会委員長　桐山　孝信

都市経営研究科 初代研究科長　小長谷　一之

はじめに

　今や「第4次産業革命」「ソサエティ5.0」の時代といわれ、IoTがあらゆる製品をネットでつなぎ、AIが製品のスマート化をしようとしている。AI（人工知能）の技術は、これまでのような単純な計算機型のコンピュータの使い方ではなく、人間の脳を模した「ニューラルネット」模型の構造と、自分で学習するシステム「マシンラーニング＋ディープラーニング」への転換（特に今回の第3次ブーム）により、巨大な技術的ブレークスルーを成し遂げ、多くの分野で単一機能ではあるが人間の能力を超えつつある。もともと、検索企業のグーグルがネット空間での膨大なビッグデータ解析のため構築したAIが、2012年に高精度な画像認識をするに至り、今や多くの仕事にAIが活用され始めている。

　経済や社会の広い文脈で、イノベーション論でいう「GPT（General Purpose Technology）」という言葉が、重要となっている。GPTとは、日本語では「汎用目的技術」というもので、あらゆる社会・経済・経営問題の解決やシステムの開発に利用可能な技術の総称であるが、現在のAIはまさにその「本命」といえるものである。

　また、雇用の面でも、AIは始めての本格的な知的装置であるため、これまで自動化できなかったホワイトカラー職、専門職業務にも入りこむので、これからは、どの職業に進むについてもAI利活用の知識や、AIと協働する技能がなければ高度な仕事はできないといわれている。

　AIは、今の「第3次ブーム世代」の段階に至り、単一機能ではあるが人間に匹敵する真に実用的な能力を発揮できるようになったといえる。このAIを経済・経営・社会のすべての分野で、さらに全面的に導入・応用することが加速しており、あらゆる面で、地球的規模の大きな変革がおこっているのである。

　このように、AIは、われわれのあらゆる産業・社会・生活を変革し

つつある技術であるので、わずかの期間の間に膨大な数の AI 関連書が刊行されつつあり、AI に関係する情報が急速に増大し、世の中にあふれるようになっている。

　そこで本書は、一面で、できるだけわかりやすく AI の基礎と応用を論じることがテーマの1つではあるが、あえて、AI に関する視点として、これまでよりも、AI の背後にある歴史・原理・特性について、そして、現在、これからの 21 世紀という時代がなぜ AI を必要とし、AI なしでは成り立たないのかという点について、そして、AI を実際に社会・経済・ビジネスの現場で使うことを考えた場合のこれまでにない有利さ、強力さ、そして課題などを、掘り下げようと試みた。それにより、AI という人類の歴史上最大級の発明がもつ意味が、より理解でき、よりよく活用し、人類の文明を豊かにすることができるとともに、一方で、今後でてくるであろう幾多の課題に、よりよく取り組むことが（解決とまでもいかないまでも）できるようになるのではないか、と考えるからである。

＊　　　　　　＊　　　　　　＊

　第Ⅰ部「AI とはなにか？」では、あえて、AI の人間の歴史の中での重大性に鑑み、この AI 技術の意味を、その誕生の瞬間、経緯に遡って考えることから始め、AI の誕生までの文化論的意味、AI のもつ原理を説明し、AI を、実際に手を動かして体験してもらうことを目的とする。それにより、AI の本質、特別な性格、有用な応用方向、そのもつ課題などがかえって浮き彫りとなると思われるからである。

　まず第1章で、草創期よりコンピュータ業界での AI 開発の現場に関わり、上記のように 2010 年代ごろより本命となった AI 第3次ブームの立役者の1つであるグーグルの現場で AI 誕生の前後までを目撃した編者が、アメリカにおいてミニコンから出発した OS（基本ソフト）や AI の研究、アメリカにおける IT 業界の展開の経緯、ソフトウェアや基本システムの系譜、アメリカ企業の特性などを説明し、AI に関する今後の日本の方向性などについて概観する。

続いて第2章では、AIをテクノロジー文化論から説き明かす。まず、コンピュータ以前のAIのルーツ、自動人形や自動機械などへの人間の期待から始まり、論理主義からチューリングマシン・チューリングテスト、ノイマン型の現在のコンピュータへといたる系譜をたどる。そして、本書全般で引用されるダートマス会議、オンラインシステム、パーソナル端末など、20世紀後半になり加速化・本格化したコンピュータ開発について説明し、最後に、未来を予言するテクニウム論などを紹介する。

　第3章では、AIの原理を説明する。AIと、AIの関連概念としての「機械学習」「データマイニング」「ニューラルネットワーク」の間の関係を説明し、「分類問題」と「回帰問題」の違いを説明する。つぎに、AIの歴史でエポックメーキングな出来事となったトロント大学の画像認識コンテストでの優勝などについて説明し、ディープラーニングの原理として、人工的につくるニューロンのメカニズム、より良い判断のためにそのニューロンが学習するメカニズムについて説明する。最後に実務で使うための注意を総括する。

　このように従来の計算手法からみて独特の新しい手法であるAIを理解するためには、抽象論だけでなく実際に分析をしてみることが重要である。また、AIは、これまでのデータサイエンスの方法である単純な回帰分析（直線で判断）よりは、はるかに複雑で巧妙な判断を下せるようになっている。そこで第4章では、具体的なAIソフトを用いて、「AIが従来手法とほぼ同レベルの成績となる問題」「AIが従来手法より優れる問題」「従来手法ではできない三日月形問題・文字判別問題」の4つの問題についてわかりやすく説明する。

＊　　　　　　＊　　　　　　＊

　第Ⅱ部「AIによるビジネス革命」では、現在、これからの21世紀という時代のビジネスがなぜAIを必要とし、AIなしでは成り立たなくなるのかという点について、そして、AIを実際にビジネスの現場で使うことを考えた場合のこれまでにない有利さ、強力さ、そして課題につい

て説明する。

　まず、第5章では、ビジネスへの応用の前提として、ICTの寵児として出現したAIについての経済学的考察を行う。まず、ビッグデータおよびIoT（すべてのモノがインターネットでつながること）により、情報の需給関係では、圧倒的に供給側が多くなる可能性を指摘する。その際、処理しやすい「構造化データ」と処理しにくい「非構造化データ」があり、AIの必要性を説く。イノベーションの観点からAIが望まれるが、労働や商品の需給関係の観点からはポジティブ面だけでなくネガティブ面もあることを指摘する。

　このように、AIの出現と、ビッグデータ・IoTの出現が時を同じくしており、この三者がたがいにからみあって発展することから、次の第6章・第7章では、それらの間の関係に焦点をあてる。

　第6章では、ビッグデータが、単に量が巨大なだけでなく、質的に多様なものを含む点を指摘し、業務システム、Webサービス、センサー、パーソナルメディア、ソーシャルメディア、統計・調査など多様なものからなることを示す。構造化データだけでなく非構造化データに対応することの必要性、それにAIが活用できるようになってきているものの、データを整える「データクレンジング」が重要になった点、また、ビッグデータの収集先および収集法として「ターゲットの選定」「取得」「データの整理」の段階があり、ビジネス価値としては、効率化、新規サービス、拡大、高機能化の4点を説明する。

　第7章では、まず、IoTに、消費者向けIoT（消費者の行動・経験をデジタル化し履歴として残す）と、産業向けIoT（得られたデータをモノ同士がネットワーク上で共有しあう）の2面があることを指摘し、①データ取得、②データやりとりのための通信手段の整備、③データ整理、④AIによる解析の4面を中心に説明する。②は人中心の「ライフログ」とモノ中心の「センシングログ」に分けられ、③もPOS／顧客データのような構造化データと、ネットないしセンサーからの非構造化データに分けられる。④も「ネットからリアル（GAFAなど）」と「リアルからネット（製造業）」に分けられることを示す。

第Ⅱ部の後半の３つの章では、実際の、特にサービス業の分野において、AIがどのように威力を発揮するのかについて事例を紹介する。

　まず第8章では、基本となるマーケティングの分野でAIがどのように活躍するのか、事例を示す。特にマーケティングの中でも複雑なBtoBの、①接触、②見込客のロイヤリティを高め、③ロイヤリティの高まった顧客への訪問、④商談成立、⑤商談数の上昇という各段階で考え、昔にくらべて顧客自身はWeb上で判断するため、テレコールが不可能になってきている現状を説明する。実際の企業の例で、AIを導入することにより商談数が飛躍的に増加、経験のあるベテランよりAIを使う新人が勝ったことを示す。

　第9章は、もともと学習塾のIT部門から独立した企業の立場からの教育ビジネスへの応用を紹介する。まず現在の教育事業におけるICT化として、採点のデジタル化・ネット化にAIが入ることにより、採点効率をあげることが期待できる。添削も同様である。テストの点数と答案内容自身の関係性の分析や、単元別理解・模試成績から合否判定をすることにもAIが応用できる。著作権処理、テキスト作成、教材データベースやデジタル教材にも有効で、さらに遠隔授業や保護者とのコミュニケーションへの応用を示した。

　第10章は、IT技術の進展によるクラウドファンディングの展開について説明する。もともと広く資金を集めることはあったが、ITを活用することにより、マッチング・取引費用がゼロに近づき一気に普及した。金銭的見返りのない寄付型、モノの見返りのある購入型、金銭的見返りのある貸付型・ファンド型・株式型の5種類がある。事業者からみるメリットとして、返済を必要としない資金の可能性、プレマーケティング（プロモーション）ができてしまうこと、小さく始められる、失敗してもよい、他の可能性を開く、などの点を示す。

＊　　　　　　＊　　　　　　＊

　第Ⅲ部「AIの社会・経済学」では、より広く、社会経済一般への応用の広がりを検討し、AIでなければなしえない効果と、今後の社会生

活に与える長期的な展望を論じようとする。ところで、AI、特に第3次ブームにおけるAIの展開は、典型的なイノベーションの連続であり、独創的アイデアが集中的に投入された結果生み出されたものである。このAIのもつ、これまでにない新規性が、実は今後の応用可能性とその対応で重要な意味をもっており、特に一般において理解しにくいところだと思われるので、まず、AIそのもののデザインに秘められた意味について説明する。

　第11章のAIの発展と課題の総括では、AIを理解する上で、ルールベースの計算機である第2次ブームのAIと、ニューラルネットにもとづく第3次ブームのAIの間の断絶が非常に大事であることを示す。両者で考え方が180度転換したといってもよい点は、生物、特に人間の脳をまねたニューラルネットという点、教え込むのではなく自分で学習する「マシンラーニング」、ニューラルネットを深くする「ディープラーニング」である。ニューラルネットにより、学習が可能となり、厳格な論理を放棄し確率的判断となり、はるかに良い確率で複雑に予測するが、判断の説明の根拠が難しくなるという、人間の脳と同じ長短をもつ。

　第12章では、このようなAIの独自の性格をふまえて社会への応用の可能性を概観する。まず「エラー率の低下」「時間的余裕の存在」「フォローの存在」の3条件があれば応用が進むことを示す。この点からなぜ自動運転だけ難しいのか説明するが、自動運転導入問題自身はマーケティングの観点からみれば容易であり、自動運転および再生可能エネルギーを中核とした「スマートシティ」と「植物工場」の技術は、これからの高齢化社会と日本の産業再生において決定的重要性をもつことを示す。イノベーションとサスティナビリティの2概念が未来を開くといえる。

＊　　　　　　＊　　　　　　＊

　以上本書は、あえて今、屋上屋を架す研究書として、

(1) AIの背後にある歴史・原理・特性・意味について再考し、それに

基づいて、

⑵ AI の原理、AI はなぜ動くのか、どのような応用に向いているのかを理解し、

⑶ そして、AI に関するビジネスと政策上の知見を獲得すること、AI 技術の進展とその応用としてのビジネス化（IoT、マーケティング、サービス業等）、AI が社会にもたらす変革・インパクト（スマートシティ、自動工場の可能性など）について認識すること、

などを目指し、これから AI を学び、基礎と応用を研究するすべての学徒、あるいは自己のビジネスや政策に役立てようとする実務家、行政マン、ビジネスマン、あるいはこれからの AI の社会経済への影響を論じようとする研究者の方々にとって役立つことを希望して、はじめの言葉としたい。

2020 年 3 月

村上 憲郎

服部 桂

近 勝彦

小長谷 一之

増補版への序

第3巻が発売されて2年半となります。その間、小学校で「プログラミング教育」が必修となるだけでなく、中学校・高校「情報」そして大学入試も「情報」科目が事実上必修となり、そして大学生になればほぼ全員の約50万人に「数理・データサイエンス・AI教育プログラム」が必修となります。これからは「デジタル」が全人類必修になる時代が訪れようとしているのです。

一口にITと言いますが、その最初のイノベーションはICTすなわちインターネットの発明であり、本書の第5・6・7章にも書かれていますように、第4次産業革命では更に、全てのモノがインターネットにつながるIoTになります。それらのモノはまわりの環境からの情報を取り込み交換すると同時に膨大な量のデータを発生させ、制御・判断しなければなりません。すなわちビッグデータの時代であり、それを制御できるのはAIしかありません。**AIは、現在人類にとって第一の重要な科学技術になろうとしているのです。理科系のみならず文化系も含め全人類がAIを理解する必要が生じています。**

AIの類書につきまして、理科系ではマニュアル・プログラミング書は多く、また文化系では雇用を奪われるのではという悲観論が多いのですが、本書は、それらの部分も無いわけではありませんが、より前向きで基礎的な概説書としました。

文化系であってもAIを理解するためには、その背景となる根本的な考え方、人類の長年の夢であった歴史と必然性、そのメカニズムを理解しなければ、現在人類にとって第一の重要な科学技術であるAIを理解することはできず、メカニズムを理解できなければ、なによりも、AIをよく使いこなす対応が不可能です。

幸いにも、AI は、メカニズムは難しくありません。むしろこれまでのコンピュータやスマホなどの計算機器の構造よりはるかに易しいぐらいです。AI の本質は生物・人間の神経回路をマネしたところにあり、これまでの計算回路よりむしろ簡単な構造である神経の素晴らしいところは、それが「学習する機械」であるということなのです。

　本書の内容について、まず、AI の誕生はグーグル社とトロント大学グループの貢献が大きいのですが、その責任者による AI 誕生の前後の戦略、AI が人類の夢であった歴史、AI のメカニズムと簡単なソフトウェアの使い方、なによりも大切な AI の実際のビジネス・産業創造に活かす理論や様々な視点と応用、第 3 次ブームで AI がなぜホンモノになったのかそのデザインに根ざした理由、AI が社会経済を変えていく方向性、など盛り込んでおります。進歩が早いテーマであるからこそ、その根底にある考え方や不易流行の本質を伝えることができればと思い、この第 3 巻の初版は作られております。

　しかしながら、このたび、第 4 章のソフトウェアの説明で技術的に記載をバージョンアップする必要があり、また第 11 章により進んだ話、および巻末に第 11・12 章の要約をつけるなど、情報を追加する必要がありましたので、増補版として改訂いたします。

　また、この間、大阪市立大学と大阪府立大学が合併し、規模的には日本で第 3 位の国公立大学となりましたが、この大阪公立大学においても、研究科の組織とともに、都市経営研究叢書はそのまま継続いたします。また特にこの第 3 巻は、今後、上記の全大学生の事実上必修の「数理・データサイエンス・AI 教育プログラム」の標準的教程の 1 つとなる予定です。

　みなさまのお手元で不易流行に使っていただけると幸いです。

　（追記）大学院執行部でもある編者として増補版のご説明をいたしました。

2022 年 9 月

近　勝彦

小長谷　一之

目 次

第 I 部　AIとはなにか？

第1章　AIの誕生と今後の展望　　002

第2章　AIとテクノロジー文化論　　022

第3章　AIの原理・歴史とデータマイニング　　042

第Ⅱ部　AIによるビジネス革命

第7章　AIとIoT　　　129

第8章　AIとマーケティング　　　140

第9章　AIと教育ビジネス　　　152

第10章　AIとクラウドファンディング
165

第Ⅲ部　AIの社会・経済学

第11章　AIの発展と課題の総括
178
——AIそのもののデザインのもつ意味と課題

第Ⅰ部

AI とはなにか？

第 1 章

AI の誕生と
今後の展望

　ご承知のように、今日の AI の爆発的な成功（AI の第 3 次ブーム）の
きっかけは 2010 年前後のブレイクスルー、つまり、ディープラーニン
グといわれる新しいアルゴリズムの発見にあるのだが、その中心のひと
つがアメリカのグーグル社である。筆者は、その前の AI の第 2 次ブー
ムの中心だった日本の第 5 世代コンピュータにも関係し、そして、グー
グル以前からアメリカの AI ならびにインターネットの原型を作った
DARPA に貢献し、また、大学生まれの IT ベンチャー企業の先駆けに
なった米国 DEC 社の日本法人の役員を務め、上記の第 3 次 AI ブーム
開始前後まで、米グーグル本社の副社長兼日本法人社長を務めた。本章
では、そうした経緯を私事で申し訳ないが自分の経歴も含めて説明し、
今後の日本への提言としたい。

Ⅰ．AI の革命当日まで

1．『2001 年宇宙の旅』からコンピュータの世界へ

　私が京都大学の工学部に在籍した 1960 年代後半は、時代もあって、
ベトナム反戦の学生運動にもかかわっていた。そのような中、1968 年、
当時封切られたアメリカの映画『2001 年宇宙の旅』を見て、感動し、
心機一転、コンピュータの研究を始めた。

　当時は、富士通の FACOM230 という IBM 360 アーキテクチャ（設
計思想）のマシンの上でフォートランを使っていた。これは大学のマシ
ンだった。

1970 年に京大を卒業し、日立電子という会社に入社した。当時、大学でコンピュータをやったという経験は貴重だった。

2．プログラムと原発の設計

日立電子は、ミニコンの HITAC-10 というマシンを作っており、これを使って研究した。当時は、4K ワード（1 ワードが 16 ビットだから）8K バイトしかコアメモリがなかったが、最大の 16K ワード＝ 32K バイトに拡張してもらって、岩波の数学基礎講座（だったと思う）に載っていたクーリーとチューキーの高速フーリエ変換アルゴリズムの原論文（Cooley & Tukey 1965）を解読しながら、アセンブラーで、高速フーリエ変換のプログラムを日本で初めて（だったと思う）作った。このプログラムで、当時日立が建設していた原子力発電所の振動解析をすることができた。もちろん、基本的に十分な耐震構造をもつものとして設計され建設されているのだが、原発は実際のところ、たくさんの配管が複雑に入り組んだ構造をしている。地震に特有の振動数が、それらの配管を含む施設の固有振動という特別な振動数に一致すると共振現象が起こる。それほど大きくない地震でも大きく揺れて危険なので、地震に特有の周波数帯域に、共振ポイントがないということを、確認しないといけない。建屋とか配管システムの約 500 ～ 600 ものポイントについて確認する必要があった。それぞれの地点にセンサーを張り付けた上で、起振機というもので微弱な地震を建屋周辺で起こして実際に揺する。これが完成段階の最後の試験であり、実際、このような試験をして合格する。だから福島事故では、「止める」、「冷やす」、「閉じ込める」の安全 3 段階のうち、耐震性に問題はなく、制御棒がしっかりと挿入されて、第 1 段階の「止める」はうまくいった。しかし、予備電源が津波で流されて、全電源喪失となり、結局、第 2 段階の「冷やす」がうまくいかなかったわけである。

3．ミニコンの世界へ

このミニコンの HITAC-10 というのは、実は、DEC のコンピュータ

のコピーだった。

　日本の大型コンピュータも、NEC・東芝以外は、もとは IBM のコピーである。富士通、日立、三菱は M シリーズというものを作るが、これが IBM 系である。これが第 4 世代コンピュータなのだが、同じアーキテクチュア（設計思想）ではあっても、M シリーズの性能の方が IBM を凌駕した。

　しかし、ミニコンの世界では、DEC のコピーしかやっていなかったし、性能で顕著にアメリカを凌駕したこともなかった。それで日立など日本勢がミニコン事業から撤退することになった。

　それで私は、それなら本家の DEC に入ろうと決めた。日立に入社してから 8 年目の 1978 年、31 歳の時である。当時、英語はほとんどできなかったが、DEC の日本法人に転社した。

4．AI プロジェクト、第 5 世代コンピュータへの参画

　その直後の、1980 年に、日本の通産省（現在の経産省）が、第 5 世代コンピュータプロジェクトというものを始めるのである。

　それは AI のプロジェクトだというので、DEC 社内で志願し、AI（第 5 世代コンピュータプロジェクト）の担当のメインになった。

　12 年前に『2001 年宇宙の旅』を見て「こんなコンピュータが作りたいな」と思っていたその夢がかなうと思い、喜んだ。12 年かけてついに夢の世界（AI）に踏み込んだのである。

　これが、AI の第 2 次ブームである（現在爆発的に拡大しているのが第 3 次ブーム）。このときの AI が、エキスパートシステム、知識ベースシステム、ルールベースシステムとかいわれているものである。

　そのときのプロジェクト参加企業の事実上すべてが、私から「DEC システム 20」という、18 ビットの PDP-10 というコンピュータの後継機種を買った。このときは、18 × 2 ＝ 32 ビットコンピュータになっていた。なぜ 18 ビットかというと、「LISP（リストプロセッサ）」という AI のプログラミング言語を走行させるのに 18 ビットが最適だったからである。LISP とは、ジョン・マッカーシーという人が考えついた言語

なのだが、DEC システム 20 は LISP マシンだったのである。

　しかも PDP-10（DEC システム 20）は、アーパネットのノードマシンだった。インターネットが米国国防総省の作ったアーパネットから始まったことはよく知られているが、インターネットの原型もまた、DEC が支えていたのである。

　私は、通商産業省の第 5 世代コンピュータプロジェクトの開発機材の納入面を担当していたのである。「DEC システム 20」がないと、第 5 世代コンピュータが開発できないからである。

5．DEC 米国本社の人工知能技術センターへの転属

　このときの「業績」が評価され、1986 年に DEC 米国本社の人工知能技術センターへの転属となり、いよいよ本格的に AI の世界に足を踏み入れた。

　人工知能技術センターは、ボストン郊外のハドソンというところにあった。ここに 1991 年までの 5 年間いた。仕事は各大学の研究室をつなぐコーディネータのようなことで、マサチューセッツ工科大学（MIT）の AI ラボとかカーネギーメロン大学（CMU）のロボット研究所、ピッツバーグ大学のコンピュータサイエンス研究所や、ラトガース大学、スタンフォード大学、UC バークレイ校など、当時 AI 研究のメッカともいうべき大学の相手をした。当時の AI 研究のメインはエキパートシステム（第 2 次ブームの主要テーマ）の構築だった。それは、今や本命になったニューラルネット（第 3 次ブームの主要テーマ）ではなく、誰もみな、もっぱらエキスパートシステムに集中していたのである。

　当時は、知識表現を自然言語でやっていたから、どうしても自然言語処理が必要になっていた。日本でも 1980 年代後半には、書院とか文豪とかワープロ専用機があったが、それらの変換性能が一気に上がった。単語ごとに変換していたものが、文章全体を文脈に合わせて変換できるようになった。このワープロの進化は第 5 世代コンピュータプロジェクトの恩恵であるが、プロジェクトが目指すところからすると、第 5 世代コンピュータプロジェクト自体は失敗に終わったといえよう。

第5世代コンピュータプロジェクトは約10年続いて、1991年には終わった。試作機の作成まではこぎつけたが、商用機まではたどり着けなかったからである。

6．日本 DEC の取締役・企画本部長に就任

1991年から日本に帰り、日本 DEC の取締役・マーケティング本部長に就任した。

1992年には、IBM も DEC も業績が悪化し、リストラするはめに追い込まれる。実は IBM も DEC も大昔からリストラはしませんと宣言していた会社である。それなのにリストラをしたので、私はそのリストラが終わったところで辞表を出した。取締役だったのでリストラする側だったのだ。その責任をとって辞表を出したというのは格好よすぎるが、取締役でなく相当な割増退職金を手に入れた元同僚の仲間たちからは「ノリさん、普通の退職金しかもらえず残念」と冷やかされた。

7．DEC はなぜ消えたのか？

この DEC という会社は今はないのだが、つぶれた理由はよく知られている。理想的 OS（基本ソフト）の UNIX（LINUX）やパソコンを否定したことが大きい。

もともと、DEC の OS は VMS というものであった。DEC の VMS から1文字アルファベットをずらすと、WNT になる。ウィンドウズ NT である。VMS を作ったキー技術者の多くは、次の OS 開発のためにシアトルにいた。それをマイクロソフトが引き抜いて作ったのがウィンドウズ NT なのである。だから DEC の OS の伝統は、マイクロソフトに受け継がれている。

これに対し、UNIX（進化したものが LINUX）は、当時、研究機関で開発され、より理想的な構造をしている OS であった。現在活躍している iPhone の iOS も、アンドロイド OS も、カーネルは LINUX なのである。そのぐらい素晴らしい。

マイクロソフトだけは、VMS を引きずっているので、現在のウィン

ドウズ 10 まで正確には LINUX ではない。しかしこのウィンドウズも次のヴァージョンでは LINUX カーネルになるという。

その UNIX（LINUX）の寵児、サンマイクロシステムズのスコット・マクネリーらが、1980 年代半ばに DEC にやってきた。当時の DEC のシステムを支えているチップは LSI/11、LSI/VAX というものだった。「そのチップを使わせてくれ、その上に UNIX マシンを作りたい」という提案だった。

それをケン・オールセンという DEC の創業社長が拒否したのである。

それで、1984 年ごろ、スコット・マクネリーらは独自に、スパークチップ（スケールフリーという理想的な構造をもつ）を使って、サンという独自のワークステーションを作るのである（レーガン大統領が全米優良企業として称賛）。

この理想的 OS を捨てた時に DEC の先は見えていたといってよい。

それどころか、あのアップルのスティーブ・ジョブズが、DEC にアップルを会社ごと売りにきたこともある。ビジネスに困って、アップルを売りにきたのである。そうしたら、ケン・オールセンは「パソコンなんて要らない、TSS（タイムシェアリングシステム）につながった VT100 で十分だ」と言って、断ってしまった。ケン・オールセンが最初に世に出したコンピュータ PDP-1 こそが、世界最初のパーソナルコンピュータであったという現在の評価からみて何たる皮肉なことであろうか。

当時、DEC は、コンピュータベンチャー界では先輩だった。後輩たちは PDP-11 や VAX-11 でコンピュータサイエンスを習った連中だったから。しかし、それほど優れた会社でも、創業社長が UNIX を否定し、パソコンを否定したので、潰れてしまった。そして 1995 年には、コンパックに買われたのである。そのコンパックもその後、ヒューレットパッカードに買われている。

8．ICT 会社の社長を歴任

DEC 退社後、アメリカの ICT 会社の日本法人の社長を何社かやった。インフォミックスと、ノーテルネットワークスである。グラハム・ベ

ルから始まったアメリカのIT企業の源流のひとつ、電信電話会社ATTが解体されたが、カナダ・ベルはそのまま残っていて、ベルカナダという会社になっていた。グラハム・ベルが電話の実験をやったのもカナダであり、ATT系統の中でも、ベルカナダというのは由緒ある重要な会社であった。そのベルカナダの製造会社がノーザンテレコムで、それがさらにベイ・ネットワークスを買ったので、ノーテル・ネットワークスとなり、簡略化してノーテルになったのである。本社はトロントである。

　ところで、インターネットバブルというものが2000年過ぎにはじけた。このときに、例えば、レベルスリーとかワールドコムなどのインターネット通信ベンチャー企業が破綻した。ノーテルは、こういうベンチャー企業への納入は、ベンダーファイナンスという形で、売掛金にして現金を回収していなかったところが多い。こういった会社はみなスタートアップだから、回収していない出世払いなのである。それでノーテルも売掛金が焦げついてしまった。アメリカはとにかくダイナミックであるが、そのおかげで優秀な人材がまた次のスタートアップに流れていくのである（日本では失敗した奴は永遠にダメということになるが）。

　ICT企業の日本法人をあずかって運営している立場からすると、いつものことだが、日本法人は非常にうまくいっていたのに、むこう（本社）からはリストラしろといってくる。そのたびごとにリストラをして、社員にはなんとか割増退職金を獲得して、自分は退職金ももらわずに辞表を出して最終的には辞めた。ノーテルネットワークスの社長を辞めたのが2001年であった。ちょうど、9.11事件の直前だった。

　最終的に、インフォミックスはIBMに買われ、ノーテルネットワークスは解体された。アメリカの法律の会社更生法「チャプターイレブン」を適用したのである。ノーテルに最後に残った資産が知財、すなわち特許である。これをマイクロソフトとグーグルが買取合戦を演じて、マイクロソフトが勝った。なので、グーグルは、モトローラを買収して、対抗できる知財を手に入れることになる。

９．グーグル副社長（日本法人社長）に

その後、2002年には、アメリカの友人にeラーニングを管理するソフトウェアの会社ドーセントの日本法人を面倒見てくれといわれた。私は、長くは面倒見れないよといったが、1年ほどあずかった。

2003年からグーグルにいくのだが、きっかけはヘッドハンティングである。

そもそも最初に日本の日立からDECに移ったときだけが新聞広告による就職で、アメリカの会社間での転社は全部ヘッドハンティングである。

今やっている会社が左前になって、リストラをしだすと、「村上さん、次、ここどうですか？」と声をかけていただける、ということ。実は、格好よく辞表出したのは、次をほぼ決めてからだった。会社の経営状況はリストラしだしたらわかるので、ヘッドハンターが連絡してくるわけである。

こうしたヘッドハンティングは、だいたい電話での面接が何回か続いて、最後は本社でトップによる面接である。

グーグルでもヘッドハントされたわけだが、当時のトップは、あの有名なエリック・シュミットであった。

そこで、シリコンバレーのマウンテンビューの本社に行ったが、当時は、まだグーグル自前のビルは3つしかなかった。ビルはそれぞれ、「e（イー）」「i（アイ）」「π（パイ）」と名づけられていた。オイラーの有名な等式

$$e^{i\pi} = -1 \quad (\lceil e \rfloor の\lceil i \rfloor\lceil \pi \rfloor 乗が-1)$$

であり、数学の好きな人がつくった会社のビルだとわかる。日本の会社とアメリカの会社の最大の違いは、取締役会における理系の比率なのである。

面接当日、あのあたりにエリックがいると受付で聞き、セクレタリーらしい人が待っていて「ああ貴方が、ノリオね？」と言うので、そうだよと言ったら「いま、ちょっとエリックは席をはずしているから部屋で待ってて」と言われた。「僕、その前にトイレ行ってくるわ」と言って

トイレに行った。そうしたら、エリックとトイレで一緒になった。並んで用を足していたらエリックが「おまえ、ノリオだろ？」と。それが初対面で面接の始まり。

　もちろん、面接は本格的には部屋に帰ってからだったが、「何で私なんですか？」と聞くと、エリックが言うには「貴方はAIやっていたから」というのが答えであった。続けて「この会社（グーグル）はAIの会社だからね」と言う。

　当時まだ「ディープラーニング」はなく、「マシンラーニング」が出たころで、「でも、私は第2次ブームの人間で、マシンラーニングなんか、疎いですよ」と言ったら、エリックが「実をいうと僕もわからないんだ」と言う。「しかし、エンジニアが優秀なので、任せておけばいい。ただ、リーダーも、まったく心得がない人間だと務まらない。今まで面接した人間に聞いたら、君はわかったふりができる」のだと。最先端のエンジニアからの話を聞いて、全部は理解できなくても、本質は理解し、それを説明できないとグーグルの日本法人のトップは務まらないということである。

10.　グーグルがAIのブレイクスルーを

　検索の会社の仕事というのは昔から、知的分類であり、自然言語処理の仕事なので、実はAIなのである。検索という作業自体に、本質的に人工知能的な要素があったということである。

　結果として、私の役職は、日本法人代表（社長）の本社副社長となった。だから勤務地は東京のままでよいという。

　日本法人の仕事のひとつは、検索トラフィックを集めることである。ヤフージャパンに始まって、ビッグローブとかニフティとかエキサイトとか、それらの検索機能は、裏では全部グーグルの検索にした。ヤフージャパンだけが現在、引き続きグーグル検索を保っていて、日本以外の他のヤフーは全部マイクロソフト（MS）のビーイングになった。一時、アメリカのヤフーはDEC生まれのアルタビスタという検索エンジンを使っていたこともあった。

グーグルは、世界中のサーバーにクローラーと呼ばれるロボットソフトを飛ばして、インデックスを作る「クローリング」ということをしている。そのインデックス・データはグーグルの各地のサーバーに蓄えられるが、このサーバー網は世界最大である。データセンターすべてグーグル自前のもので、だいたい原野のようなところにあり、ここがすごいところなのだが、その電力はほぼすべて再生可能エネルギーでまかない、自然冷却して省エネ化している。既存の電力会社にはなるべく頼らないようにして、グーグルは公式的に全社で「RE100（再生可能エネルギー100％）」に向かうという宣言をしているほどである。グーグルともなると全電力量は半端ではない。全社で原発数個分ほどの巨大電力を使っているのだが、極めて近い将来、全部、再生可能エネルギーでまかなうとしているのだから、たいしたものである。この点は真似るべきであろう。

　グーグルは、私がいる間も、自ら AI 企業と任じ、検索技術への AI の適用を本格的に行ってきた。

　グーグルは、まずテキストデータの検索技術を完成した。テキスト処理技術は、相当公開されており、自然言語処理の発展につながっている。現在、翻訳、音声認識、音声発話などの分野でさらに改良が続いている。昔はテキストを読み上げるので、リードアラウドテクノロジーといっていたものだが、ここにきてグーグルがやろうとしているのは、テキストを読み上げるのではなく、直接音声を構成しようというものだ。

　また、特に巨大なデータの分散型処理の技術については「マップレデュース（MapReduce）」論文というものを出し、それは現在、アパッチソフトウェア財団というところが、ハドープ（Hadoop）というソフトに再構築して無料で公開している。

　その次にグーグルは、画像および動画の検索に着手した。

　2006 年ごろ、ユーチューブを買収したころから画像・動画の処理を本格化した。

　ここで、従来型の AI に行き詰まり、ニューラルネットのディープラーニングを使う AI にした。そして、勝手に何か月もユーチューブの動

画を何百万も見せたところ、「これはネコではないですか」という意味の答えが返ってきて、AIが本格的なものになった。これが2012年に起こったことである。

　グーグルは、かつて3つのビルのみのベンチャー企業だったが、今はマウンテンビュー市のルート101から東側は、ほとんどグーグルの会社のビルで埋まっている。

　私がグーグルに勤めたのが2010年末までで、グーグルの日本法人は、私が病に倒れた後は、ソニーからその含みで来ていただいていた辻野晃一郎さん、その後は、ヤフーから来ていただいた有馬誠さんに、日本法人の代表を務めていただいた。私はその間、ずっと名誉会長であった。

11. 米国企業の体質

　米国系の会社というのは「マトリックス的組織」なのである。経理部は全世界経理部である。R&Dも全世界R&D、セールスも全世界セールスである。

　日本法人というのはそれを横に地域で束ねている。各部門・各人は、ファンクションリポートとリージョナルリポートの2つの方向でリポートをしている。地域で法人を置く理由は、それぞれの地域の法制度にあわせないといけないからである。

　しかしグーグルにおける日本法人の貢献は大きい。アンドロイドが出る前の、ガラケー時代の携帯広告収入は日本がトップだった。携帯のインターネットアクセスは「iモード」のおかげなのである。つまり、携帯からインターネットにアクセスする技術は、本当のところ日本がはるか先を行っていた。それをDoCoMoで担当していたジョン・ラーゲリンという人をグーグルに引き抜いて、グーグル日本の携帯広告ビジネスを作ったのである。日本語も英語もペラペラのスェーデン人で、いまはメルカリの取締役をやっている。

　なお企業買収についてだが、社内でも最後の最後まで超極秘である。当時副社長だった私ですら、ユーチューブ買収を直前まで知らなかっ

た。アクセス数が世界一だった日本では、ユーチューブには別のアプローチをしていたので、買収発表当日は電話が鳴りっぱなしで困ったほどだ。発表までは、社内でも「ビジデブ（ビジネスディベロップメント）」という部署の担当者しか知らない。この部門は弁護士資格をもった人たちばかりで、日本だと法務部で契約書とかチェックさせても全然結論がでない。契約のタームシートといって、大枠の条件だけはトップの承認をもらう。実際の細かい文言は、売る側のビジデブ所属の弁護士と買う側のビジデブ所属の弁護士がワードをたたいてどんどん決めて、あっという間に契約になる。日本だとまず法務部に行き、法務部が顧問弁護士に行き、……そんなことしているうちに買収競争に負けてしまう。日本では弁護士が弁護士事務所しか勤めないので、このようなことができないのである。もっというと、ロースクールを卒業して弁護士になれないのは日本だけではないか？

Ⅱ．日本のこれから

1．徹底的に人材を集めることの重要性

　グーグルは、アルファ碁のディープマインドも買収したが、たった20人の会社を買収するのに400億円かけている。ディープマインドの技術1人あたり20億円の価値を認めているということである。

　2010年頃、トロント大学のヒントン先生が「ディープラーニング」というアルゴリズムを思いついたのだが、そのチームは、今、先生も含めて、グーグル社員でもある。トロントにあるグーグルの会社のオフィスにも出勤している。

　この産学連携というより産学渡り歩きや兼務のやり方は、DECでもそうだった。もともとDECのVAXやPDP-11を開発した人はゴードン・ベルという人なのである。元来カーネギーメロン大学のコンピュータサイエンスの教授で、ずっと大学と兼務していたが、いまはマイクロソフトにいる。

2．経営者の決断と人材育成の大切さ

　DEC の失敗した経緯を説明したが、最初の UNIX は、ATT のベル研でつくられ、それは DEC の PDP-11 の上でできたのである。DEC の PDP アーキテクチャの上に、UNIX は産まれた。だから本来、DEC（VAX チップ）のアーキテクチャと UNIX は相性がよく、DEC が UNIX を採用することは、できないはずはなかったのである。だからスコット・マクネリーたちが、最初に、VAX チップを使わせてくれといってきたのである。それは素晴らしい提案だったといえる。ところが残念なことにケン・オールセンがそれを断った。優秀な人だったが、この点は間違えた。しかし、今の日本の経営者の多くはそもそも決断ができず、ずっと心配な点が多い。だから経営者が決断できるようになり、優秀な人材を育成さえすれば、日本も変わる可能性はある。

　以上からわかることは、

1）人間をそだてることは絶対条件。

2）最初は真似でよい。ある意味、音楽芸術だって、天才から天才へ、もの真似のし合いできている（ヘンデル、ハイドン、ベートーベン、モーツァルト等）。

3）英語で勉強させること。「英語を」勉強するのではなく「英語で」勉強する。日本の英語教育は、十年以上英語「を」勉強しても、あえて理系でいえば、二次方程式の解の公式を英語で読めない。世界的には考えられないような話である。

4）理系で優秀な子を尊重する。飛び級も重要。18 歳学卒、23 歳博士号もありとする。アメリカなどでは当たり前。日本は、平凡人が非凡人を引きずり下ろす社会で、天才を潰す凡才国家である。

5）全員 4 月 1 日入社だから、みな初任給が一緒になる。

6）とにかく高等数学の教育を受けた学歴を評価し尊重しないとダメ。数Ⅲまで勉強した人の給料を上げること。役員に理系を入れること。

7）今、日本でようやく必修になったプログラミング教育の大切さは、アルゴリズムという論理的な考え方を身につけることにある。

ある状態から出発し、目的の状態に向かって有限の手続きで移るやり方を体験させることである。これからの若者は、人工知能やロボットに負けるのではなく、使いこなすという意識を身につけないと、生きていけないから。

8）AI、とくにディープラーニングは、それほど原理は難しいものでないことは非常に重要である。以下に記すように、すでにフリーのツールソフトはできているので、線形代数が理解できれば誰でも追いかけられるものである。

9）あらゆる科学技術の基礎にあるのが線形代数と微積分である。三角関数よりも線形代数を教えるべきである。

3．日本の教育について

高校の新指導要領から線形代数がなくなっているが、とんでもない話で、科学のモデルの多くは自然界を線形化することであり、三角関数より線形代数の方が大事である。また、微積分は自然界をミクロに線形化することでもあり、文系でも線形代数と微積分に触れることは必要である。

中国ではAI教育に力を入れている。AIは理系だけでなく文系も必要。全国民がディープラーニングの原理に触れなくてもよいが、1冊でよいから文系もAIの本を読むこと。国は、2025年に25万人のAI人材を育てようとしているが、国家戦略化しないとダメである。

4．AIベンチャーとツールについて

現在、AIを牽引しているのは、東大と理研に兼務する杉山将先生や、東大とソフトバンクに兼務する松尾豊先生、プリファードネットワークス（Preferred Networks: PFN）の西川徹さんで、いまやAIは大学だけで研究できるものではない。東大出の西川さんが始めたPFNは、チェイナーというAIツールソフトも開発している。

いまはディープラーニングのAIをゼロから作る必要はなく、たくさん出ているディープラーニングツールソフトを使えばよいのである。

AIのツールとは、ディープラーニングにおける「エクセル」のようなもので、これを使いこなせればよい。マイクロソフトなら「アズールマシンラーニング」、IBMは「ワトソンアナリティクス」、グーグルからは「テンソルフロー」、プリファードからは「チェイナー」が提供されている。

IBMの例でいくと「ワトソン」そのものはアプリで、「ワトソンアナリティックス」の方がツールである。ツールは、データを与えれば、エクセルのように計算してくれる。ディープラーニングの仕組みはすべて作り込まれているので、後はそれにデータを食わせればよいのである。いわば、今さら別の「エクセル」を作る必要はない、ということである。

AI食わず嫌いの日本人にいいたいことがある。原理そのものは難しくなく、ソフトもフリーに近いものが山ほど出ているから、あとはアイデア勝負なのである。日本人に足りないのはチャレンジ精神だけだ。常に課題をもっているか、課題に相応しいデータが集められているか。そのデータをツールに食わせればよいのである。

5．日本はAIチップを作るべき

AI計算用のチップは現在、これまでのパソコン用のCPUでなく、GPU（グラフィックプロセッサ）が主流になっている。

例えば、日本のスーパーコンピュータの「京」は、開発に富士通がかかわったスパークチップ（RISCという構造）を使っていた。

富士通は、ポスト京を作るにあたり、エヌビディアのGPUとアームのものを使う。アームこそソフトバンク系だが、本当は、日本のメーカーがAIチップを作らないといけないのに、そうしていない。企業の若手は、日本でもAIチップは作れるといっているのに、経営陣が許さないので、チャレンジできないのである。とにかく日本企業は経営者の考え方が古いのが致命的である。AIチップは、インテルもAMDも作り出している（注：ただし、ディープラーニング〔深層学習〕に特化したプロセッサとしては、日本のPFNが2018年12月に「MN-Core〔エムエヌ・コ

ア〕」を発表している。同プロセッサは機械学習の高速化を目的とし、行列の積和演算に最適化されたものとなる〔ITmedia NEWS 2018〕）。

トヨタも自律走行車（いわば、人工知能車）には、GPU にエヌビディアを使う。グーグルの自律走行車ウェイモは、自前の GPU である TPU（テンソルプロセッシングユニット）を使っている。

テスラは独自チップを作ったが、これも優れている。日本企業も独自の AI チップを作ることはできるのにしない。日本の経営陣は決断ができないところが最大の弱点といえる。

6．日本は量子コンピュータを作るべき

日本が今から取り組み、間に合うものとして量子コンピュータがある。

グーグルは現在、GPU といわず TPU というものを作っているが、これが自動車にも搭載される。ところが、そこから先はもう量子コンピュータにしないと計算量が追いつかない。量子コンピュータのカバーする計算速度が大幅に桁違いなので、非常に有望である。

富士通も、東工大の西森秀稔先生のアニーリング方式というものを採用し、デジタルコンピュータ上でのシミュレータという形ではあるが、デジタルアニーラーという名前のコンピュータを既に作っている。それなのに、どうして本格的な量子コンピュータを作らないのか？ PFN でも、メインは、エヌビディアの GPU 計算システムを買って計算している。本当は日本企業が作るべきだ。国家戦略として、国をあげて量子コンピュータプロジェクトを起こすべきだろう。

7．老舗なのに IBM はよくやっている

IT の世界の栄枯盛衰は激しい。昔は「BUNCHI」と呼ばれ、これは B ＝バローズ、U ＝ユニバック、N ＝ NCR、C ＝ CDC、H ＝ハネウェルを指した。それだけ多くの大型コンピュータの会社があった。いま、そのまま残っているのは最後の IBM だけである。

IBM の開発した「ワトソン」はよくやったといえる。これもディー

プラーニングなのだが、どちらかというと自然言語処理系である。自然言語処理は相当完成された技術で、この AI は論文を読む速度も半端ではない。大学の先生も、AI を使わない人は使う人に負けるようになる。

　しかし IBM がいま力を注いでいるのは量子コンピュータである。量子コンピュータではトップレベルを走っていると思う。グーグルも激しく競争している。だから日本は量子コンピュータならまだ間に合うのである。技術的な蓄積もある。

　しかし、ANN（2019）、日本経済新聞（2019）でも報道されたように、グーグルが 2019 年に量子コンピュータに目処をつけ（量子跳躍を確認）、1 万年かかる計算を 3 分で行っている。日本がやっているスーパーコンピュータ計画もひっくりかえるほどの技術革新の早さで、量子コンピュータの重要性を強調してきた小職の予測が実証された形だ。とにかく日本は IT に力を入れないとすべてを失いかねない。その挽回策の中で一番重要なのが、量子コンピュータである。

8．スマートハウス、スマートシティの重要性

　これから AI は家電と一緒になり「スマートアプライアンス＝知能をもった家電」になる。スマートアプライアンスに満ちたスマートハウス、AI 自動車に代表される AI 交通システムをもったスマートシティの重要性が高まる。

　スマートシティも、まずスマートハウス、スマートビルディングができないと、できない。それがスマートコミュニティ、スマートシティに発展していく基礎になる。

　大和ハウス、積水ハウスなどの専業メーカーだけでなく、トヨタホーム、パナホームも力を入れると予想される。というのは、トヨタやパナは主力商品が「スマートアプライアンス（AI 装備）」になるからである。パナの家電はもちろん、トヨタの自動車も最後は EV か pHV になる。それと相性がよく、うまく制御できる家はスマートハウスしかない。

　日本はこれらのことについても、ただちに力を入れる必要がある。

TV受像機は、いまアメリカで日本製品をほとんど売っていない。韓国製ばかりである。どうして日本の家電産業が総崩れになったのかというと、1990年代、理系社員を相当リストラしたからである。高度な技術をもった理系社員の貢献を評価して高給で優遇することをしなかった、大学院卒を取らなかった、など、世界的には常識はずれの日本の企業の体質に問題がある。いま注目のファーウェイの学卒の初任給はいきなり月40万円である。学卒初任給が理系・文系一律な日本の方が「社会主義的」といえる。

　日本はあらゆる意味でAIに集中し力を入れないと、全部負けるだろう。いまアメリカで、ベスト・バイ（家電量販店）でLGの有機EL TVを買うと、中にグーグルが入っている。そして、すぐにベスト・バイから電話がこんなふうにかかってくる。「今回お買い求めいただいたLGのTVですが、お宅様の家の中、Wi-Fiにつながってますよね。そのWi-FiでLGの冷蔵庫とか空調とかがコントロールできます。」次に買い替えるときにも、「LGの冷蔵庫とか空調でしたら可能ですが、他社ではできませんよね」とくる。AIの入った冷蔵庫が、「今、卵が○個あります。牛乳が足りませんよ」と言ってくる。やがてAI家電がすべての家電を、いや、スマートハウス全体を支配するようになり、日本がすべてを失う瞬間が訪れる。

　日本企業の最大の欠点は中途半端な体質にある。TVの製造などは、もうやる気がないのではないか。これから勝てるのはスマートシティしかない。せっかく住宅事業ももっているのだから、AI化してスマート化しないといけないのに、AI化に背を向けているところがある。

　なぜ日本の家電は衰退したのか。ビジネスホテルにあるような小さな冷蔵庫を発展途上国は欲している。ところがそのようなものとは反対に巨大な冷蔵庫をつくり続けている。小さくてネットにつながる使いやすいものが世界的には求められているということが、日本の経営者には理解できなかったからだろう。

9. 学問がデータ中心になる

　AIが論文を読む速度がすごい。というより今、ほとんどの学問は、データ中心（データセントリックサイエンス＝eサイエンス）になりつつある。学問のパラダイムが変化しつつあるのだ。

　科学の一番最初の方法論は観測に関するものだ。代表がアリストテレスの天動説である。観測していたら天が回っているようにみえたということ。アリストテレス時代の科学は観測したとおりを信じていた。それが変わるのがニュートンからである。第2の方法論は、微分積分に代表される数式による解析的理解である。その次の第3の方法論がシミュレーションである。量子力学になったら、解析的には解ききれない問題も登場し、パラメータをどんどん変えて計算し、その結果をグラフィックに表示して把握するしかない。今は、4番目のパラダイムになっていて、データセントリックである。理論がなくても、データが何かを語るというか、データに語らせる。

　AIにはよく問題とされる「ブラックボックス問題」がある。AIの判断は説明がつかないことが多い。つまり「ブラックボックス」なのである。そこで、政府のガイドラインでも、結果のできる限りの見える化を求めている。しかし、このための努力はしていかなければならないが、完全にできるかどうかは別である。人間だって、このときこう思ったし、言ったけど、説明できないことはあるだろう。

　いま「自動運転」が最も求められているのは限界集落である。もう地方の高齢者にはユニバーサルサービスが満足に提供できないからである。水道、ガス、電気、郵便もできなくなってくる。そうしたら、自家発電で、家に太陽光パネルと蓄電池を張りつけるしかない。でもバスがなくなったら、どうやって月1回病院にいくのか、ということになってくる。そのときに、AI自動車が迎えにくるしかない。水道だって、AI自動車に大活躍して飲料水を配達してもらうしか、ありえないのである。

10. 最後に

　ここまで進歩しても、現在の AI は、人間の脳の汎用な能力には到底至っていないのである。個々の AI は、ある単一の機能においては、人間以上の能力を発揮し始めてはいるが、汎用ではない。まして、そこには、〈私〉は存在しない。つまり、自己意識が生まれる兆しはまったくない。

　それで、次にグーグルは、人間の脳を作ろうとしている。「グーグルブレイン」とかいうものを作ろうというのである。

　しかし人間の脳を作ろうとしているのは、グーグルだけではないのである。GAFA 全部、そして IBM も MS も作ろうとしている。日本はこの点でも立ち後れないように祈るのみである。

参考文献

日本経済新聞（2019）「量子計算、世界が競う　性能はスパコンの 15 億倍」2019 年 10 月 24 日付

ANN（2019）「1 万年かかる計算 3 分で―グーグル量子コンピューター」2019 年 10 月 24 日付

Cooley, J.W. & Tukey, J.W.（1965）'An Algorithm for the Machine Calculation of Complex Fourier Series,' *Mathematics of Computation,*" Vol.19

ITmedia NEWS（2018）「深層学習に特化した「MN-Core」チップ、PFN が発表」2018 年 12 月 12 日付

第 2 章

AI と
テクノロジー文化論

　1956 年に AI（人工知能）という言葉が作られて 60 年以上が経過した
が、ここ数年 AI が実用段階に達したという報道が相次ぎ、1960 年代、
70 年代～ 80 年代に次ぐ第 3 次ブームが起きている。特に 2011 年にク
イズ番組 *Jeopardy!* で IBM のワトソン（Watson）が、2016 年には
Google DeepMind のアルファ碁（AlphaGo）という最先端の AI システ
ムが、それぞれ人間のチャンピオンに勝利し、自動運転車の実験事例が
多数出てくるなど、一般人にわかりやすい AI の応用が紹介されること
で期待感が高まっている。

　その一方で、今後は AI の能力があらゆる分野で人間を超えるシンギ
ュラリティという現象が起き、AI によって雇用が失われたり社会が支
配されたりしてしまうのではないかという危惧も広がっている。街には
ブームに乗り遅れるなとばかり AI の解説本があふれるが、楽観的にチ
ャンス到来と煽るものもあれば、この馴染みのないテクノロジーへの恐
れを警告するものもあり、人間が AI と死闘を繰り返す未来を語る SF
映画も多数作られるなど、相反する評価が飛び交っている。

　最近のブームは 21 世紀に入ってからで、もともとゲーム機の画像処
理用に作られた並列計算チップ（GPU）が、人間の脳のシナプス結合を
模して論理計算よりパターン認識に向くニューラルネットワークに応用
できることがわかり、複雑なネットワークを作って大量のデータを通し
て学習させることが可能になったためだ。これを使うことによって、猫
と犬を区別するなど画像に映った対象を特定したり判別したりする、誰
にもわかりやすい応用が実用化したのがきっかけだ。この手法は機械学

習を発展させた深層学習と呼ばれるようになり、従来は難しかったパターン処理がいろいろな分野で実用化した。計算処理のためのハードウェアの高速化と、インターネットで自由に手に入る桁違いのビッグデータのおかげで、以前から原理的には可能と思われてきたが、処理量が膨大でデータ不足のため研究にとどまっていたさまざまな高度な機能が利用できるようになった。

　いまだにムーアの法則で幾何級数的に性能を向上し続けるコンピュータと、爆発的に増え続けるネット上のあらゆる分野のデータが融合することで、AIは理論もさることながら具体的に力業を駆使して、いままで適用が難しいとされていた分野で実用化が進み、情報検索から始まって、医療画像診断、自動運転、人事管理などの広い分野への応用が花開いており、この流れはとどまることはないだろう。

　こうした時代にあって、IT先進国とされていたアメリカの優位性に陰りが見え始め、中国が「中国製造2025」などの国家戦略でAI開発を行い、ヨーロッパがGDPR（EU一般データ保護規則）などの法規制によって、全世界のITを支配しようとする米国の巨大情報産業群GAFAと対決する姿勢を明確にしている。世界の覇権を決定するにはもはや産業革命以降の物の大量生産による経済力や軍事力ではなく、情報をいかに支配するかが鍵となるとされ、AI開発はただのビジネス分野の新規な話題にとどまらず、これからの世界の動向を左右する要のテクノロジーをどう考えるかという大きな問題を提起している。

　こうしたブームは一時的なブームに過ぎず、いずれ数年後には収束してしまうだろう。現行の個々のAI開発に注目することは必要だが、その新しさばかりに注目してもなかなかその本質は見えてこない。AIの父とも呼ばれる米MITのマービン・ミンスキー教授は、現状に対して「知能という概念はすでに時代遅れ」だと看破し、AIとは現行の手段で最適化が難しい問題を解決することを指しているだけで、それが解決された瞬間からAIとは呼ばれなくなると指摘している。そして、AIはまだ高度な最適化問題を相手にしているだけで、本当の知能を対象とするAIの研究は手つかずだと主張している。本章では、AIのもつ本質

を、最近の話題や分野としての記述に限るのではなく、テクノロジーと人間のあり方というもっと広い文脈で論じることとする。

Ⅰ．コンピュータ以前の AI のルーツ

　Artificial Intelligence（人工知能）という言葉は、1956 年 7 月に米ダートマス大学でコンピュータ会議が開かれた際に、主催者のジョン・マッカーシーがチェスを指したり人間と対話したりする知的なプログラムを指して作り出した言葉だ。それ以前にも戦後にデビューし高度化したコンピュータの機能を、Machine Intelligence（機械知能）などと呼んではいたものの、コンピュータを使った知的な働きが個別の分野として認められることはなかった。

　機械による知能とは、人工物に人間のような働きをさせることだが、コンピュータが発明されるはるか以前から、人類はいろいろなものに人間のイメージを重ねてきた。古代の神話の時代からギリシャの青銅の巨人タロースやユダヤ教の人間型の泥人形ゴーレム（図 2-1）など、無機物に魂が宿って人間のように動くイメージはいろいろな伝承の中に現れた。さらに機械によって人間の技がさまざまな形で自動化された産業革命の時代には、人間がそもそも精密な機械に過ぎないと考えるフランスのド・ラ・メトリーの『人間機械論』も出されるまでになり、機械万能論がもてはやされた。

　産業革命の成果が広く普及し始めた 19 世紀には、メアリー・シェリーの『フランケンシュタイン』が書かれ、人形が人間になってしまうバレエの「コッペリア」や「ピノッキオの冒険」などの物語が人気を博し、1920 年にはチェコのカレル・チャペックの戯曲「R.U.R.」の中に、機械でできた人間型の労働を代行する「ロボット」が登場し、以降この言葉が一般的に使われるようになる。現在ではさまざまなタイプの人型二足歩行ロボットも実用化されており、『鉄腕アトム』に代表される高度なロボットがいずれ社会に普及して人間と共存するというイメージは広く世界で受け入れられている。

図2-1 泥人形ゴーレム(ユダヤ教)
(出所) Mikoláš Aleš (1899) Rabbi Loew and Golem より

　イギリスの哲学者フランシス・ベーコンがルネッサンスの3大発明の1つとした活版印刷が、15世紀半ばにドイツのヨハネス・グーテンベルクによって発明され、大量の書籍を普及させることとなった。そしてそれが、現在のインターネットが引き起こしたような世界中の知識の広い共有を可能にし、中世から近代へと時代は移行した。

　印刷によるノウハウの共有は遠洋航海を加速して大航海時代が始まり、正確な航路を設定するために正確な時間計測を行う必要が高まり、18世紀にはさらに精密な時計製作技術が進歩することで、人間や動物、自然を模倣する装飾品としての自動機械(オートマトン)が貴族などの富裕層のために作られるようになった。

　1738年にはフランスのジャック・ド・ボーカンソンが、エサを食べて鳴き排泄まで行うアヒル型の自動機械を作り(図2-2)、ヨーロッパ中で大人気を博した。このアヒル人形は動物の動きを外から真似しただけではなく、内臓器官も備えた生物をその成り立ちから機械で再現する画

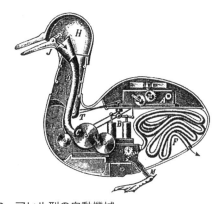

図2-2　アヒル型の自動機械
（出所）Imaginary rendering of Vaucanson's digesting duck in *Scientific American*（21 January 1899）より

期的なもので、生物も機械であるという考えをそのまま形にしたものだった。こうした時代に、精密な自動機械は各国のハイテク競争の象徴にもなった。

　機械化した知能のイメージを最初に端的な形で登場させたのが、1770年にオーストリア・ハンガリー帝国を治めていたマリア・テレジアの宮廷で公開されたチェスを指すトルコ人の姿をした自動機械だった（図2-3）。この人形を製作した家臣のフォン・ケンペレンは土木技術に優れた官吏で、人間の音声を再現する喉や声帯を模倣した機械も作っており、女帝を驚かそうと人間もどきの機械を作り上げた。

　この自動人形はもともとチェスが中東からヨーロッパに普及したことを踏まえてトルコ人の姿をしており、ほぼ等身大で机の前に腰掛けていた。たびたび観客の前でも披露され、まず興業者が観客に向かって、机の中や人形の背中を見せて、歯車などの機械しかないことを確認した。そして人間の挑戦者を募り、机の端にあるゼンマイを巻き上げると、目をくるくる動かしてから机の上に置かれたチェス盤に並べられた駒を指でつまみ上げ、人間と同じようにチェスを指した。そして相手が動きを間違えると注意する動作までして、大方の挑戦者を打ち負かして大人気を博したため、ナポレオンやフランクリンといった有名人も対戦し、オ

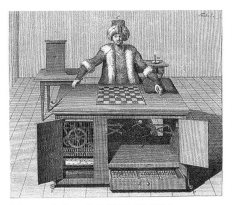

図2-3　トルコ人の姿の自動機械
（出所）Karl Gottlieb von Windisch（1784）*Inanimate Reason* より

ーストリアからフランスやイギリスにも渡って各地で公開されることと
なった。

　科学者の中には人間が糸や磁石で操っているトリックと考えて解説書
を書く者もあらわれたが、多くの観客は当時の産業革命のテクノロジー
の成果を目の当たりにしており、楽器を演奏したり絵を描いたりするオー
トマトンの性能が上がればいずれチェスを指せるはずだと信じる者も
多かった。しかし後にアメリカ公演でこの人形を見た編集者のエドガ
ー・アラン・ポーは、1836年に「メルツェルのチェス・プレーヤー」
というエッセイでなぞ解きをし、それがミステリー小説の原型となった
といわれている。

　チェスの指し手の数が膨大なため、いくら精密な機械を駆使しても高
度な判断は難しいことは明らかで、この人形は中に隠れた人間が操作し
ていたトリックであることがその後の関係者の証言などからわかった。
結局この人形は1854年に火事で焼失してしまうのだが、1989年にアメ
リカでジョン・ゴーガンが再現モデルを作って公開している。

　ところがイギリスでは、幼少期にこの人形の興行を見て、歯車の数を
増やしていけばいずれチェスを指して人間を打ち負かす機械ができると
信じ込んだチャールズ・バベッジという少年がいた。彼こそは後の19

世紀初頭に階差機関や解析機関と呼ばれる、初の大型機械式計算機を構想した学者だった。これらの機械は、産業や航海のための正確なデータを算出するための数表の精度を上げるために構想されたのだが、バベッジは汎用の計算機を作るために、当時のジャガード織の模様のパターンを記録させたパンチカードを使ってプログラミングを可能にすることも考えていた。その利用法のマニュアルを作成したエイダ・バイロンは初のプログラマーともいわれている。バベッジの機械式の計算機は結局実現しなかったが、大規模な計算をプログラミングで行う現代のコンピュータのモデルを提唱したことになる。

　バベッジの夢は結局実現しなかったが、機械式の計算機ではなく、電子を用いて計算を行う現在のスーパー・コンピュータはこうした膨大な計算をひたすらこなして進化し続け、1997年にIBMのディープ・ブルーが世界チャンピオンのガルリー・カスパロフを打ち負かすことになり、計算機械としてのコンピュータが知的な働きをすることが実証された。

Ⅱ．論理主義からコンピュータへ

　19世紀のビクトリア朝時代には、産業革命のもたらした合理的で科学的な方法論が社会全体を変化させ始め、それまでは俗人的な技と考えられていた手法が、テクノロジーという無形のノウハウ（ソフトウェア）であることが次第に意識されるようになってきた。この時代には電信、電話、写真、映画などの新しいメディアのテクノロジーが進歩し、ダーウィンの進化論に象徴される科学理論の進展で、従来は宗教が扱ってきた人間の魂や神秘的な現象にも科学の目が向けられるようになり、生命現象に対しても生気論と機械論が論争を繰り広げた。

　20世紀に入りジクムント・フロイトが人間の無意識を理論化することで、人間の心理にも科学のメスが入り、ドイツの哲学者ゴットロープ・フレーゲの流れをくむ論理主義がイギリスのバートランド・ラッセルの数理哲学で花開き、数学的な精神を基礎とした学問の見直しが行わ

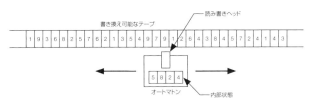

図2-4　チューリング・マシンの原理

れ、ドイツの大数学者ダフィット・ヒルベルトは、世界のすべての数学の問題は公理と定理を証明することで論理的に矛盾なく解けると唱えた。

　こうした考え方は、コンピュータのプログラムを精緻化していけば、すべての現象を統一的に扱えるという考えにも通じるが、当時はヒルベルトの楽観的な主張に異を唱える人はいなかった。ところが1931年にオーストリアの数学者クルト・ゲーデルがそうした体系は不完全であることを証明し、1936年にはイギリスの数学者アラン・チューリングが、いくら論理的な体系を作っても答を決定できない問題があることを証明してしまった。

　チューリングがその証明に使った手法は、人間の論理思考を最小限の単純なモデルにした論理機械を考え、それに問題を解かせるというものだった。このモデルは「チューリング・マシン」（図2-4）と呼ばれ、テープに書かれた記号をヘッドで読み、ヘッドに定められた論理で判断して、テープに書かれた記号を処理していくものだった。それこそが、現代のコンピュータのDNAともいうべき基本構造を規定したモデルで、チューリングがヒルベルトの主張を退けるために使った手法を、実際の機械に展開してやれば、あらゆる計算が行え、このモデルは他のいかなるモデルをも模倣できる汎用のユニバーサル・マシンであることもわかった。

　チューリングはケンブリッジ大学の研究員となったが、アメリカのプリンストン高等研究所で世界初の電子式コンピュータとして有名になったENIACを手掛けるフォン・ノイマンとも研究生活を送るようにな

り、ノイマンはチューリングの理論を元に ENIAC の論理構造を決定していった。ENIAC はもともと第二次世界大戦中に大砲の弾道計算を行うための計算機だったが、ノイマンは計算によるシミュレーションの手法が新しい科学の手法になると看破し、コンピュータのプログラムを改良していけば人間の高度な知的判断を模したりするばかりか、生命現象や経済現象などありとあらゆる現象を扱えるようになることを見抜いていた。そして生命現象をソフトウェアとして定義し、コンピュータを使って研究する人工生命（Artificial Life: AL）という分野が、1980 年代になってクリス・ラングトンによって開始された。

　チューリングは第二次大戦中には軍でドイツのエニグマ暗号を解析する任務に就き、暗号解読を機械的に行う手法を開発し、イギリス初の真空管式の電子計算機コロッサスのソフト開発も行い、戦後は ENIAC に対抗するイギリスのコンピュータの開発にも加わっていた。しかしイギリスはコンピュータを戦時に必要な計算を行う機密としてしか考えておらず、こうした成果を公開して役立てることができないまま、積極的にビジネスへの転用を推進したアメリカの優位を許してしまう。

　チューリングがコンピュータを手掛けたのは、人間の論理思考をモデル化して、人間の脳の機能を機械で再現したいという思いもあったからで、もともと数値計算を高速で行うマシンだけを目指していたわけではなかった。初期のコンピュータ ACE を使って、五目並べのゲームや音を発生する機構の開発（電子音楽）、人間と会話したりラブレターを書いたりチェスを指したりするプログラムも手掛けており、コンピュータを子どもに見立てて、いろいろな分野で利用することによって自動的に学習して機能を向上させることまで構想していたという。そしてコンピュータ開発を進めていけば、いずれ人間が行っている知的な活動を代行できるような知的なコンピュータができると考えていた。

　1950 年には人間と会話するコンピュータのプログラムを知的と判断するための「チューリング・テスト」を提唱した。これはタイプライターを介して人間とコンピュータが会話し、もしほとんどの人間が相手を人間だと判断すればそのプログラムは知的であると認定できる、という

人工知能の知能を判定するための基準だった。チューリングはその後、当時は犯罪だったゲイであることで裁判を受け、1954年に自殺したとされているが、もともと好意を抱いていた学友が夭逝してしまい、子どもの頃に読んだ脳の仕組みを機械で再現して、その魂を再現したいと考えていたともいわれる。

　現在のコンピュータは、チューリングのモデルからフォン・ノイマンの理論化が行われたノイマン型アーキテクチャーで運用されているが、人間の脳のシナプス結合をそのままモデル化して脳の機能を再現するという方法も考えられ、アメリカの心理学者フランク・ローゼンブラットやウォルター・ピッツは、ニューロンを形式化したパーセプトロンの理論を1958年に発表し、これがニューラルネットワークとして研究されるようになり、フォン・ノイマンの方式と同等の計算が可能であることから、現在の深層学習の基本モデルとなっている。

　AIという言葉にはいろいろな定義があるが、チューリングが目指したのは人間の脳や思考のモデル化と、それを実際に人工物で再現するという理想であり、それを踏襲するならば現在のコンピュータはすべて人工物による知能の再現を目指したものとも考えられ、本来コンピュータが実現していることは程度の差はあれ、すべて人工知能と呼べなくもない。それらのうち、時代の最先端のテクノロジーが従来は不可能だった機能を実現した場合のみAIと呼ばれて注目が集まるが、AIを理解するということは、実はコンピュータというテクノロジー自体、さらにはテクノロジー全体を理解するという文脈でとらえなくてはならない。

Ⅲ．コンピュータ開発の潮流

　コンピュータは1950年代には商用機が登場することで、広く事務計算や科学計算を行うために用いられるようになり、60年代にはオンラインで利用も可能になって、鉄道や飛行機の予約を行うサービスにも利用されるようになり少しずつ社会に普及していった。

　コンピュータ開発が本格的に加速したのは、1957年に旧ソ連が

図2-5 ブッシュが構想したシステム概念「MEMEX」

ICBM を開発して初の人工衛星スプートニクを打ち上げたためで、アメリカでは国防総省の研究機関 DARPA が多額の予算を付けて、大学を中心とした高度な情報システムの開発を後押しし、第1次の AI ブームもこの時期に起きている。

　しかし 1960 年代にはアポロ計画のような宇宙開発が進む一方で、米ソの冷戦の激化とベトナム戦争の泥沼化が進み、コンピュータ科学が国家戦略や軍事と密接に結びつくことに学生たちは反発し、学園紛争などが多発するようになる。当時の AI 研究の中心的存在だったスタンフォード大学の AI 研究所（SAIL）では、ダートマス会議で AI を提唱したマッカーシーが人間を AI で置き換える研究をしていたが、もうひとつのオーグメント研究所では、コンピュータの知能化ではなく、利用者の人間側の知能を高め共同作業ができる環境開発を行っていた。

　このオーグメント研究所を主導していたダグラス・エンゲルバートは、終戦直後にマンハッタン計画を主導していた MIT のバネバー・ブッシュが、核開発の膨大な資料を人間が整理する限界を打破するために構想した MEMEX（図 2-5）というシステムの論文を読み、コンピュータを利用して情報を整理し誰もが共同して論議できる独自のシステムを作ろうと考えたのだ。

　このシステムはオンラインシステム（NLS）と呼ばれ、当時はキーボードとパンチカードでしか操作できず効率の悪かった大型電子計算機とは違い、現在のマッキントッシュやウィンドウズのシステムのように、

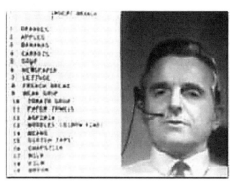

図2-6 1968年に行われたNLSのデモ「す
べてのデモの母」

マウスで画面をクリックしてリアルタイムでコピペをしたりリンクを張
れたりするような機能をもったものだった。NLS は 1968 年の学会で公
表されて、そこで行われたデモが「すべてのデモの母」（図2-6）と呼ば
れるようになり、これに刺激されたユタ大学の研究者アラン・ケイがダ
イナブックと呼ばれる、パーソナル・コンピュータの原型を構想する。

　エンゲルバートの構想は、コンピュータを知能化した AI が人間を代
替するという流れの逆を行くもので、人間がコンピュータと一体になっ
て共同作業を行って全体の知能を拡大する IA（Intelligence Augmen-
tation）という発想だ。

　この年にはユタ大学で、現在の VR の原型になる HMD を使って3次
元 CG を操作する研究が成果を出し始め、タブレット型の入出力装置の
研究も行われており、アラン・ケイはこれらのテクノロジーを吸収し
て、タブレット型の iPad のような教育や共同作業に向いたダイナブッ
クをデザインし（図2-7）、その後ゼロックスが設立した研究所 PARC
で ALTO というパーソナル・コンピュータを作り、それを見学したス
ティーブ・ジョブズがそのアイデアに刺激されてマッキントッシュを作
ることになる。

　PARC では LAN の開発や、ユビキタス・コンピューティングと呼ば
れる、個々の事務機器や部屋全体を情報化したコンピュータシステムも

図2-7　アラン・ケイによるダイナブックの
　　　　デザイン

構想しており、それらがその後にインターネットと結びついて、現在の
われわれの時代のネット時代に生かされている。NLS に刺激されたブ
ラウン大学のテッド・ネルソンは、テキストの中の関連語を相互にリン
クしたハイパー・テキストという概念を構築し、これが後にティム・バー
ナーズ・リーによって WWW として花開く。

　現在の AI は当初の大型電子計算機にすべてを集中して処理するビッ
グ・ブレインのようなデザインから、利用者が使うパーソナル・コンピ
ュータをネットワークでつないでまとめたデータをクラウドに入った
AI 機能で処理して共有する、もっと分散型のシステムへと進化してい
る。そういう意味では、世界中の人々の打ち込む検索語から情報を整理
して解答を引き出すグーグルのような検索サービスや、世界中の人のショッ
ピング情報を元にリコメンドなどを行うアマゾンのシステムこそ、
現在の AI システムの到達点であり、かつこれからの方向性を示すもの
といえるだろう。

　将来の AI は単にコンピュータ機能を拡張する方向性だけでは実現で
きず、ネットや IoT、VR などのインターフェースを介して、より自然
な形で人間の生活や知的活動全般を支援しながら、コンピュータと人間
が共生する知的な環境へと進化していくのではないだろうか。

Ⅳ. テクノロジーのもつ意味

　テクノロジーという言葉はもともと古代ギリシャで、テクネー（アートや工芸）とロゴス（論理）を合わせた「テクネロゴス」といわれてきたものが語源とされているが、19 世紀になるまでほとんど使われることがなかった。しかし産業革命を経て、人間の行為を機械化できることが実証されるようになってくると、行為や技自体をテクノロジーと呼ぶ教科書が 1802 年にドイツのゲッチンゲン大学の哲学者ヨハン・ベックマンによって書かれ、新たな文脈で使われるようになった。

　テクノロジーが個別に理解されるようになったのは、機械の動きを論理化して電子的に実現したコンピュータが作られるようになって、コンピュータ本体（ハードウェア）と利用法（ソフトウェア）が分離して組み合わせられるようになってからだ。

　テクノロジーの定義にも幅があるが、人間が自らの意志を外に伝えるための手段全般を指すものと考えるなら、それは人類が石器時代から情報時代まで文明を開化させてきたあらゆる物的な技法にとどまらず、言語や法律、音楽などのソフトウェア的な体系をも包含するもので、それらを現代的な意味で最も包括的に実現しているのが、コンピュータのハードウェアとソフトウェアだと考えられる。

　米デジタル・カルチャー誌 *WIRED* の創刊編集長のケヴィン・ケリーは 1960 年代のカウンター・カルチャーが吹き荒れた時代にはヒッピー生活を送り、コンピュータに代表される現代のテクノロジーに当時は反発していたが、1980 年代にパソコンが普及し始めてネットワークに接続させるようになると、テクノロジーが人間同士を結びつける新しいメディアであることに気づいたという。そこでテクノロジーを理解すべきと考えて『テクニウム』という著書でその本来の性質を新しい視点から論じた。

　そこで得られた結論は、テクノロジーは単なる人工物に付随する性質ではなく、生命の存在と共存するということだった。テクノロジーの体系は生命のように進化し、複雑化し多様化し構造化し、禁止しても滅び

図2-8 ケリーの唱えた宇宙進化の時代区分と「テクニウム」
われわれの宇宙の近隣ではビッグバン以降、主要な力の相対的な支配力は変化している。時間は対数で表示されているので、その表示単位は指数的に大きなものになっている。このため時間の発生した初期の数ナノ秒が、今の十億年と同じ長さになっている。

（出所）ケリー K.（2014）『テクニウム—テクノロジーはどこに向かうのか』服部桂訳、みすず書房、79頁より引用［Kelly, K.（2010）*"What Technology Wants,"* Viking, New York］

るることはない。ある意味テクノロジーは不可避であり、その意味合いを拡張して考えるなら、生命現象そのものがそもそも DNA によるテクノロジー体系で、それと現在人工的だと考えられるテクノロジーが同じ大きな体系で存在しているという主張だ。

　そう考えるなら、宇宙の進化がもともとエネルギーだけが支配した原子宇宙の時代から、物質が支配的な時代が訪れ、ついには無機的な物質が情報的な体験を獲得して力をもっていくと考えられないこともなく、それら全体の仕組みを広い意味でのテクノロジー体系と考え、ケリーはそれを「テクニウム」と呼んだ（図2-8）。

　さらに彼はデジタル情報を扱うテクノロジーがもつ基本的な性質を12の言葉で分類し（表2-1）、その中の「Cognifying（認知化していく）」という章で、デジタル情報が認知力をもつ世界＝ AI について述べている。現在の AI 機能は独立したパッケージではなくインターネットのクラウド上にあり、ネットにつながったユーザーが個別にデータをアップロードすれば、それをビッグデータとして解析して答を返してくれる。

表2-1　デジタル情報の12区分（ケリー）

1	BECOMING ビカミング／なっていく	4	SCREENING スクリーニング／画面で読んでいく	7	FILTERING フィルタリング／選別していく	10	TRACKING トラッキング／追跡していく
2	COGNIFYING コグニファイング／認知化していく	5	ACCESSING アクセシング／接続していく	8	REMIXING リミクシング／リミックスしていく	11	QUESTIONING クエスチョニング／質問していく
3	FLOWING フローイング／流れていく	6	SHARING シェアリング／共有していく	9	INTERACTING インタラクティング／相互作用していく	12	BEGINING ビギニング／始まっていく

（出所）ケリー K.（2016）『〈インターネット〉の次に来るもの—未来を決める12の法則』服部桂訳、NHK出版より引用（https://www.nhk-book.co.jp/detail/000000817042016.html）［Kelly, K. (2016) "The Inevitable: Understanding the 12 Techonological Forces That Will Shape Our Future," Viking, New York］

彼はこうしたサービス化したAIの機能がもたらす社会の本質的な変化について論じている。

　18世に産業革命が起きたときは、人間や家畜の筋力にあたる物理的な力を蒸気機関に置き換えることで、大量生産を行うシステムが成立したが、その力は徐々に蒸気からガソリンなどの内燃機関に移行し、それがさらに19世紀末には電気に移行した。同じ道具にさまざまな力を付与することで道具は進化し、現在の自動車は内燃機関から電気モーターに移行するのと同時に、電子情報を処理することで認知力をもたせ、自動運転が実現しようとしている。電気時代には電気を電力会社が公的なサービスとして付加することで家電製品が機能を発揮したように、今後は従来型の製品をIoT化し、家電に電気を付加したようにネットを介してAIのもつ力を付加することで、いろいろな道具がよりスマートになり全体の効率が向上することで、次のレベルの産業革命が起きることが期待されている。

　彼のテクニウム論からするならば、広い意味でのテクノロジーである生命と、生命の作り出したテクノロジーが共存して進化すべきであり、AIと人間の関係はシンギュラリティでいわれるような敵対関係ではなく、両者の長所を融合して進化させるべきだろう。

　AIのソフトがもつ優れた機能は、必ずしも人間の知性と同じ構造はもっておらず、逆に人工的にモデル化されたAIの知性と相互に協働することで、お互いの特質を補うべきだろう。現在のAIは膨大なデータから特定のパターンを見つけ出したり、人間の偏見にとらわれない方法

で解析をしたりすることで、人間が不得意な知的分野で活躍している。こうしたモデル化により実験を重ねれば、人間の知性のもつ構造や限界を逆照射してくれることで、脳研究や人間性自体さえ、いままでの視点では論じることができない視点から明らかにすることができるだろう。

V. テクノロジーと AI の未来

　コンピュータが可能にする AI のような情報テクノロジーは、どこに向かっていくのだろうか？　ここ 70 年ほどのコンピュータの歴史を通観してみると、それらのもっている傾向が見えてくる（表 2-2）。

　初期の大型コンピュータの時代は、大きな組織に 1 台しかなく利用者とは疎遠で、トップダウンで組織の経営判断などを論理的に行うものだった。しかしミニコンと呼ばれる中型のコンピュータができると、各部署の利用者が見える場所でより日常業務と関係する形で使われるようになり、それが小型のパソコンになると個人の机に 1 台ずつあるようになり、より生活に密着した利用が可能になっていった。

　この 3 段階の変化を通して見てみると、大型は利用者から見て 100m レベルの遠くにあって論理で多数を支配する古代の神のような存在で、中型はオフィスにあって 10m レベルで視覚的な存在として市民社会を体現するような使われ方をされ、小型はすぐに手を触れられる 1m レベルの距離で使われる話し相手のような存在になっていることがわかる。それぞれの情報を扱う中心としてのコンピュータと利用者の作る社会の様子は、聖書の支配する古代や中世、活版印刷により市民が知識を共有できる近代、テクノロジーの大衆化によるネットが普及した現代に対応するようにも見える。

　こうしてコンピュータは小型化の道をたどることで、より利用者と近づき、コンピュータのある場所でいろいろな判断が行われることによって、それを利用する社会の様相にも大きな影響を与えている。

　こうした傾向はそのまま継続しており、いわゆるパソコン以降はモバイル化が進むことで、携帯電話やスマホが各人のポケットの中でいつで

表2-2　メディアの進化とパースペクティブ

1st　大型コンピュータ　100m 単位：〈神と王の支配する古代から中世〉	
論理／判断／組織／命令と服従／神学／カトリック／固体	
近寄りがたい、組織に一人、お伺い	聖書
2nd　ミニコン　10m 単位：〈科学による宗教からの分離と近代の勃興〉	
視覚／選別／結束／契約と義務／哲学／プロテスタント／液体	
話せるが偉い、何人かいるが選択の余地なし、相談	活版印刷
3rd　パソコン　1m 単位：〈産業革命以降の大衆化と世界経済〉	
聴覚／同意／友好／サークル／生活／新興宗教／気体	
話せるが敵も、出会いは比較的自由、むだ話	ネット
4th & Beyoud?　モバイルとその先　arms length：〈ポスト近代?〉	
触覚／本能／恋愛／デート／セックス／禅／プラズマ（カオスの縁?）	
恋人、ポスト・パソコン、好き嫌い、運命の人、恋愛?　　ポスト近代?	

も手に触れることができる触覚的な存在になっていっている。この時代の情報との付き合いは、よりプライベートで感情的なものになり、現在のソフトは個人の使い勝手を向上するばかりか、それを相互にネットワークでつなぎ、クラウドに象徴される巨大なネットのバックグラウンドの中にビッグデータを提供しつつあり、それを処理しているのが現在のAIだ。

　いずれこの距離はなくなり、それから先は体内にチップを埋め込み、まったく端末として意識しない使われ方もするかもしれない。一部の肢体が不自由な障碍者のために脳内にチップを入れたり、肉体の動きをサポートするロボットも作られたりして、いずれは人間とマシンが一体化するサイボーグのような使われ方もするようになるだろう。

　最近のネットで流行するSNSは個人それぞれが主体となり、そのつながりを自由に設定することで、全体がコミュニティを形成し、これまで社会や国家がマスメディアや個々の通信手段を使って行ってきたような機能を果たしている。そのつながりの範囲は従来の国家レベルを超えたグローバルなものとなり、SNSの代表的存在であるフェイスブックには20億人以上のユーザーがいて、規模だけからいえばリアルな地上にある国家の規模をすでに超えている。

ある意味、こうしたサイバー国家が、これまでの国の国境を越えた人間関係や経済活動を行い、従来の組織の制約を超えて YouTube で広まったピコ太郎の PPAP の事例でもわかるように、個人が世界中から注目され、国家の機密がウィキリークスなどに流れてその動向を牽制し、SNS で集まった民衆がアラブ世界で国家を転覆させるような動きもしている。

　結局、コンピュータのテクノロジーは国家や組織というマスをまとめる中心が支配し、利用者がその周りにいるという地動説のような世界を逆転して、各利用者があたかも中心的存在となって世界を支配できるような視点を与えてくれる天動説的な視点の転換を行う、「逆コペルニクス的」な世界観を生み出しているとはいえないだろうか。これはある意味、近代国家が肥大化して多くの人々を集中的に支配してきた構造を逆転させ、個々の個人に裁量権を与えて自由を確保する手段であるともいえるだろう。

　もともとは合理的だった権力や生産の集中による効率化を逆転するには、ただ個人が個々に勝手に力を発揮するだけでは微力であり、結局はカオス化してしまうが、個々の力をダイナミックに調整してまとめ、お互いの協力関係を確保しなくてはならない。ある意味、コンピュータやネットが引き起こしていることは、近代の工業社会を否定し、中世の価値観にわれわれを引き戻すような時代に逆行するような動きで、進歩したはずのテクノロジーの最先端で炎上や物々交換のような現象も起きている。こうした時代には歴史に学び、個人が共同して知識を共有するウィキペディアのモデルのように、これから世界中が場所や地域、国家の枠組みを超えたローカルかつグローバルな問題を解決していくポスト近代的な新しい文明の糸口を見つけていかなくてはならないだろう。

　文明のレベルがテクノロジーによって語られるように、石器、鉄器、蒸気、電気、情報とその姿が変わるごとに文明は高度になり、生活が便利になり、病気が克服され寿命が延び、人口が増えてきた。その傾向は5万年前の言語の発明の時点から顕著であり、1798 年の『人口論』でイギリスのトマス・マルサスが述べたように幾何級数的に伸びる人口と

算術級数的にしか伸びない食糧生産の乖離は、産業革命によって克服され、それ以降の世界の人口増加は、巨大都市化というテクノロジーによって吸収され、19世紀初頭に10億人だったものが現在は70億人を超えている。こうした全世界の人々が一体となって会話し、世界の問題を共有化していくためのガイドやファシリテーションのためには、ビッグデータを扱いながら新しい知見を導き出す、AIの機能が必須のものになるだろう。ある意味、インターネット自体が世界の人々の知恵を結集したひとつのAI脳のように、全体をマネージメントするようになり、そのためには現在の人知では不可能な思考や共同化の方法を備えた次世代のAIを開発していく必要も出てくるに違いない。

　コンピュータは発明されてまだ70年程度の存在で、その本当の可能性は未知数だ。フォードが移動のために馬のない馬車として自動車を作った時、高速道路やドライブインやモータリゼーションの動きを予測できなかったように、エジソンも蓄音器を発明した時にこれで音楽を記録したレコード産業が立ち上がるとは考えが及ばなかった。これからのコンピュータの進化系の中にAIがどう位置づけられるかは予断できないが、これからそれがどう進化したとしても、このテクノロジーのもつ本来の意味は、これまでのテクノロジーがそうであったように、われわれの選択を増やし生存確率を高めてくれるということにある。

　AIはそうした人類が手にしたこれまでの生活向上のための最新のテクノロジーとして、人類規模で人類の知性と向き合いその姿を問いかけながら、われわれに新たなレベルへの進化を促しているものではないだろうか？　目先のビジネス的な視点からだけではなく、AIがこれからの世界全体の平和や人類の融和のためにどう使えるのか、もっと多分野の識者を集めた深い論議が求められる。

第3章

AIの原理・歴史と
データマイニング

I．AIの分野

1．AI・機械学習・ニューラルネットワークの関係

　まず、AIとその周辺でよく使われる言葉を整理してみる。この本のメインテーマであるAIは「知性をもっているかのような機能を提供する製品・サービス」と定義することができる。AIはいわば包括的な概念で、そのなかにさまざまな分野を含んでいる。人間と同じような判断ができ、考えることができる機械が究極のAIの姿だとしても、そこまで進化していない特定の分野に特化したAIというものも考えることができる。例えば自動運転で使われる画像認識の技術もAIといえる。

　そのAIのコアになる技術が機械学習である。機械学習は、「データから知識・ルールを獲得して、未知のデータに対する予測を行う技術」と定義することができるだろう。だから機械学習は、データがなければ何も始まらないわけである。10年前には想像もできなかったような大量のデータを用い、機械学習などの技術を使って、ビジネスなど実世界の問題に対処することをデータマイニングと呼んでいる。

　ニューラルネットワークは機械学習の手法のひとつである。後ほど説明する人工ニューロンで構成された多層のネットワークを使って、予測・分類を行う技術である。その中でも特にニューラルネットワークの層を深くしたもの（一般に4層以上）が、ディープラーニングと呼ばれている。碁の世界チャンピオンを破ったアルファ碁の活躍で、ディープラーニングが人工知能と認識されたりもしているが、実際は図3-1のよ

図3-1　AI・機械学習・ニューラル
ネットワークの関係

うな包含関係になる。

2．機械学習

⑴ 定義と特徴

　機械学習はデータを使って賢くなるアルゴリズムの研究であり、あくまでデータが中心になる。機械学習はデータから知識・ルールを見出す手法を提供してくれるのである。このアルゴリズムを使って実務に使えるモデルを作り上げるのがデータマイニングと定義されることは前項で述べたとおりである。

　機械学習が有用である点は、

　○精度が高い

　○大量のデータの処理が可能であり、追加のデータでさらに賢くなる

等である。

　その一方で、できないことがあることも認識しておく必要がある。例えば、

　　○もともと確率に依存している部分が大きい事象の予測（株価の予測
　　　は容易ではない）

　　○少ないデータからの予測

などはその一例である。

(2) 応用

機械学習が応用されている例としては、以下のようなものが挙げられる。

- ○アマゾンの購入サジェスチョン：大勢の購入者の購買データを学習することでおすすめ商品の精度が上がり、クロスセルの向上で顧客ごとの収益性が向上。
- ○迷惑メールの分類・処理：ある特定の言葉（例えばローンとかわいせつな言葉とか）が多数含まれると迷惑メールと判定していた昔の迷惑メールフィルタから始まり、現在のものは精度が大幅に改善。
- ○画像・音声の判別・翻訳：YouTubeやツイッターなどウェブ上にデータがあふれていることから、学習データにこと欠かない。
- ○ゲーム：碁や将棋といった完全情報ゲームではもう行き着くところまで行った感があり、今後はポーカーや麻雀といった不完全情報ゲームへの応用が進められている。
- ○自動運転・ロボット・医学：画像情報処理技術の向上で実現に向かって急速に発展中。

(3) アルゴリズム（計算方法）

機械学習のアルゴリズムとして使われているものとしては以下のようなものある。

- ○ディープラーニング（ニューラルネットワーク）
- ○決定木法・ランダムフォレスト・XGBOOST
- ○線形回帰・ロジスティック回帰
- ○K-means 階層型クラスタリング
- ○SVM（サポートベクタマシン）

(4) 分類と回帰問題

機械学習が扱う問題は、データをもとに対象を分類する「分類問題」と、値を予測する「回帰問題」に分けることができる。

①分類問題の例

- ○写真に写っているのが、犬か猫か？

○メールがスパムかどうか？

○MRI の検査データから、患者ががんかどうか？

②回帰問題の例

○気温や経済活動データから、来月の電力の需要量は？

○人の動きのデータから、今後の事故の発生確率は？

　自動運転のための機械学習モデルを作るとすると、これらの両方の問題が複雑に絡み合うことになる。例えば、カメラから取り入れた画像を処理して、そこに映るものが人であるのかどうかの分類問題、その人がどちらの方向にどういうスピードで動き出すのかの回帰予測問題など、細かい問題に分けていくことになる。その上で全体像をとらえ、総合的な判断を AI が下すことになる。

(5) データの重要性

　機械学習の手法を使ったデータマイニングの応用は、図 3-2 のような発展段階をたどると考えられる。もともとは何が起きているか、見える化することに主眼が置かれていたが、徐々にその原因を特定すること（診断）から、さらに次に何が起きるのかの予測へと進化しはじめている。現在は、診断的利用から予測的利用に移行している段階といってよいだろう。将来的には意思決定での利用というのが多くなってくるものと考えられる。

　このようなデータマイニングの有効な利用には、それのもとになるデータの蓄積と有効な活用が極めて重要になる。今後はビッグデータの公開が社会の要請に従って進んでいくと考えられる（個人情報の保護が担保されるという前提条件の下で）。

　海外において、特に都市計画の分野では、オープンデータ戦略というものが進みつつある。例えばニューヨーク市においては、数年前からすべてのタクシーの乗車データを csv ファイルの形式で公開している（http://www.nyc.gov/html/tlc/html/abo）。これは膨大なデータで、1 か月分だけで 3 ギガバイトほどにもなるが、個人でもダウンロードすることは可能だ。またサンフランシスコ市はレンタル自転車の稼働データを公開している（https://s3.amazonaws.com/fordgobike-datAIndex.html）。

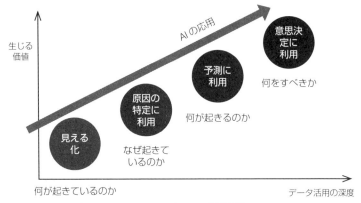

図3-2　AI・データサイエンスの応用の発展段階

　これらのデータは企業がビジネスに利用するだけでなく、市民データサイエンティストやフリーランス・データサイエンティストによる新たな視点での分析も活発で、社会の改善に寄与している。

Ⅱ．AI の歴史

1．1990 年代までの研究

　1950 年代に AI の分野が切り開かれはじめて以来、これまで数回の AI のブームがあった。

　特に、1990 年代のルールベースの人工知能研究（エキスパート・システム）は、日本においても当時の通産省が多額の予算をつけたこともあり、大きな盛り上がりをみせた。これは当時の一般的なコンピュータプログラムの構造とは異なり、専門家のノウハウを明示的に書き出した上で、それをルールの形で大量にコンピュータに投入し、それらを使って推論をするプログラムにより AI を実現しようとしたものであった。

　ただ現実には、AI を賢くしようとすればするほど、プログラムはルールのかたまりとなっていき、迷宮となっていってしまった。さらに、複雑になり過ぎて、それゆえに変更ができなくなるという状況で、実用

性に難題を抱えたまま研究は次第に下火となっていった。

2．ディープラーニングによるブレイクスルー

　そうしたなか、一部の残った研究者の努力により、2006 年頃からディープニューラルネットワークとして AI が復活する。この変化は、人が知識やルールを明示的に与える方法に限界があることから生まれた。そして 2012 年に大きなブレイクスルーが生まれた。

　2012 年のコンピュータによる画像認識のコンテスト（LSVRC2012）で、トロント大学のモデルが 2 位以下を 10％以上引き離した圧倒的な成績で優勝した（http://image-net.org/challenges/LSVRC/2012/super vision.pdf）。

　このコンテストは、問題として示された写真に対して 5 つの答えを出し、その中に正解があれば正解とするやり方であった。ただし複数のものが写っている写真も多く、ある一定以上の正解率は人間でも難しい。

　図 3-3 は、トロント大学のモデルが出した解答の一部である。このモ

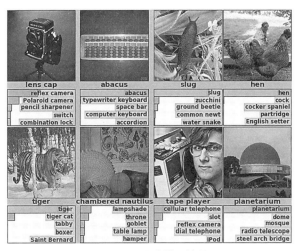

図3-3　LSVRC2012 トロント大学の結果
（出所）Krizhevskyllya, A. et al (2012) 'ImageNet Classification with Deep
　　Convolutional Neural Networks' より
　　http://image-net.org/challenges/LSVRC/2012/supervision.pdf

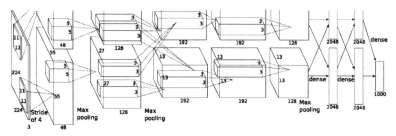

図3-4　LSVRC2012 トロント大学のモデル構成

（出所）Krizhevskyllya, A. et al (2012) 'ImageNet Classification with Deep Convolutional Neural Networks,'"Advances in Neural Information Processing Systems," 25(2),　Figure 2 より
https://papers.nips.cc/paper/4824-imagenet-classification-with-deep-convolutional-neural-networks.
pdf

デルが間違ったものは、上段の左端（正解はレンズキャップ）、下段の左から2番目（正解はオウム貝）と3番目（テーププレイヤ）である。テーププレイヤを、携帯電話と答えているように、間違っているものも納得できるものが多い。

　このモデルは、図3-4に示すように、65万ニューロン（次節で解説する）を使い、学習で調整するパラメタ（重み：次節で解説する）は6000万個で構成されていた。2台のGPU（並列計算を高速で行うコンピュータ用加速機器）を使っての学習には2週間を要したという。開発者たちは、どうやってこのような複雑なモデルを考えついたのだろうかという疑問が湧いてくるが、これには1950年代からの人工知能研究の積み重ねと脳科学の分野での視覚野の研究が基礎となっている。

3．アルファ碁（AlphaGo）の衝撃とデータマイニングの爆発的広がり

　チェスに比べてはるかに局面数の多い極めて複雑なゲームである囲碁において、ディープマインド社のアルファ碁が、世界トップ棋士であるイ・セドル氏に勝ったことで世界に衝撃が走った。

　アルファ碁は当初ディープラーニングを使って、大量の過去のプロ棋士の過去の棋譜を参考に学習を行った。その後強化学習と呼ばれる評価値を使った局面の評価手法の応用、AI同士での対局などで急速にその力を増していった。アルファ碁の驚異的なところは、囲碁に特化したプ

ログラムの部分は最小ですませてあり、基本的な構造は画像処理などに使われるものと似かよったプログラムになっていたことである。一般化応用性の高さを見せつけたのである。

　また、ビジネスや行政の分野でも、大量のデータと圧倒的なコンピュータパワーを利用したデータマイニングの応用が急速に広がっていっている。最近では予測の分野では、ディープラーニングだけでなく、予測において高い精度を出す XGBOOST という手法の利用も急速に広がっている。

Ⅲ．ディープラーニングの原理

1．脳をモデルにして人工ニューロンを作る

　人工ニューロンは脳の神経細胞（ニューロン）を数学的にモデル化したものである。

　図3-5の左上の図は脳に1000億個以上ある神経細胞を図式化したものである。シナプスと呼ばれる接合部位によって各ニューロンがつながっている。ニューロンは入力される電気信号の強さがある一定の量を超えると活発化（発火と呼ばれる）し、シナプスによって次のニューロンに電気信号を出力する。この動作を連続させることにより、脳は信号の伝達を行っている。

　図3-5の左下の図は、このニューロンを模倣した人工ニューロンの数学的なモデルを示す。複数の入力に対して、重みの係数をかけ、その総和があるしきい値を超えたら、例えば「1」といったある値を出力する。超えなければ「0」を出力する。

　図3-5の右側の図は、人工ニューロンの例題として顔に反応するニューロンというものを仮定してみた。あくまで説明のためのイメージと考えていただきたい。入力が4つあり、それぞれ丸や四角や2つの横に並んだ点や縦と横の線に反応して値が決まる。入力値に重みをかけて、それらを合計した値が50を超えたら、顔として識別し、発火し次のニューロンに100の値を伝達するようになっているモデルである。

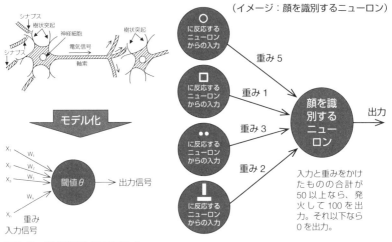

図3-5　神経細胞のモデル化

2．人工ニューロンが活性化される原理

　前項で定義した顔に反応するニューロンを使って、人工ニューロンが活性化されるプロセスを見てみる。

　まずこのニューロンに男性の顔の情報が入ってきたとしよう。図3-6に示すように、顔は丸いから一番上のニューロンは7の値を出力する。顔は四角くないから上から2番目のニューロンは1の値を、目のところが2つの黒い点になっているから3番目のニューロンは5を、4番目は鼻と口の形状から4の値を出力してくる。そうすると、それらに重みをかけて合計すると59になり、50を超えているから「顔だ」と判定し発火して、次のニューロンに100の値を出力していく。

　一方、車の前面の映像の情報が入ってきた場合はどうなるだろう。図3-7に示すように全体の形とヘッドライトの形状から、四角と2つの点に反応するニューロンは大きな値になるが他のニューロンは小さな値を出力する。そのため重みをかけた合計は27となり、50を超えないので発火せず（顔ではないと判断されて）、次のニューロンへは0の値を伝達する。

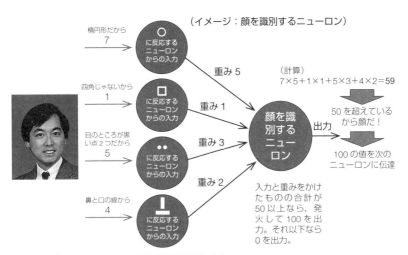

図3-6　人工ニューロンの発火の仕組み（1）

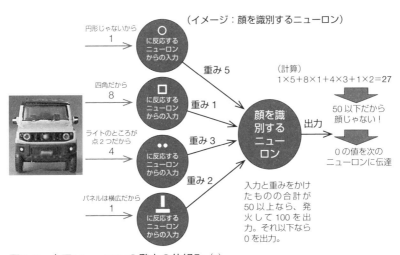

図3-7　人工ニューロンの発火の仕組み（2）

3．ニューラルネットワークで脳を模倣する

　図3-8の左側は脳の神経細胞（上）と人工ニューロン（下）を示す。実際の脳は無数の神経細胞が結びついたり、離れていったりを繰り返しながら成り立っている。そういう脳の神経細胞ネットワークをモデル化

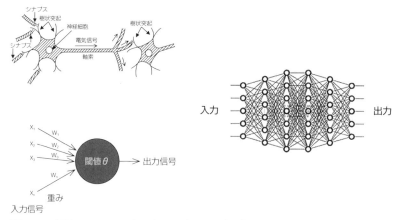

図3-8　人工ニューロンネットワークのモデル化

　して、人工ニューロンを何層にも組み合わせて人工のニューラルネット
ワークを作る。それが右側の図である。

　このネットワークにおいて、情報は左から右に流れていく。一見複雑
だが、実際に使われているのは、前項で見たとおり掛け算と足し算、そ
れにしきい値との比較だけとシンプルである。ただ人工ニューロン（ノ
ード）と層の数が増えると、これらの人工ニューロンをつなぐ重み（パ
ラメタ）の数は爆発的に増えていくことになる。そのために計算量は膨
大なものになっていく。

4．学習をモデル化する

⑴ 学習の方法

　人間の脳は学習することで賢くなっていく。人工ニューロンを組み合
わせて作ったニューラルネットワークも学習させると、賢くなっていっ
てくれる。賢くなるというのは、精度の高い答えを出すということであ
る。精度の高い答えが何を指すのかは、第4章中の例題でみていくこと
にする。

　さて、ニューラルネットワークで学習をさせるには、主として2つの
方法がある。「教師あり学習」と「教師なし学習」である。

①教師あり学習

既存のデータを使って、ある入力 X に対応する正解の出力 Y を使って、モデルを鍛える方法である。鍛えるというのは、実際にはモデルの重みの係数を修正していくことである。その鍛えられたモデルを使って、未知の入力値に対する出力 Y を予測する方法である。後ほど示す分類問題や予測問題によく使われており、現在までのところ AI の分野の過半はこの教師あり学習によっている。

②教師なし学習

教師なし学習とは、AI にたくさんの入力から特徴を抽出させる方法である。例えば、大勢の顧客をいくつかの似たもののグループに分けていくクラスタリングや、機械の運転状況のデータを取り続けて定常な状態と違うものを判別する異常検知などにおいて使われている。

(2) **教師あり学習でおきていること**

実際、教師あり学習では、プログラムの中では何が起きているのだろうか？

大雑把にいうと、ニューラルネットの図で示した重み（係数）を、最適になるように、何回も計算しているだけと考えていただきたい。

実際には、大量の行列式の計算を、膨大な回数繰り返して、誤差を小さくしていくことを計算機では行っている。

(3) **教師あり学習の感覚的理解**

図 3-3 で使ったモデルを利用して、学習の過程を感覚的に把握してみよう。

①ステップ1：初期化されたモデルに最初の画像を学習させる

まず図 3-9 に示されたモデルに対して、ニューロン間の伝達の重みに対して、最初に適当な初期値（ここでは4）をセットする。実際の AI のシステムでは乱数を使って初期値を設定することが普通だが、ここでは理解のためということで、適当な初期値を与えている。

さて、最初の学習用のデータとして、ある人の顔（ここでは男性の顔写真）を入力する。このデータに対しては顔であるという正解が付されている。第2項で行った計算と同じ方法で、この入力データについて計

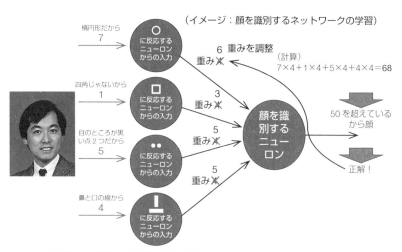

図3-9　教師あり学習の感覚的理解 (1)

算してみると 68 という値がでてくる。これは 50 を超えているから、プログラムは「顔だ」と判定する。

②ステップ2：重みの係数の修正

そして、正解データと見比べてみると、今回の入力データに対してこのモデルは正解を吐き出していた。よってここで重みの調整を以下のように行う。

　1）正解に寄与した大きな入力値のニューロン（上から1つ目、3つ目、4つ目のニューロン）からの重みに対しては、その重みを4からそれぞれ6、5、5に増してやる。

　2）反対に寄与しなかった小さな入力値のニューロン（上から2つ目）からの重みは3に低減させる。

③ステップ3：次のデータで学習

次に、2番目のデータとして、車の前面の写真を入力する。これには顔でないという答えがつけてある。

図3-10 にあるように、それぞれのニューロンが入力データの形状から数値を出し、ステップ2で調整された重みを使って、計算を行う。その計算結果は 55 となり、プログラムは「顔だ」と判定する。しかし、

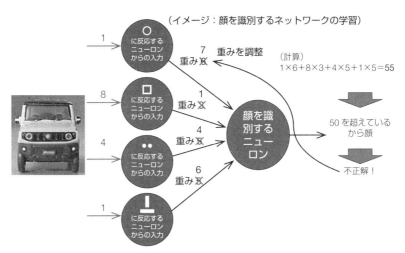

図3-10 教師あり学習の感覚的理解 (2)

これを答えと見比べると不正解である。

　④ステップ4：重みの係数の修正、2回目

　2番目のデータでは不正解であったので、それに従って重みの2回目の調整を行う。入力値が大きかった上から2つ目のニューロンからの重みを下げて1にする。一方で小さな入力値であった1つ目と4つ目のニューロンからの重みは上げておく。

　実際のAIの学習においては、数千・数万のデータで学習を行うので、上記のステップ1からステップ4の過程をそのデータの数だけ行うことになる。それを1サイクルとすると、さらに全体として誤差が十分小さくなるように、このサイクルを何回も行っていく。この計算は数万回以上になることが普通であり、膨大な計算が行われることになる。

　⑤ステップ5：出来あがったモデルを利用する

　さて、ステップ1からステップ4の学習を繰り返し行うことで学習を終えてモデルを実際に利用するようになる。例えば図3-11に示すように、今回のモデルで新しい顔のデータ（ここでは女性の顔写真）を入れると、学習結果としての重みを使った計算がなされ、予測された答えが返ってくる。

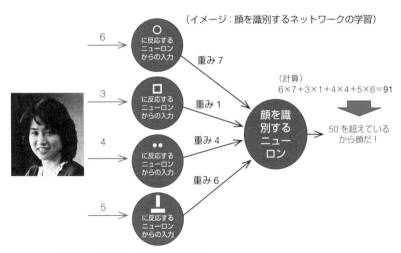

図3-11 教師あり学習の感覚的理解 (3)

5．特定の画像に反応するニューロン

　2012 年、「Google の研究開発によってコンピュータが猫を認識できる
ようになった」というニュースが話題になった。Quoc V. Le ら Google
のチームの論文（http://static.googleusercontent.com/external_content/
untrusted_dlcp/research.google.com/en//archive/unsupervised_icml2012.
pdf）によると以下のようなことである。YouTube の動画から、200 ×
200 ピクセルサイズの画像を 1000 万枚用意し、教師なし学習を行った。

　9 つの階層のニューラルネットワークを構築し、1000 台のコンピュ
ータで 3 日間かけて学習を行った結果、人間の顔、猫の顔、人間の体の
写真に反応するニューロンができた。教師あり学習で「こういう映像の
ものが猫ですよ」と教え込むのではなく、自立的に猫の画像に反応する
（猫を認識する）ニューロンができたことが評価されることになった（図
3-12）。

6．画風を認識するニューロン

　画風を認識するニューロンからのデータと、画像そのものの形状を検
知するニューロンからのデータの合体もできるようになってきた。2015

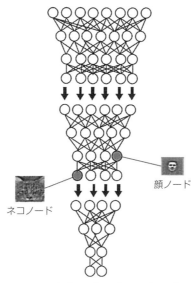

ネコノード　　　　　　　　　　　　顔ノード

図3-12　有名なグーグルの猫の論文
のニューラルネットワーク
（出所）Le, Q.V., et al（2011）'Building high-level
features using large scale unsupervised
learning' をもとに作成
http://static.googleusercontent.com/external_
content/untrusted_dlcp/research.google.com/
en//archive/unsupervised_icml2012.pdf

年の８月にテュービンゲン大学のGatys氏らが発表した"A Neural
Algorithm of Artistic Style"がその先駆けになった。
　図3-13は、左上の大阪市立大学１号館前のパームツリー並木の画像
のコンテンツと、左下のヴァン・ゴッホによる「星月夜」の画風を合体
させたものである。この計算はディープラーニングの層が深いので計算
時間はかなりかかった。

Ⅳ．AIを実務で使うために

1．機械学習の強み

　機械学習を実務に使うにあたって、特に優れている点をまとめてみる

大阪市立大学 1 号館前

画像の要素

画風の要素

ヴァン・ゴッホ『星月夜』

図3-13　AI による画像の要素と画風の要素の合成

と以下のようになる。

(1) **ロバスト性**（頑強性、頑健性）

○特徴量はデータから自動的に学習されるので、特徴量の設計を行う
必要がない。

○機械学習のツールが整備されてきたので、データを準備しさえすれ
ば、割合気軽に試すことができる。

○非線形の問題やルールがうまく表現できないような問題にも応用で
きる。

○データがきちんとしていれば、途中の計算がブラックボックス化さ
れるが、精度のよい答が得られる。

(2) **スケーラビリティ**（拡張可能性・拡大可能性）

○より多くのデータを使うとさらに精度が向上する場合が多い。

(3) **一般化可能性**

○横展開が可能で、応用性が広い。例えば、画像認識で有効だったモ
デルの形を応用することでアルファ碁が開発された。さらにアルフ
ァ碁から、将棋やチェスまで同じ手法を使うことで、最強レベルの
モデルが開発された。ひとつの分野で有効なやり方がそのまま他の

分野に応用可能であることは、ビジネス分野での応用を考えるとコスト効率の高い手法になりうる。

2．実務で使うための準備

ここ数年で AI・機械学習の研究は目を見張るスピードで進んできている。基礎研究だけではなく、ビジネスや行政の場で使うことを念頭において、AI・機械学習の利用の環境が急速に整えられてきている。そのために AI の応用の時代に入ってきているといえるであろう。

例えばグーグル社が開発した AI のためのプログラム言語テンソルフローは無料で公開されている。そのために職場や家庭の PC 上で簡単な AI のシステムを自作することも可能になってきている。この本の第 4 章で、そのやり方を紹介しているので、自分でプログラムを動かしてみることを強くおすすめする。

さて、皆さんが自分の抱える問題を解決するために機械学習を使おうと思ったとして、どういうデータを使い、どういう形のデータとして、AI のシステムに入力すればいいのかを見ていく。

例えば、都市計画を担当していたとして、「市内の 100 か所の信号機の青の時間を AI を使って制御して、交通渋滞を最小にしたい」、という課題をもっていたとする。

学習に入力するデータは、単にそれぞれに道路の通行量だけいいのか？ 時刻や天気はデータとして使うのか？ 道路工事のデータを使うのか？ といった、関連すると考えられるデータをまずリストアップする必要がある。その上で、それらのデータをコンピュータが読めるように整えておく。

AI・機械学習での学習の精度は、データの品質に大きく左右される。例えば、データの中に何らかの理由で発生した異常値が誤って含まれているとすると、その異常値を学習することで間違った予測を行うようになるかもしれないのである。そのため、データマイニングの現場では、欠損値の除去・処理や異常値の検証といったデータのクレンジング（前処理）が行われることが普通である。この前処理は非常に手間のかかる

ダーティ・ワークであるといえ、下手すると分析の8割以上もの時間が
ここに取られることになる。ただ、前処理の品質を上げることが、いい
結果を得るために非常に重要である。また、日頃からデータの管理をし
っかりと行っていくことも合わせて大切である。

3．まず始めてみる

　前項で述べたとおり AI を触ってみる環境は割合手近なところにあ
る。であれば、とりあえず小さなモデルで試してみることを強くおすす
めする。これは、自分の手元にある一般的な PC でも十分可能である。
　学習させる目的を定めて、入手できるデータを使ってモデル化を始め
てみる。入力するデータはエクセルの CSV の形式で大丈夫である。分
析に使う AI のプラットフォームを決める。ディープラーニングであれ
ば、グーグル社のテンソルフローが応用例が多く、参考事例も多いの
で、特段の理由がなければこれでいいと思われる。

4．ビッグデータ・大きなモデルへの発展

　個人の PC で手に負えないレベルの問題になってきたときの対処方法
については、以下のような検討を行うべきであろう。
　⑴ クラウドサービスを使う
　大型の AI のモデルは計算量が莫大になり、GPU と呼ばれる並列計算
が可能な高性能 PC を準備する必要がある。このような PC はかなり高
額になり、また保守に専門的な知識も必要なる。そのためにクラウドサ
ービスのひとつであるグーグルプラットホームやアマゾンの AWS に登
録して、ヴァーチャル・マシン（仮想 PC）を利用することはコスト効
率からもかなり有効なやり方である。非常に高速でメモリも大きなマシ
ンを時間単位で借りることができる。個人であれば最初に無料のお試し
サービスがある。またビッグデータの保管も簡便である。
　⑵ データマイニング専門のソフトウェアを利用する
　データマイニングの隆盛に伴って、さまざまなデータマイニングのソ
フトウェアが利用可能になっている。

- 「H2O.AI」：無料で利用でき、ディープラーニングからXG-BOOSTまで、最新のプラットフォームが利用可能である。またウェブブラウザ上で動くので、入力データの指定などわかりやすく、使い勝手がよい。
- 「DataRobot」：予測に特化したデータマイニングソフトウェアである。有料であり、金額は年間1000万円以上かかるといわれている。その分サポートなどが手厚い。
- NECの「DotData」：特徴量の検出まで自動で行ってくれることをポイントにうたっている。データマイニングの自動化がかなり進んだ状態で提供されている。ただその分費用は高く、上記のData-Robotよりも1桁高いといわれている。

(3) 専門家の力を借りる

AIに特化したベンチャー企業が多数でてきており、彼らの力を借りることで、早いスピードでAIの応用を進めることができる。この場合には、専門家に何をお願いしようとしているのか、AIで実現しようとしていること・目的をはっきりとさせたうえで開始しないと時間の浪費になるばかりでなく、思ったような成果を出せないこともある。

(4) Kaggleなどのコンペティション型サイトを使う

米国や日本にいくつかのAIの競技形式のデータサイエンティストの集まるサイトがある。米国のKaggleがその中では最大である。企業などがデータを提供して、最適予測システムの作成を参加者に競わせるサイトである。賞金を出すのが普通である。

例えば、太陽光発電所の発電量予測の問題では、過去の気象データや発電量のデータが学習データとして提供されて、それを使って将来の（もしくは未知の）気象条件での発電量を予測するようなコンペティションが催されていく。

このようなサイトにスポンサーとして参加し、参加者にモデルの構築をしてもらう方法がある。競技の枠内だけでなく、世界中の優秀なデータサイエンティストと関係をつくることにも有効な方法である。

5．ここから次のステップへ

　AI・機械学習は、広く応用の時代に入ってきている。ディープラーニングは、画像の認識と相性が非常によい。またディープラーニングの音声認識や文章認識への応用も大きく進んできている。

　その一方で、予測の分野での応用はまだまだ発展段階といえる。これはデータの整備状況がまだまだであることや、データのありかが一部の企業や組織に偏っていることにも原因があると考えられる。ただ、データの公開の法的な整備も進みつつあり、今後予測の分野でも AI・機械学習がさらに有効に使われるようになっていくだろう。

　AI・機械学習を使って分析をする環境は整ってきているので、ぜひ挑戦してみることを強くおすすめする。そのために、第4章を参考に、まず自分でプログラムを動かしてみることが大事であると考える。

参考文献

巣籠悠輔（2017）『詳解 ディープラーニング―TensorFlow・Keras による時系列データ処理』マイナビ出版

Cook, D.（2016）"Practical Machine Learning with H2O: Powerful, Scalable Techniques for Deep Learning and AI" O'Reilly Media

Gatys, L.A.（2015）'A Neural Algorithm of Artistic Style'

Le, Q.V.（2011）'Building high-level features using large scale unsupervised learning'

第4章

AIソフト：
テンソルフローの使い方

Ⅰ．AIのプラットフォーム

1．プラットフォームの選択

　AIが急速に普及してきたおかげで、現在ではいくつかの優れたプラットフォーム（ニューラルネットワーク・ディープラーニングのプログラムを簡便に作るためのソフトウェア群）が提供されている。

　2022年の時点でユーザー数が最も多くウェブ上での情報が多いテンソルフローでディープラーニングの実践を始めるのが有効と考える。

　テンソルフローは、以前はプログラミングやハイレベルのPCの知識がないとインストールが難しかったが、現在ではかなりトラブルが少なくなっており、自分の所有するPCへのインストールも簡単になってきた。Windowsだけでなく、MacやLinuxのPCへもインストールが可能である。無料で利用できる。実践へのハードルが低いのは多くの人にとってありがたいことであろう。

　一般に、ニューラルネットワークの学習は計算に時間がかかるといわれている。画像処理や音声認識などへの応用であれば、学習のための計算に使われる層を深くしてやる必要があり、かなりの計算量になる。学習に使っている限りはなんとかなるが、業務で使うようになると一般的なPCでは現実的な時間では答えが出てこないことに直面することもある。そういう場合には、まず小型のモデルでプログラムのバグを取り除き、その上でGPUと呼ばれる並列計算のできる高性能PCを入手してその上で計算させるか、グーグルやアマゾンが提供するクラウド上での

仮想 PC を使うことになるだろう。

　なお、予測や分類の問題であればさほど層を深くする必要がない場合も多いので、一般的な PC でも対応できることも多い。まず動かしてみて、徐々に理解していくことが実用への近道である。

２．テンソルフロー、Python、Jupyter Notebook の間の関係

　ここで図 4-1 を使って、テンソルフローと Python と Jupyter Notebook の関係について触れておく。

　Python は、プログラムを書くための重要なフリーの新しい言語である。われわれは Python の文法に従ってプログラムを書き、コンピュータにいろいろな作業をさせることができる。テンソルフローは、Python のサブセットみたいなものと理解しておくとよい。テンソルフローは、AI や行列計算などに特化した特殊なプログラムの実行環境である。このためにテンソルフローはライブラリと呼ばれることもある。

　Jupyter Notebook は、Python を対話型で使うためのエディター（編集ソフト）であり、使いやすさを念頭に開発されたものである。Python は Jupyter Notebook 以外でも動かすことができるが、初心者にとってはわかりやすく、ここからスタートするのがよいと考える。

　なお、**Anaconda3 は、Python やテンソルフローを自分の PC にインストールし、使いやすくするセットアップツール**である。また、本書に示す計算結果と皆さんの PC での結果の数値が若干ずれていることがある。これは AI の繰り返し計算に使う乱数の初期値が計算するごとに異

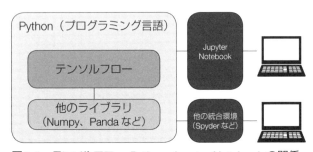

図4-1　テンソルフロー、Python、Jupyter Notebook の関係

なるためである。

3．テンソルフローを使うための準備

　テンソルフローで AI を試してみるためには、若干の準備が必要である。初心者がテンソルフローを使う方法としては、1）グーグル社が提供する「Colab」と呼ばれるサービスを利用する、2）「Anaconda3」と呼ばれる簡単インストールソフトを使って自分の PC にテンソルフローをインストールする、の 2 つの方法がある。いずれも PC を使っている人であれば、難しいものではない。

　これらの 2 つの方法の、長所と短所を、表 4-1 にあげておく。なお、これらの 2 つの方法を併用することは全く問題なく、状況によって使い分けている人も多い。

　これらの 2 つの方法のインストール方法を、以下に順に説明する。

表4-1　テンソルフローの利用方法の比較

方法	長所	短所
グーグル社の提供する「Colab」を使う方法	●常に最新の AI プログラム環境が使える。 ●無料で高スペックの計算力が提供されるために、複雑なモデルを扱うことができる。	●最大 12 時間で、自動的にリセットされる（ただし計算の終わったものは自動的にグーグルドライブの保管されている）。
自分の PC にテンソルフローをインストールする方法	●自動リセットなどを気にしないで、好きなだけ計算に没頭できる。	●インストールが若干面倒である。 ●スペックの劣る PC の場合はインストールがうまくいかないことがある。 ●画像処理などの取り組む問題によっては計算時間が非常に長くなる。

Colab を使う場合

　Colab は、Collaboratory という単語から命名された、グーグル社が教育などの目的で無料にて提供しているサービスである。利用準備は以下のようになる。

1) グーグルアカウントを準備する（持っていない人は、ネットで「グーグルアカウント作成」で検索し、必要情報を入力して作成する。アカウントの作成や維持は無料である。無料で 15GB のグーグルドライブ＝クラウド・ストレージが利用できる。このグーグルドライブは、本章の例題の入力データや計算結果の置き場になる）。

2) グーグル社の提供するウェブ・ブラウザである Chrome を立ち上げ（もしインストールしていなければ、新たにインストールする）、自分のグーグルアカウントでログインする。

3) 以下の URL を入力して、Colab のページを立ち上げる。（なお、URL の代わりに「Colab」で検索してもこのページに行き着くはずである。）

   https://colab.research.google.com/notebooks/intro.ipynb

4) 「ファイル」メニューから「ノートブックを新規作成」を選択する。

5) 図 4-2 のように、カーソルが点滅しているセル（ボックス）に、「1+2」とタイプして、シフトキーとリターンキーを同時に押す。入力はいつも「シフト＋リターン」で行う。

6) 「3」が表示され、新しいセルが表示される（もしセルが表示されなければ、挿入メニューから新たなセルを追加できる）。

7) 続けて、「x=3*5」と入力する。これで変数 x に計算結果が入れられる。次に「print(x)」と入力すると、結果が表示される。

8) ファイルメニューから、名前の変更を選び、適当な名前（例えば test1.ipynb とか）に変更しておく。

9) ファイルメニューから保存を選択すると、グーグルドライブ上の「Colab Notebooks」をいう名前のフォルダーに、このノートブックの内容が保存される。

10) Chrome 上で新しいタブを開き、右上の 9 つのドットマーク（グーグルアプリ）を開いてドライブを選択する。自分のグーグルドライブのディレクトリが表示されるので、その中の「Colab Notebooks」をダブルクリックすると、そこに 9) で保存したファ

イルが表示されるはずである。

　次節以降のテンソルフローの実習のデータなどは、このグーグルドライブの Colab Notebooks のフォルダーに、アップロードする。

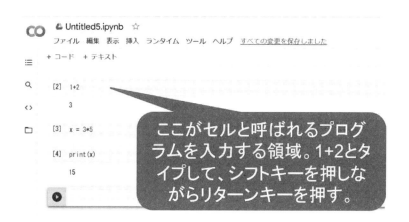

図4-2　Colab の利用開始

自分の PC にインストールする場合

　自分の PC にテンソルフローをインストールするには、それを自動で行ってくれる Anaconda3（アナコンダ3と読む）という無料のソフトを使う。Anaconda3 は、統合パッケージと呼ばれるツールで、Python やテンソルフローといったプログラム言語の複雑なバージョン管理などを自動で行ってくれる初心者にとって非常に便利なツールである。

1）以下の URL で Anaconda3 のインストール画面に移動する。
　　https://www.anaconda.com/products/individual
　このページの中のダウンロードボタンを押して、必要なファイルを自分の PC にダウンロードして、そのファイルをダブルクリックして実行させる。Anaconda3 は、各自の PC の状況にあった最適のものがインストールされるはずである。

2）Anaconda3 がインストールされたら、図 4-3 に示すように、Windows メニューの中に「Anaconda3」が加わっているはずであ

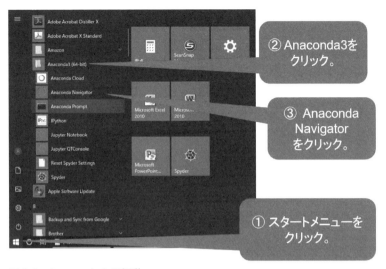

図4-3　Anaconda3 の起動

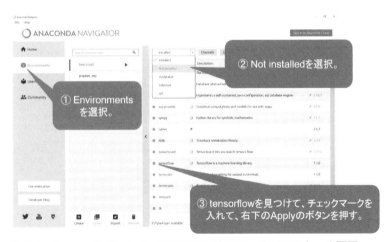

図4-4　Anaconda Navigator でのテンソルフローのインストール画面

　　る。その中の「Anaconda Navigator」をクリックする。

3）【自分のソフトウェア環境を作る】左側のメニューの Environ-
　　ment を選ぶ。左から 2 列目のサブメニューの最下段の「Create」

をクリックし、Python は 3.8 を指定し、「MyEnvironment」等の名前で新しい環境を作る。

4）中央最上段の「Installed」と出ているプルダウンメニューを、クリックして「Not installed」を選ぶ（図 4-4 参照）。

5）インストールされていないプログラムのリストがでてくるので、その中で以下の順にチェックを入れて、右下の「Apply」を選び、ソフトをインストールする。「numpy」→「pandas」→「matplotlib」→「tensorflow」

6）インストールが終わったら、左側のメニューから「Home」を選び、そこにある「Jupyter Notebook」を選ぶと、python の実行環境が現れる。テンソルフローもここから実行可能になる（図 4-5 参照）。

図4-5　Jupyter Notebook の起動画面の例

4．例題構成

次節から表 4-2 に示す例題でテンソルフローの実習を行っていく。

5．例題のデータとプログラムの準備

次節以降で扱う例題に使う入力データやプログラムを準備する手順は

表4-2　例題一覧

例題	タイトル	使う技術	内容
1	保守費用の予測	線形回帰と比較	TensorFlow に触れてみる
2	Boston Housing Data	重回帰と比較	値の予測。隠れ層の数やノードの数を変更してみる
3	moon data	複雑にからんだデータの分類	二値分類
4	MNIST	画像認識	多クラス分類および 10,000 件のデータの取扱い

以下のとおりである。

1）インターネットを使って、次の URL で日本評論社のホームページにある『AI と社会・経済・ビジネスのデザイン［増補版］』の詳細ページにアクセスする。

　　https://www.nippyo.co.jp/shop/book/8870.html

　　作業上の注意も、このサイトにのせることがある。

2）そのページの下の方にある「関連情報ファイル」を参照する。

3）zip ファイルをダウンロードして、ダブルクリックして解凍する。フォルダーの中に、第 4 章で使うフォルダーが 2 つ格納されているはずである。一方は Colab を使用して次節以降の実習を行うためのもので、もう一方は自分の PC にインストールしたテンソルフローを使用して実習を行うためのものである。

4）次節以降の例題は、すべて両方のやり方について説明している。自分の好きなほうで進めてもらえればよい。2 つのフォルダーに含まれる入力データは同一である。プログラムは、データの読み込み部分が若干異なるだけであり、その点は解説の中で説明してある。

Ⅱ．例題 1〈線形回帰問題（従来手法と AI がほぼ同じ答えを出す単純予測問題）〉

1．問題設定

最初の例題は単純な線形回帰の問題である。問題設定は簡単でエクセ

施設番号	築年数	年間保守費用（千円）
1	33	41,000
2	23	36,000
3	39	46,000
4	45	47,000

予測 → 問題：次の施設の保守費用を予測しなさい。

施設番号	築年数	年間保守費用（千円）
11	30	
12	36	

図4-6　例題1の問題設定

ルで容易に分析できるものである。世の中の事象には、ある計測値（説明変数）と結果（目的変数）の間になんらかの相関があるものが多く、そういう場合に線形回帰は大いに力を発揮する。

　あなたは市役所の設備保守課の職員であり、設備の保守予算の作成を行っているとしよう。図4-6に示すように、あなたの手元に4つの施設の築後年数とそれぞれにかかる年間保守費のデータがある。問題は、このデータをもとに、この表にはない築後30年と36年の施設の保守費用を予測することである。

2．準備作業

Colabでテンソルフローを使う場合

　前節でダウンロードしたフォルダーのうち、「Colabでテンソルフローを実行する場合」という名前のフォルダーの中にある以下のファイルを利用する。

ex1_maintenance_cost_estimation.xlsx

ex1_linear_regression.py

自分のPCにインストールしたテンソルフローを使う場合

　前節でダウンロードしたフォルダーのうち、「自分のPCでテンソルフローを実行する場合」という名前のフォルダーの中にある以下のファイルを利用する。

ex1_maintenance_cost_estimation.xlsx

ex1_linear_regression.py

3．エクセルで解く

　ニューラルネットワークを使ってこの問題を解く前に、まずはエクセルでデータの内容を確かめ、ついでに線形回帰式をもとめてみよう。

　エクセルで「ex1_maitenance_cost_estimation.xlsx」のファイルを開き、4件の施設のデータを使ってグラフを描き、その上で線形回帰式を求めてみる。さらにその回帰式を使って、未知の施設の保守費用を予測してみることにしよう。

　データのあるワークシートで、B3 セルから C6 セルまでを選択する。その上で、メニューから「挿入」→「グラフ」の中の「散布図」→「散布図（マーカーのみ）」を順に選んで、散布図を描く。これで図 4-7 のようなグラフが描けるはずである。

　さらに回帰式を求めよう。描かれたドットの1つをクリックすることでデータを選択し、右クリックする。出てきたメニューから、「近似曲線の追加」を選択し、また「グラフに数式を表示する」と「グラフに R-2 乗値を表示する」を選択する。これによって、グラフ上に線形回帰

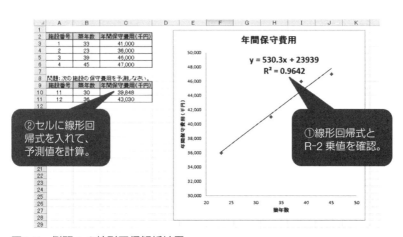

図4-7　例題1の線形回帰解析結果
（出所）マイクロソフト社 エクセルを使用

式が、「y=530.3x+23939」と表示される。

築30年の施設の保守費用の予測値は、C10セルに「=530.3*B10+23939」と数式を入れることで3984万8000円と求まる。もう1つの施設の予測値も、C11セルに同様の手順を行なうことで求められる。

４．ニューラルネットワークで解く

さて次は同じ問題をニューラルネットワーク（AI・機械学習）で解いてみる。すでにダウンロードした「exl_linear_regression.py」を使う。「.py」というファイル拡張子は、このファイルがPythonで書かれたプログラムであることを示している。もし内容を見たい場合には、ウィンドウズに付帯されている「ワードパッド」や「メモ帳」を使って開くと内容が表示される。

ここからは、Colabを使う場合と自分のPCにインストールしたテンソルフローを使う場合で、少しだけやり方が違うので、それぞれに分けて解説を行なう。

Colabを使う場合

1）Chromeを立ち上げて、自分のGoogle IDでログインする。

2）以下のURLからColabを立ち上げる。【Colabのタブ】
https://colab.research.google.com/notebooks/intro.ipynb

3）新しい別のChromeのタブを開き、右上のグーグルアプリ（9つのドットマーク）を開いて、「ドライブ」をクリックする。【ドライブのタブ】

4）**自分のドライブ上にある「Colab Notebooks」をクリックして、フォルダーを開く。そのフォルダーに、今回使うファイル（ex1_linear_regression.py）をアップロードする。**

5）アップロードのやり方は以下のようにいくつかある。

　　㋐　グーグルドライブのフォルダーの画面で、左上の新規のボタンを押し、その中の「ファイルをアップロード」を選んで、その後ファイルの選択をする。

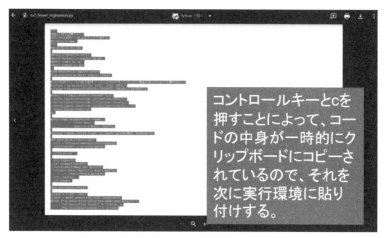

図4-8　プログラムの中身

(ｲ) グーグルドライブのフォルダーの画面で、空白の部分で右クリックして、その中の「ファイルをアップロード」を選んで、その後ファイルの選択をする。

(ｳ) エクスプローラーから、ファイルをドラッグアンドドロップでコピーする。

6) 自分のフォルダーにアップロードした「ex1_linear_regression.py」をクリックする。これから使う Python のプログラムの中身が表示される（図4-8参照）。

7) Python のプログラム（コード）の中身が表示されるので、マウスを使って全体を選択して、コントロールキーと c を同時に押す（普段使うプルダウンメニューによる「コピー」は使えないので、このショートカットキーを使う）。

8) Colab のタブに移り、「ファイル」メニューから「ノートブックを新規作成」を選ぶ。

9) 図4-9に示すように、セル内をクリックしてカーソルをおき、コントロールキーと v を同時に押して、コードをセルの中に貼り付ける（コントロールキーと v は「貼り付けの」のショートカットキー）。

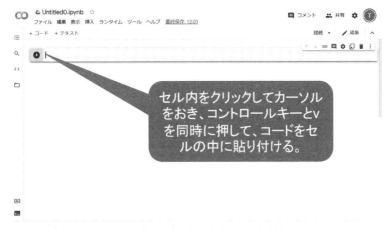

図4-9　新しいノートブックへプログラムをコピペする

図4-10　プログラムの実行

10)「ファイル」メニューから、「名前の変更」で、自分にわかりやすい名前に変更しておく。

11) セル内にコードが置かれたら、メニューの「ランタイム」→「すべてのセルを実行」を選ぶ（図4-10参照）。

1) まず Jupyter Notebook を起動する。起動の仕方は、「ウィンドウズのスタートボタン（4 枚の旗)」→「Anaconda3」→「Anaconda Navigator」→「Jupyter Notebook」の順に選んでいくと、黒い画面がでて初期化が始まり、しばらくするとウェブ・ブラウザが立ち上がり「Home」というタブで Jupyter Notebook の画面が現れてくるはずである（「Anaconda Navigator」を使わずに、「ウィンドウズのスタートボタン」→「Anaconda3」→「Jupyter Notebook」と選んでいっても結果は同じである)。画面にはフォルダーのリストがでている。右上の「Upload」ボタンから PC の中を探し、例題のデータを全てダウンロードし、そのフォルダが表示されることを確認する。

2)「exl_lenear_regression.py」をクリックする。

3) Python のプログラムが表示されるので、「そのプログラムのどこか適当なところにカーソルをもっていき左クリック」→「右クリック」→「すべてを選択」（もしくはコントロールキーと a)→「右クリック」→「コピー」（もしくはコントロールキーと c)を行う（この操作によって、PC のクリップボード（メモリ）にプログラムが一時保管される)。

4) Jupyter Notebook の最初のタブ（「Home」）に戻り「右上に表示されている New の下矢印（▼)」→「Python3」をクリックする。

5) 新しいタブが出たら、四角いボックス（セルと呼ばれる）の中にカーソルを持っていき「右クリック」→「貼り付け」（もしくはコントロールキーと v)を行う。そうすると先程クリップボードに一時保管したプログラムがセルの中に現れるはずである。これでセル内にプログラムが置かれたのでこのプログラムを実行（run）してみよう。

6) 上段にあるメニューの中から「Kernel」→「Restart & Run All」をクリックする。

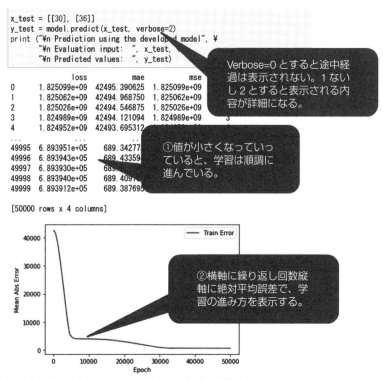

```
x_test = [[30], [36]]
y_test = model.predict(x_test, verbose=2)
print ("¥n Prediction using the developed model", ¥
       "¥n Evaluation input:  ", x_test,
       "¥n Predicted values:  ", y_test)
```

Verbose=0 とすると途中経過は表示されない。1 ないし 2 とすると表示される内容が詳細になる。

	loss	mae	mse
0	1.825099e+09	42495.390625	1.825099e+09
1	1.825062e+09	42494.968750	1.825062e+09
2	1.825026e+09	42494.546875	1.825026e+09
3	1.824989e+09	42494.121094	1.824989e+09
4	1.824952e+09	42493.695312	
...	...	...	
49995	6.893951e+05	689.34277	
49996	6.893943e+05	689.43359	
49997	6.893930e+05	689.	
49998	6.893940e+05	689.409	
49999	6.893912e+05	689.38769	

①値が小さくなっていっていると、学習は順調に進んでいる。

[50000 rows x 4 columns]

②横軸に繰り返し回数縦軸に絶対平均誤差で、学習の進み方を表示する。

図4-11　例題１のニューラルネット収束の様子
（出所）グーグル社 テンソルフロー 2.0 使用

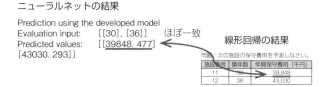

ニューラルネットの結果

Prediction using the developed model
Evaluation input:　[[30], [36]]　ほぼ一致
Predicted values:　[[39848. 477]
[43030. 293]]

線形回帰の結果

問題：次の施設の保守費用を予測しなさい。

施設番号	築年数	年間保守費用（千円）
11	30	39,848
12	36	43,030

図4-12　例題１のニューラルネットと線形回帰の結果の比較

5．結果の表示

　実行が始まると、図 4-11 に示されるように、ニューラルネットワークでの収束計算の進み具合が表示される。繰り返し計算の回数が増すごとに、誤差が小さくなっていく様子が観察される。

計算が終わると、図4-12のように、ニューラルネットワークでの予測値が表示される。その結果は前項で求めた線形回帰での値とほぼ一致するはずだ。

最後に、一連の計算を保存し、後日参照できるようにしておこう。上段のタブから「File」→「Rename」で実行した計算過程に名前をつけて記録に残しておく。次回 Jupyter Notebook でこのファイルを開くと、結果を見ることができ、さらにプログラムを書き加えることで、追加の計算をすることもできる。なお保存した ipynb の拡張子をもつファイルは、計算した結果を含むファイルである。後日 Jupyter Notebook で開くと内容を見ることができる。

Ⅲ．例題2〈Boston Housing Data（従来手法を AI が追い越す複雑予測問題）〉

1．問題設定

次の例題は、データサイエンスの教科書でよく取り上げられる Boston Housing Data である。1970年代のボストン近郊の不動産物件に関する506件のデータを使った予測モデルを作る。課題は、部屋数・築年数・犯罪率などのデータから、その不動産の価格を予測するモデルを構築することである。

506件のデータは、今回の演習用に、あらかじめ

404件の訓練用データ（ex2_boston_traindata.csv）と

残り102件の確認用データ（ex2_boston_testdata.csv）

にランダムに分割してある。これらのデータの csv ファイルはすでに第Ⅰ節第5項で日本評論社のホームページからダウンロードしたものに含まれている。

課題は、この訓練用データを使って、①住宅価格を予測するモデルを構築することと、②そのモデルを使って確認用データに含まれるそれぞれの住宅の価格を予測すること、である。また確認用データには正解データが付与されているので、これを使って、予測値との誤差（平均絶対

No.	CRIM	ZN	INDUS	CHAS	NOX	RM	AGE	DIS	RAD	TAX	PTRATIO	medv
290	0.03502	80	4.95	0	0.411	6.861	27.9	5.1167	4	245	19.2	28.5
126	0.38735	0	25.65	0	0.581	5.613	95.6	1.7572	2	188	19.1	15.7
476	4.87141	0	18.1	0	0.614	6.484	93.6	2.3053	24	666	20.2	16.7
354	0.04301	80	1.91	0	0.413	5.663	21.9	10.5857	4	334	22	18.2

データ番号　　　　　　　　　　　　　　　説明変数　　　　　　　　　　　　　　　　　目的変数
　　　住宅価格
　　　（千ドル）

変数	説明
CRIM	犯罪発生率（人口単位）
ZN	25,000 平方フィート以上の住宅区画の割合
INDUS	非小売業の土地面積の割合（人口単位）
CHAS	チャールズ川沿いかどうか（1:Yes, 0:No）
NOX	窒素酸化物の濃度（pphm 単位）
RM	1 戸あたりの平均部屋数
AGE	1940 年よりも前に建てられた家屋の割合
DIS	ボストンの主な 5 つの雇用圏までの重み付き距離
RAD	幹線道路へのアクセス指数
TAX	10,000 ドルあたりの所得税率
PTRATIO	教師あたりの生徒の数（人口単位）

図4-13　Boston Housing Data のデータ構成
（出所）上段はマイクロソフト社 エクセル使用

誤差）を求めることで、予測精度がどのくらいかを評価する。

　エクセルで訓練用データのファイルを開いてデータを概観してみよう。データ分析においては、ツールやプログラムを使って解析を始める前に、まずデータを眺めてみることは非常に重要である。データの大雑把な傾向が見られることもあるし、欠測値や異常値が含まれていることに気づくこともある。

　図 4-13 を見ながら説明していく。データの 1 列目はデータの番号であり、これ自体は特に意味はない。2 列目から 12 列目までがモデル構築に使われるデータであり、データの内容は図に示すとおりである。データ分析においては説明変数と呼ばれる。13 列目は千ドル単位で表された住宅価格であり、これを予想するモデルを作るので、目的変数と呼ばれる。

2．ニューラルネットワークで解く

Colab を使う場合

　前節でダウンロードしたフォルダーのうち、「Colab でテンソルフロ

ーを実行する場合」という名前のフォルダーの中にある以下のファイル
を利用する。

　　ex2_boston_neuralnet_regression.py

　　google_drive_mount.py

　基本的に例題1と同じようにColabを立ち上げて、そこでテンソルフ
ローのプログラムを動かす（ただし、以下の5）のグーグルドライブのマ
ウントが新たに加わるプロセスになる）。

1）Chromeを立ち上げて、自分のGoogle IDでログインする。

2）以下のURLからColabを立ち上げる。【Colabのタブ】

　　https://colab.research.google.com/notebooks/intro.ipynb

3）新しい別のChromeのタブを開き、右上のグーグルアプリ（9つ
　　のドットマーク）を開いて、「ドライブ」をクリックする。【ドライ
　　ブのタブ】

4）自分のドライブ上にある「Colab Notebooks」をクリックして、
　　フォルダーを開く。そのフォルダーに、今回使うファイル
　　（ex2_boston_neuralnet_regression.py と google_drive_mount.py）をア
　　ップロードする。アップロードは前節で説明したやり方と同じであ
　　る。

5）ニューラルネットで解くために、Colabからグーグルドライブ上
　　のデータを読み込めるように接続をしてやる必要がある（グーグル
　　ドライブのマウントと呼ぶ）。

　　　Colabタブの方の画面の右上の「ファイル」から新規ノートブッ
　　クを作成して、セルを出す。

　　　ドライブタブの方で「google_drive_mount.py（マウントプログラ
　　ム)」をクリックして表示し、全体を範囲指定して「CTL＋c」で
　　コピーをかけ、次にColabタブの方のセルにカーソルをもってい
　　って「CTL＋v」で貼り付ける（図4-14の上のボックスにその内容
　　を示す）。

　　　その上で、「ランタイム」から「現在のセルを実行」を押してや
　　ると、図4-14のように、確認ウィンドウがでてくるので、「グー

```
# Google Colab 環境では Google Drive をマウントしてアクセスできるようにします。
import sys
if 'google.colab' in sys.modules:
    # Google Drive をマウントします
    from google.colab import drive
    mount_dir = "/content/drive"
    drive.mount（mount_dir）
```

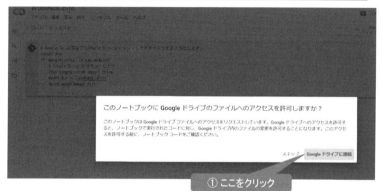

図4-14　グーグルドライブのマウント

　グルドライブに接続」のボタンをクリックする。これでマウント
（接続）は完了である。

6）次に、Colab タブの方の上部にある「挿入」メニューの中の「コ
　ードセル」を選んで、新たなセルを追加する。

7）グーグルドライブのタブに一旦移って、4）でアップロードした
　「ex2_boston_neuralnet_regression.py」をクリックする。これから
　使う Python のプログラムの中身が表示される。

8）Python のプログラム（コード）の中身が表示されるので、マウス
　を使って全体を選択して、コントロールキーと c を同時に押す（普
　段使うプルダウンメニューによる「コピー」は使えないので、このショ
　ートカットキーを使う）。

9）6）で作成したセル内をクリックしてカーソルをおき、コントロ
　ールキーと v を同時に押して、コードをセルの中に貼り付ける（コ
　ントロールキーと v は「貼り付けの」のショートカットキー）。これで
　2番めのセルに AI（ニューラルネット）による分析のプログラムが

格納された。

10）「ファイル」メニューから、「名前の変更」で、自分にわかりやすい名前に変更しておく。

以上で準備は完了である。

11）「ランタイム」から「現在のセルを実行」を押してやる。

自分の PC にインストールする場合

前節でダウンロードしたフォルダーのうち、「自分の PC でテンソルフローを実行する場合」という名前のフォルダーの中にある以下のファイルを利用する。

ex2_boston_neuralnet_regression_PCversion.py

基本的に例題1と同じように、自分の PC にインストールした Jupyter Notebook を立ち上げて、そこでテンソルフローのプログラムを動かす（Colab を使う場合と違って、グーグルドライブのマウントは必要ない）。

1）第Ⅱ節の「自分の PC にインストールする場合」に示したのと同じやり方で、Jupyter Notebook を起動する。「Home」というタブで Jupyter Notebook の画面が現れているはずである。画面にはフォルダーのリストがでているはずなので、必要であればフォルダーをクリックするなどして、第Ⅰ節第4項でダウンロードしたファイルのあるフォルダーに移動する。

2）「ex2_boston_neuralnet_regression_PCversion.py」をクリックする。

3）Python のプログラムが表示されるので、「そのプログラムのどこか適当なところにカーソルをもっていき左クリック」→ コントロールキーと a → コントロールキーと c でコピペの準備を行う。

4）Jupyter Notebook の最初のタブ（「Home」）に戻り「右上に表示されている New の下矢印（▼)」→「Python3」をクリックする。新しいタブが出たら、四角いボックス（セルと呼ばれる）の中にカーソルを持っていきコントロールキーと v で貼り付けを行う。そ

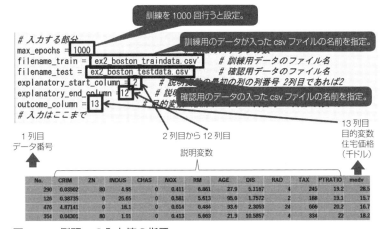

図4-15　例題2の入力値の指示
（出所）下段はマイクロソフト社　エクセル使用

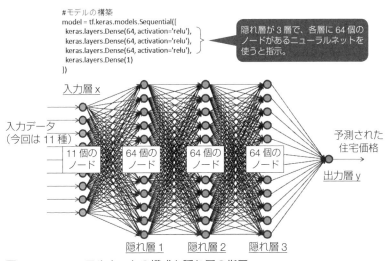

図4-16　ニューラルネットの構成と隠れ層の指示

　うするとクリップボードに一時保管したプログラムがセルの中に現れるはずである。これで準備は完了である。

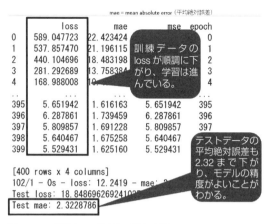

図4-17 例題2の学習の進行状況
（出所）グーグル社 テンソルフロー2.0使用

3. プログラムの実行

　このプログラムは、値を予測する問題にできるだけ汎用的に使えるようになっている。入力データの指定とあとに述べる隠れ層の構成の指定をすれば分析ができるようになっている。入力データの指定は、図4-15に示すように、プログラムの中で、コメントで「＃入力する部分」というところを変更する。

　なにも変更を加えていない状態では、隠れ層3層で、それぞれの層に64個のノードがあるモデルである。図4-16に示すようなニューラルネットワークを構成している。3回繰り返されている keras.layers. Dense（64, activation='relu'）の部分が、図の左側の入力層に近い方から順番に層の構成を指示しており、特に64の数字がその層のノード数を指示している。

　隠れ層2層に変更したい場合は、この行の繰り返しを2回に変更する。またある層のノード数を10個に変更する場合は、上記の64の数値を10に変更する。

　上段にあるメニューの中から「ランタイム」もしくは「Kernel」→「現在のセルを実行」もしくは「Restart & Run All」をクリックする。するとプログラムが実行されはじめる。

図 4-17 のように、学習の途中経過が表示されるはずである。訓練データのモデルの平均絶対誤差を示す loss の値は下がっていき、学習は進んでいくことがわかる。1000 回の繰り返し学習させた状態で、**テストデータの平均絶対誤差が 2320 ドル程度まで下がってくる。かなりよい精度のモデルが作成されたようである。**なお皆さんの計算結果はこの値と若干異なっているかもしれない。これは繰り返し計算に使われる初期値が乱数で与えられているからである（乱数を固定する方法もあるが、ここではふれない）。ただし、収束ができており繰り返しの回数が十分であれば、結果は同じような値に落ち着くはずである。

　また今回のプログラムでは、最後の 3 行で、できたモデルを使って計算されたテストデータの予測値を csv ファイルで書き出している。これは実務でモデルを作ったあとに、未知のデータについて予測をする場合に使えるやり方である。

4. エクセルで解く

　この課題は、線形回帰（重回帰：説明変数が複数の回帰）で分析することもできる。エクセルが PC に入っている方は、重回帰でこの課題をモデル化してみよう。重回帰は、複数の説明変数から目的変数の値を予測することなどに、広く使われる手法である。ビジネスや行政のさまざまな分野で活用されている。

　まず、エクセルで重回帰分析ができるよう、データ分析のアドインが利用可能となるように設定を変更する（「ファイル」、「オプション」、「アドイン」、下の方にある「設定」を順に選び、出てきたボックスの中で「分析ツール」にチェックマークを付け、「OK」をクリックする〔エクセルのバージョンによって異なる場合があるので、以前のバージョンをお使いの方は、エクセルのヘルプを使うかネット上で検索した上で、その指示に従うのがよい〕)。

　エクセルで、「ex2_boston_traindata.csv」のファイルを開く。

　「データ」タブの中の、「データ分析」を選択し、提示されたツールの中から、「回帰分析」を選ぶ。入力 Y 範囲（目的変数のこと）の入力欄

に目的変数のデータ（住宅価格）の範囲つまり「m2:m405」を入力する。入力 X 範囲（説明変数のこと）の入力欄に説明変数のデータ（11 種類のデータ）の範囲つまり「b2:n405」を入力する。その上で「OK」をクリックすると分析がなされる。

　図 4-18 に、表示される分析結果を示す。さまざまな数値が表示されているはずだが、分析する上で重要なところのみを指摘する。それぞれの統計学的な意味合いを解説することはこの章のテーマではないので、統計学の本などを参照されたい。まず「補正 R2」のところをみるとこのモデルで住宅価格の 68％を説明できることがわかる。

　また「有意 F」の値が 0.05 よりはるかに小さいので、回帰式のすべての係数はゼロではないということで、回帰式の信頼性は十分高いことがわかる。

　さらに各データの「P-値」を見ていくと、3 番目の説明変数以外は、0.05 以下であり、回帰式に使ってよいといえることがわかる。

　そこで、重要でないと判定された 3 番目のデータを除いて再度重回帰

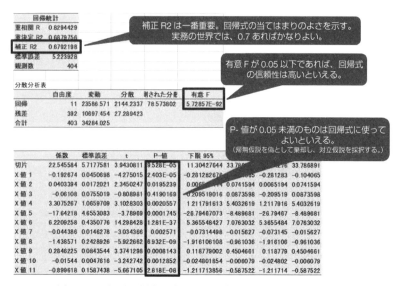

図4-18　例題 2 の重回帰分析の結果の読み方
（出所）マイクロソフト社　エクセル使用

分析を行う。

　訓練データのシートを複製し、複製したシートで3番目（「INDUS」
の列）の列を削除する。つまり非商業の土地割合の変数以外で回帰式を
作る。

　新たに作られたモデルの、「係数」の部分をみると、住宅価格の回帰
式は以下のように表されることがわかる。

$$住宅価格 = 22.8 - 0.191 \times (犯罪率)$$
$$+ 0.0420 \times (広い住宅の割合) + 3.21 \times (川沿いかどうか)$$
$$- 18.7 \times (NOXの濃度) + 6.28 \times (部屋数)$$
$$- 0.0448 \times (古い家屋の割合) - 1.40 \times (雇用圏までの距離)$$
$$+ 0.301 \times (幹線道路へのアクセス)$$
$$- 0.0171 \times (所得税率) - 0.916 \times (教師あたりの生徒数)$$

　さらに、上記で求まった回帰式を使って、テストデータでの予測を行
ってみる。「ex2_boston_testdata.csv」のファイルをエクセルで開いて、
n列に上記の回帰式をエクセル書式で入力する。またo列にm列（正解
値）とn列（予測値）の差の絶対値の計算式を入力する。n列には回帰
式で求めた住宅価格の予測値、o列には絶対誤差が表示される。

　テストデータ全体の平均絶対誤差（MAE = Mean Absolute Error）を
計算してみると、3.6となる。つまり今回の予測式では、**通常手法では
3600ドル程度の誤差**がでていることがわかる。

5．ニューラルネットワークと重回帰分析の比較

　第2項と第3項のテストデータでの平均絶対誤差を比較してみると、
千ドル単位で2.3対3.6とニューラルネットワークのほうがよい結果に
なっている。今回の課題では、ニューラルネットワークのほうが予測精
度がよい。

6．隠れ層の数・隠れ層のノードの数を変化させてみる

図4-15 の keras.layers.Dense（64, activation='relu'）の部分を変更することで、隠れ層の数と各層のノードの数を変化させることができる。

⑴ 例えば2層にするには layers の行を2行に、4層にするには4行にすればよい。

⑵ また各層のノードの数を変更するには、例えば3層でのニューラルネットワークで、各層のノード数を 10 個にするには、上記の隠れ層の指定を 64 のかわりに 10 にすればよい。各層のノードの数は同一である必要はなく、例えば入力層に近い方から 64 個、128 個、64 個とすることもできる。いうまでもないが、ノード数を増やすと、計算時間がかかるようになる。

表4-3 に、層の数やノードの数を変更した場合の、平均絶対誤差の値を示した。この課題の場合は、隠れ層3層で、各隠れ層のノードの数が 64 の場合が予測精度がよさそうである。ただし、各隠れ層のノードの数を増やしすぎても、かえって精度が悪くなることがある。このあたりは、いろいろ試してみて、経験を積んでいくことが必要だと思われる。

表4-3　隠れ層の数およびノードの数を変化させてみる

A. 隠れ層の数を変化させてみる

隠れ層の数	各層のノード数	平均絶対誤差
1	64	2.7
2	64, 64	2.5
3	64, 64, 64	2.3
4	64, 64, 64, 64	2.5
5	64, 64, 64, 64, 64	2.6

B. 隠れ層を3層に固定して、各層のノードの数を変化させてみる

ノードの数	各層のノード数	平均絶対誤差
10	10, 10, 10	3.2
64	64, 64, 64	2.3
128	128, 128, 128	2.3
1000	1000, 1000, 1000	2.6

Ⅳ．例題 3〈Moon Data（従来手法でできない非線形〔三日月形〕の二値分類問題)〉

1．二値分類問題

　前節までは予測値について機械学習を使って求める「予測問題」を扱ってきたが、この節以降、「分類問題」を取り扱う。分類問題とは、読んで字のごとくデータをいくつかのカテゴリに分類するもので、機械学習の代表的な使い道のひとつである。

　分類問題のうち、2つに分類するものを二値分類と呼ぶ。またロジスティック回帰とも呼ばれる場合もある。二値分類の事例は以下のもののように世の中にあまたとあって、皆さんの身の回りでもビジネスの現場でも日々遭遇するものであろう。

【二値分類の例】

○メールを迷惑メールとそうでないものに分類する。

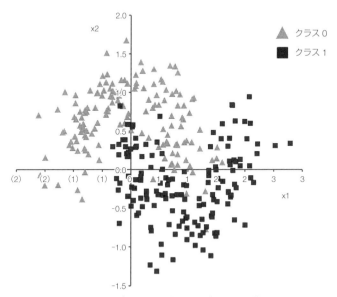

図4-19　例題 3 のデータの交錯状態（三日月形）

○血液検査などの検査データから癌であるかどうかを判定する。

○ローンの見込み客に与信をしてもいいかどうか判定する。

2．問題設定

　今 300 件のデータが与えられていて、個々のデータは 2 つの入力デー
タ x1 と x2 およびそれぞれのデータが 2 つのグループのどちらに帰属
するかのデータによって構成されているとしよう。図 4-19 には、デー
タを横軸に x1 を縦軸に x2 をとり、2 つの分類のグラフ上にプロットし
たものを示す。図から見てとれるように、このデータでは、2 つのグル
ープは三日月状の形状をしていて、それぞれがかなり入り組んだ状態
で、かつそれらの境界が若干混じり合っている。

　さて課題は、このようなデータをどちらのグループに属するか分類す
るモデルを作ることである。モデルの作成に 80％のデータを使い、残
りの 20％で検証（テスト）することでモデルの精度を確かめることにす
る。このモデルでは境界が混じり合っているので、100％の精度のモデ
ルというものはできないが、90％台の高い精度での判別は可能である。
**このような非線形の形状の分類は線形のモデルでは非常に難度が高いか
不可能であり、ニューラルネットワークのような非線形まで取り扱える
手法が有効である。**

　ちなみに、この問題は機械学習や統計の世界では、「make_moons」
と呼ばれる有名なものであり、機械学習のライブラリである scikit-
learn のサイト https://scikit-learn.org/stable/modules/generated/sklearn.
datasets.make_moons.html からデータの作成も可能である。パラメタ
を変えることで、月のような形状の変更や 2 つの境界の混じり度合いが
調整できる。

3．ニューラルネットワークによって解く

Colab を使う場合

　すでにダウンロードしたフォルダーのうち、「Colab でテンソルフロ
ーを実行する場合」という名前のフォルダーの中にある以下のファイル

を利用する。

ex3_neuralnet_2class_classification.py

google_drive_mount.py

例題2と同じようにColabを立ち上げて、そこでテンソルフローのプログラムを動かす。

1）Chrome を立ち上げて、自分の Google ID でログインする。

2）Colab を立ち上げる。【Colab のタブ】

3）別の Chrome のタブからグーグルドライブのタブを開き、ドライブ上にある「Colab Notebooks」というフォルダーに、今回使う「ex3_neuralnet_2class_classification .py」と「google_drive_mount.py」をアップロードする。【ドライブのタブ】

4）Colab からグーグルドライブ上のデータを読み込めるようにグーグルドライブのマウントを行う。新規ノートブックを作成して、最初のセルに、「google_drive_mount.py」の内容をコピペして、実行する。

5）次に、上部にある「挿入」メニューの中の「コードセル」を選んで、新たなセルを追加し、その中に、すでにアップロードした「ex3_neuralnet_2class_classification.py」をコピペする。

6）「ファイル」メニューから、「名前の変更」で、自分にわかりやすい名前に変更しておく。

7）「ランタイム」メニューから、「現在のセルを実行」でニューラルネットのプログラムを実行する。

自分の PC にインストールする場合

前節でダウンロードしたフォルダーのうち、「自分の PC でテンソルフローを実行する場合」という名前のフォルダーの中にある以下のファイルを利用する。

ex3_neuralnet_2class_classification_PCversion.py

例題2と同じように、自分の PC にインストールした Jupyter Notebook を立ち上げて、そこでテンソルフローのプログラムを動かす。

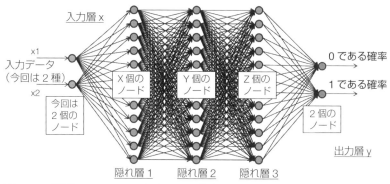

入力層x

x1
入力データ
(今回は2種)
x2

X個の
ノード

Y個の
ノード

Z個の
ノード

今回は
2個の
ノード

0である確率

1である確率

2個の
ノード

出力層y

隠れ層1　隠れ層2　隠れ層3

図4-20　例題3のニューラルネットの構成

1) Jupyter Notebook を起動する。第Ⅰ節第4項でダウンロードし
たファイルのあるフォルダーに移動して、
「ex3_neuralnet_2class_classification_PCversion.py」をクリックす
る。

2) Python のプログラムが表示されるので、その内容をコピぺする。
コピぺする先は、例題2と同じように、Jupyter Notebook の最初
のタブ（「Home」）に戻り「右上に表示されている New の下矢印
（▼）」→「Python3」をクリックして出てくる新しいタブである。

3)「Kernel」メニューから「Restart & Run All」を選び、実行させ
る。

４．実行結果

csv のファイルの内容をエクセルを使ってみてみると、1列目から順
に、データの番号（分析には関係ない）、入力 x1 と x2 の値、それぞれの
データの所属するグループの値（0か1）になっている。念のためにこ
のデータを使って、エクセルで散布図を描いてやると、図4-19のよう
な図が描けるはずである。

この問題で使うニューラルネットワークは、図4-20のようになる。
基本的に前節の値の予測と同じような構成であるが、**値の予測と異なる
のは、出力層のノードが2つになることである。**この2つのノードは、

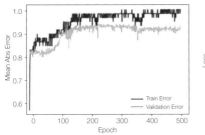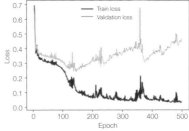

図4-21 例題3の学習過程における正解率推移（左）と
損失関数の値の推移（右）

ある入力値に対して、それがグループ１とグループ２に属する確率を
それぞれ算出したものである。確率値の高い方のグループに属すると判
定すればよい。

　Pythonのプログラムの中で変更する場所は、例題２とほぼ同様であ
る。ただし、今回のモデルでは１つの入力データから読み込んで、プロ
グラムの中で、モデル構築用のデータと検証用のデータとに乱数を使っ
て分割するようにする。分割の割合を入力データのところで指定してい
る。

　隠れ層の数や中間層のノード数を、適当なものに変更して、実行して
みよう。また隠れ層の数やノードの数をいろいろ変更して、精度がどう
なるか試してみるとよい。

　例えば、隠れ層３層、各層に1000ノードと設定して実行してみる
と、図4-21のような正解率（左）と損失関数の値（右）の収束の推移
が見られる。500epochs（epochsは繰り返し回数のこと）あたりでみる
と、テストデータで92%の正解率になっている。ちなみに検証データ
の損失関数の値の推移を見ると、140epochsあたりから上昇に転じてお
り、過学習に陥っている可能性があるので、このあたりで計算を打ち切
るのがよいと考えられる。

Ⅴ．例題4〈手書き数字の判別「MNIST」（従来手法でできない多クラス複雑分類問題）〉

1．多クラス分類

　前章では、2つのカテゴリへの分類の問題を扱った。この章では、3つ以上の多数カテゴリに分類する問題へのニューラルネットワークの応用について扱う。なお機械学習や統計の分野では「多クラスロジスティック回帰」と呼ばれる場合もある。複数のカテゴリの分類としては、以下のような事例がある。

【複数のカテゴリへの分類の例】
- 顧客の購買データを使って、顧客の属性を予測する（単身者か、夫婦か、子どものいる家族かなど）。
- 画像に写っているものを分類する。
- 新聞の記事を読んで、内容によって分類する。
- 写真に写っている人の表情から、その人の感情を推定する。

2．問題設定

　AIの世界では極めて有名な「MNISTの手書き数字判別問題」を取り上げる。MNISTはもともと画像処理プログラムの性能を計るための標準問題として公開されたものである。フルのデータは以下のサイトなどから入手できる。

　　http://yann.lecun.com/exdb/mnist/

ファイルは圧縮されているのでこのサイトからダウンロードする場合には展開する必要がある。データは6万枚のモデル構築用画像データと1万枚の検証用画像データから構成されている。上記のサイトの後半部分にはいろいろな手法で作られたモデルの誤差率が一覧になっているので、参考になるだろう。

　この問題はAI関連の書籍では必ずといっていいほど取り上げられている。グーグルのテンソルフローのチュートリアルのページでも例題と

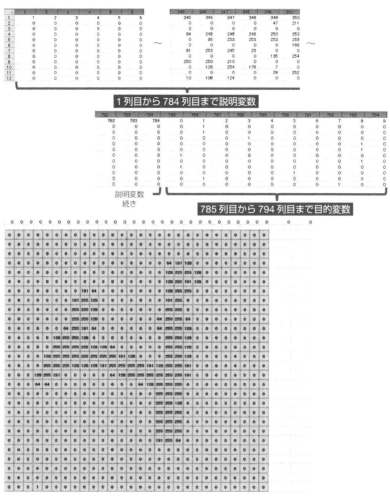

図4-22　MNIST のデータの構造
（出所）マイクロソフト社 エクセル使用

して取り上げられている。

　今回の課題では、上記サイトの圧縮データを展開する手間を省くために、上記の 7 万枚のデータから、1 万枚をランダムに選び、csv ファイルとして保存したものからスタートする。

　日本評論社のホームページからダウンロードした ex4_MNIST_data.csv

のファイルの中身を見てみよう。一枚一枚の画像は横28ピクセル、縦28ピクセルで構成されており、それぞれのピクセルの濃度が0（白）から256（黒）の間のグレースケールで現れている。1枚の画像が1つの行のデータとなっており、28×28の784個の濃度のデータと、その画像の正解データ（0から9までのどの数値であるか）が残りの10個として最後についている。正解データは0から9のうちのどれであるかを示す列に1が入っていてそれ以外は0になっている。例えば正解データが3であれば、4番目のデータが1になった0001000000というぐあいに表現されている。ちなみにこのような形式は「one hot vector」による表現と呼ばれ、データサイエンスの世界ではよく出てくる。まとめると、1行のデータは784個の入力データ（説明変数）と10個の正解データ（目的変数）の794個のデータからなる。

　今回のデータには1万枚分のデータが含まれているので、図4-22のように、794列10000行の表が画面に表示されているはずである。繰り返しになるが、784列目までの各数値は、ピクセルの濃度を表す。試しに1行のデータを、28列ずつ区切って縦に並べると、図4-22のように数字が見えてくる。

3．ニューラルネットワークによって解く

　今回は10個の数値の判別になるので、出力層は図4-23のように、10個になる。二値分類の場合と同じように、10個のノードに計算された数値がそれぞれの数値である確率を示しており、確率の最も高いものを判別された数値と判断するようにして使う。

Colab を使う場合

　すでにダウンロードしたフォルダーのうち、「Colabでテンソルフローを実行する場合」という名前のフォルダーの中にある以下のファイルを利用する。

　　ex4_neuralnet_multiclass_classification.py
　　google_drive_mount.py

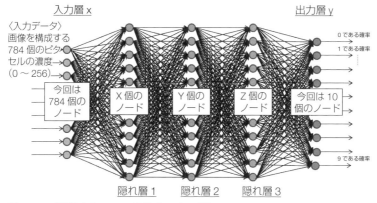

図4-23　例題4のニューラルネットの例

1) Chrome を立ち上げて、自分の Google ID でログインし、Colab を立ち上げる。【Colab のタブ】

2) 別の Chrome のタブから、グーグルドライブを開き、「Colab Notebooks」というフォルダーに、「ex4_neuralnet_multiclass_classification.py」と「google_drive_mount.py」をアップロードする。【ドライブのタブ】

3) Colab の新規ノートブック上で「google_drive_mount.py」の内容をコピペして、実行する。【マウントの完了】

4) 新たなセルを追加し、その中に、すでにアップロードした「ex4_neuralnet_multiclass_classification.py」の内容をコピペする。

5)「ファイル」メニューから、「名前の変更」で、自分にわかりやすい名前に変更しておく。

　「ランタイム」メニューから、「現在のセルを実行」でニューラルネットのプログラムを実行する。

自分の PC にインストールする場合

　前節でダウンロードしたフォルダーのうち、「自分の PC でテンソルフローを実行する場合」という名前のフォルダーの中にある以下のファイルを利用する。

ex4_neuralnet_multiclass_classification_PCversion.py

1）自分の PC にインストールした Jupyter Notebook を起動する。第 I 節第 4 項でダウンロードしたファイルのあるフォルダーに移動して、「ex4_neuralnet_multiclass_classification_PCversion.py」をクリックする。

2）Python のプログラムが表示されるので、その内容を、Jupyter Notebook の最初のタブ（「Home」）に戻り「右上に表示されている New の下矢印（▼）」→「Python3」をクリックして出てくる新しいタブにコピペする。

　「Kernel」メニューから「Restart & Run All」を選び、実行させる。

これまでの例題と同じ要領で、ファイル名や隠れ層の数などを指定するだけでよい。例えば学習用として 8 割のデータを使い、検証として 2 割のデータを使う。隠れ層 3 層、各層に 64 ノードの場合で、検証データで 90％ の正解率がでている。

4．精度を上げるには

精度を上げる方法として、一番簡単なものは、隠れ層の数やノードの数を変えてみることである。ただし必ずしも隠れ層の数やノードの数を増やしたからといって精度が上がるとは限らない点は注意が必要である。また画像の認識など複雑な問題においては、畳込みと呼ばれる手法（第 11 章参照）が精度の大幅な向上に寄与するので広く応用されている。

Ⅵ．ニューラルネットワークを使う上での注意点

1．Jupyter Notebook の自動上書きに注意する

Jupyter Notebook ではデフォルトで自動保存がオンになっている。そのために以前作ったプログラムを転用する場合には、最初にコピーを作ってから作業に入らないと、もともとのプログラムが失われてしまうことになってしまう。テンプレートや過去の分析のプログラムを変更し

て使うときは、「Make a copy」→「Rename」を行ってから、変更を加えるようにする。

またコメントを除き日本語などのダブルバイト文字はできるだけ使わないようにしたほうがよい。フォルダの名前についても日本語を避けたほうがよいと考えられる。また細かいことであるが、時として入力データを読み込む際、文字コードが適合していないというエラーが出るときがある。これは Windows で使われる UTF-8 という文字コードがテンソルフローで読めないことによるエラーである。残念ながらこの事例の対処方法はケースによって異なるので、ネット上で調べるなどして試行錯誤しながら解決していくのがよいと思われる。

2．欠損値の処理

学習データなどに、欠損値があると、そういうデータはゼロとして計算が行われ、結果に影響を及ぼす場合がある。そのために欠測値が多くある場合にはできるだけ適切な処理を行いたい。

欠損値をどう処理するかは、難しい問題であり、できれば経験豊かなデータサイエンティストのアドバイスをもとめたいところである。一般に使われる手法は以下のようなものである。

⑴ 欠損値が少ない場合

欠損値の含まれるデータは捨てる。

⑵ 欠損値が大量にある場合

モデルのロジックにできるだけ整合できる形で欠損値を別の値に置換する。例えば、最頻値、中央値、平均値などで代用する。また近接するデータから補間する方法が取られることもある。ただし時系列データで、欠損値の生じ方が完全にランダムでない場合は、分析に影響を与えることになるので安易に使える方法ではない。完全情報最尤推定法、多重代入法といった方法もある。

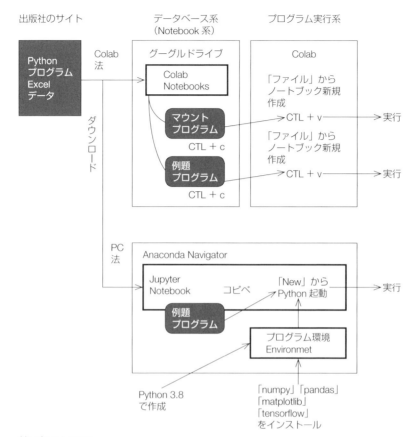

第4章まとめ図

参考文献

巣籠悠輔（2017）『詳解 ディープラーニング― TensorFlow・Keras による時系列データ処理』 マイナビ出版

Harrison, D. and Rubinfeld, D. L. (1978) 'Hedonic prices and the demand for clean AIr' "J. Environ. Economics and Management," 5, pp. 81-102

LeCun, Y., Cortes, C., Burges, C. J. C. 'THE MNIST DATABASE of handwritten digits' (http://yann.lecun.com/exdb/mnist/)

TensorFlow ホームページ (https://www.tensorflow. org/)

AIによる
ビジネス革命

第5章

AIの
経済学的分析

Ⅰ．はじめに

　本章は、AIおよびICTがもたらす効果を経済学的に分析するものである。

　ICTに関連する動向として、2016年は画期をなす年となった。例えば、日本学術振興会は、AIの本格的な研究・開発を推進することを宣言した[1]。さらには、文部科学省は、小学校教育段階におけるプログラミング教育の在り方についての方針を示した[2]。総務省は、『平成28年版 情報通信白書』の特集を、「IoT・ビッグデータ・AI」としたのである[3]。この白書に示された3つの技術・概念は、かなり前から提唱されており、それぞれがある技術水準の閾値に達し、かつ、この3つが揃うことにより、ICT領域の飛躍的発展の可能性が高まった。それを社会経済の中に本格的に導入することによって、日本経済の成長および生産性の向上につながることを示したのである。

　ただし、2000年前後に、米国および日本において、いわゆる「ニューエコノミー論」が台頭し、ICTが経済の本質を根本から変えると喧伝された。しかし、その後の実態は、さほどの変化もなかったといえる。むしろ、「ITバブル」が崩壊したこともある。当たり前のことだが、ICTの「ポジティブ面」のみならず、「ネガティブ面」の理解も必要であったのである。

　しかし、2013年あたりから、AIがまた脚光を浴び始めた。このころあたりから第3世代AIと呼ばれているものが始まった。AI自体は、

すでに半世紀以上の歴史があるが、ようやく現実社会経済の役に立つことが明らかとなったのである。

　2020年は、このAIから成果がでる時といわれている。現に、一部ではあるが、成果がではじめている。

　本章は、AIおよびICTの光と影の両面を考慮にいれながら、AIが社会経済にいかなる影響を与えるかを考察するものである。

Ⅱ．情報流通量の拡大に対する情報経済論的分析

1．情報処理コストの増大

　図5-1にあるように、近年、情報流通量が急拡大している。この8年間で、約8.7倍になった。情報流通量の増加は、供給側（企業側）にとっては、原則、その生産力および生産性を高めるためにメリットがあると考えられる。なぜなら、データ（情報や知識やノウハウなども含める）は、経営資源のひとつであり、「データの世紀」においては、もっとも重要な「情報資本」であるからである。しかし、「マーケティング・データ」ひとつをみても、そのビッグデータのなかの1つが価値あるデータであったとした場合、情報流通量の増大は、それを見つけ出す確率が

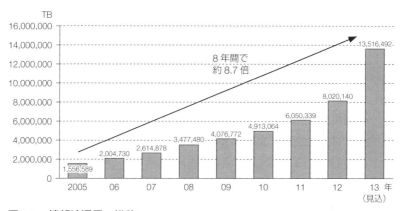

図5-1　情報流通量の推移
（出所）総務省（2014）「ビッグデータ時代における情報量の計測に係る調査研究報告書」19頁より引用
（http://www.soumu.go.jp/johotsusintokei/linkdata/h26_05_houkoku.pdf）

低下することを意味する。それを発見し同定するための情報処理コストが情報量の多さに比例して、急増加するのである。

それをいち早く発見・利用した企業は、特定市場のなかで、独占的な地位や利益を得られるかもしれない。それに対して、それに失敗した多くの企業は、競争劣位となり、一層、厳しい経営となることも十分に考えられる。

これからいえることは、優勝劣敗がこれまで以上にはっきりとする経済が訪れようとしていることである。このような経済を「ひとり勝ちの経済（Winning economy）」または、「スーパースター経済（Superstar economy）」と呼ぶことがある。

２．情報の非対称性に対する補完

では、需要者側はどうだろうか。これまでは、供給側の保有する情報と比べると需要者側（消費者側）は、情報の非対称の中にいたといえる。それを示すのが、図5-2である。

供給者と消費者との間では、「情報の非対称性（Information asymmetry）」があるのは普通である。供給者（メーカや販売者）は、商品の原価やその機能・性能をよく知っている。それに対して、消費者（購買者）は、特にその商品に造詣が深いかマニアでない限り、あまり情報はもっていない。このような場合、アカロフが述べている「レモン市場（Lemon market）」が成り立っているといえる。

このレモン市場とは、ある市場の中に、優良品（ピーチ）と粗悪品

図5-2　情報の非対称性下の取引課題

（レモン）が混じっていることを想定する。業者は、どれがピーチであり、どれがレモンかはわかっているとする。しかし、消費者は、ピーチが本当に優良品なのかは、よくわからないであろう。ひょっとしたら、業者に騙されているのではないかと、疑心暗鬼となることも珍しくない。消費者は、その商品の良否の判断がつかないときには、高価な商品は買い控える。そうすると、市場の中で、ピーチは売れなくなる。売れないものを業者は在庫として抱えたくないので、ピーチを取り扱わないことになる。よって、この市場はすべてレモンとなるというのが、レモン市場の考え方である。

　とはいえ、中古市場は日本ではたくさんあるので、何らかの方法で、ピーチが証明されているといえる。すなわち、業者の情報に関して何らかの担保がなされているといえる。例えば、中古車販売の場合、よく保証がついている。さらには、試乗によって確かめることができる。また、第三者がその価値を判断することもある。専門家や友人の情報もそれの補完となるであろう。このように、情報の非対称性があっても、それを補えれば、必ずしもレモン市場とはならないのである。ICT の発達はこれを実体化する可能性があるといえる。

3．情報拡大化現象がもたらすビジネス

　ここでは、ビッグデータが生まれたらどうなるかを考えてみる。とくに、消費者のほうに情報が増えることを想定する。

　ビッグデータが増大すると、取引者間の情報の非対称性が小さくなることが考えられる。なぜなら、消費者の側が大量の情報に容易にアクセス可能になるからである。これは、「消費者主権」を確立するうえでも、大変に意義がある。

　しかし、消費者の情報消費量は、実は、あまり増加していない[4]。その理由は、ある意味明快である。個々人がもっている時間は有限であるからである。みな、最大で24時間、そのなかで利用できる時間は、さらにその３分の１となる。可処分時間が限られているのであるから、情報を処理する時間が限定される。これによって何が起こるかといえば、

爆発的に情報流通量が拡大する一方、情報消費量は伸びない現象が生まれる。この2つの間の格差は拡大する一方となる。この「未消化の情報拡大化現象」または「情報氾濫現象」によって、消費者は、膨大な情報を十分に処理できないまま、消費生活をしていくことになる。

　ただし、この現象を逆にビジネス機会ととらえて、情報処理を代わって行うサイトが多数登場している。それらは、価格や商品の「比較サイト」や「まとめサイト」といわれているものである[5]。しかし、これらの「比較・まとめサイト」の情報がこれまた信じられるのかという問題が生じている。なぜならば、これらのサイトは、やはり営利事業であり、自身の営利の追求のために都合のよい評価をしている可能性が否定できないからである。これは情報がもつ本来的特性に根ざしており、「トゥルーニュースかフェイクニュースか」という問いでもある。

Ⅲ．IoT の問題

　IoT（Internet of Things）は、「モノのインターネット」ともいわれ、「これまでインターネットにつながっていた情報関連機器以外の様々な機器等を接続すること」と考えられている[6]。もっとも代表的なものは、いろいろなセンサーを取り付け、そのセンサーで感知したデータを、インターネットを通じて、収集・蓄積・分析し、かつ制御することである。それぞれのセンサーや情報端末から集積されたデータ・情報を分析して、端末機器を制御する。他の言葉で言い換えれば、「遠隔地の状況を感知し、遠隔地の状況を制御すること」であるといえる。これによって、これまでは人手に頼っていた判断が、自動化（または半自動化）できるとともに、リアルタイムに発生する状況に対応することが可能となる。

　しかし、現状は、「データ分析の結果にもとづく新しいビジネスモデルによる付加価値の拡大」にはほど遠い状況であるといえる[7]。

　とはいえ、かつては「ユビキタス」といわれたものの実体は、IoT で体現されつつある。あらゆるモノが、インターネットとつながり、そこ

から膨大なデータが上がってくれば、それを AI によって処理することで、さまざまな付加価値が生まれることが予想される。この IoT は、公共財の管理や運営、さらには私的財の管理にも使え、社会全体の安全安心にも資すると考えられるのである。今では、IoT と AI をあわせて、「AIoT」と呼ぶこともある。

Ⅳ．ビッグデータの問題

先の IoT でも、膨大なデータが生成・伝達されるが、このビッグデータは、それを包含しながら他の様式のデータ・情報の総量であるといえる。この中には、「構造化データ」と「非構造化データ」がある。その例としては、総務省は 20 余り規定しているが、そのいくつかを示すと、マルチメディアデータ、ウェブサイトデータ、ソーシャルメディアデータ、カスタマーデータ、センサーデータ、オペレーションデータ、ログデータ、およびオフィスデータである[8]。これらの多種多様なデータの生成・収集・蓄積がリアルタイムで行われることによって、国民の意識の変化に関するより早い察知や市場等の将来動向を発見することができるようになる。

とはいえ、爆発的に増大するデータは、人の手による人海戦術では、処理不可能な状況となっている。例えば、多くの小売業者は、さまざまなカードを発行し、顧客情報を入手しているが、その本格的な活用は十分とはいえない。一言でいうと、いまは使われないデータが巨大化している状況である。経済学的な言葉でいえば、死蔵されたデータがコストのみを増大させているといえよう。

Ⅴ．AI の問題

そこで、大いに期待されているのが、AI（Artificial Intelligence: 人工知能）である。この研究は、すでに半世紀にも及ぶ。第 1 次ブームの始まりは、ダートマス会議である。その後、第 2 次ブームが起きた。エキ

スパートシステムに代表されるように、専門家の判断をコンピュータで代替できるのではないかと考えたのである。しかし、すべてのルールを人間が与えねばならず、現実的にはあまり役に立たないものであった。現在は、第3次AIブームと呼ばれている。このAIがこれまでとは画期的に異なることは、コンピュータ自身が、多数の情報の中から特徴量を抽出できる点である。すなわち、人工知能自体が、事物の特徴を割りだし、判断・評価することができるようになったのである。このソフトウェア方式や方略は、「ディープラーニング（deep learning）」と呼ばれている。より深い学習を可能にするという意味である。この成果としては、各種のゲームで世界チャンピオンに勝てるようになったことである。これは、アルゴリズム（ゲームの解法ルール）があるものは、コンピュータがよりレベルの高い意思決定を行えるということを意味する。さらには、これまでは苦手としていた画像データの“認識”・評価ができるようになったことである。この具体的な応用は、顔や指紋認証などである。自然言語処理にも力を発揮し始めている。例えば、自動翻訳である。これまでの翻訳精度は低かったが、やっと実用化が近づいているといえよう。様式の異なる情報・データ間の処理も可能になり、マルチモーダル処理がもっと進めば、より人間の評価判断や意思決定に近づけるようになるといえよう[9]。

　これを情報処理問題の面からみると、IoTによって生み出された膨大な情報の処理が可能となることを意味する。また、ビッグデータのように、非構造的なデータも処理可能になれば、先に論じたように、情報流通量と情報消費量のギャップをすこしは埋められるようになるかもしれないのである。

　経営学的にいえば、情報や知識やスキルやノウハウは、経営資源であり、次の3つの価値を生み出すと考えられる。その第1は、企業のコスト削減である。第2は、付加価値の高い商品の開発・製造・販売である。第3は、以上の2つを通じて、それぞれの企業に競争優位をもたらすことである。

　AIはこの3つの価値すべてに関わっていると考えられるのである。

VI. ICT および AI による経済効果分析

AI および ICT に関する経済学的分析は、さまざまな形で論じることができるが、ここでは、その中でももっとも基礎的な需要・供給モデルを使って経済学的シミュレーションを試みてみたい。

1. イノベーションの観点から

供給曲線（S）は、他の名前では限界費用曲線（MC）という。すなわち、コスト要因がこの曲線を形成するのである。これもいろいろな見方がありうるが、ここでは、イノベーションの観点と労働供給量の観点から論じていくことにする。

まず、イノベーションには、主に、4つのものがありうる。第1は、「プロセスイノベーション」である。製造過程における新たな技術の導入によって、ここでは新しい ICT によってプロセスにおけるコストが削減できると考えられる。企業は、多くのプロセスを通して商品化をしていくので、この面の合理化は欠かせないであろう。ICT は、この合理化（コスト節約化）に大いに役に立つと考えられる。第2は、「プロダクトイノベーション」である。これは、三菱総研の見解では、需要面に入れられているが、モノづくりのイノベーションにも関わると考えられる。よいものを効率よく生産することである[10]。

第3は、「組織イノベーション」である。組織は、企業としては、人および「インセンティブ＆コーディネーション問題」である。ICT は、さまざまな情報やナレッジをやり取りし、組織間の情報の共有にも大いに役立つのであり、組織イノベーションに大きな貢献をもたらすと考えられる。第4は、「マーケティングイノベーション」である。顧客が欲しないものをいくら作っても付加価値は上がらないであろう（不良在庫が積みあがるのみである）。顧客への最適な商品の提供は極めて重要な要因である。ビッグデータによって、市場情報をこれまで以上に入手し、AI によって、高度な情報処理ができれば、よりよい商品設計も可能になろう。

まとめると、イノベーションこそは経済発展の原動力であり、それを ICT および AI で実現していくのである。

2．供給面の分析から

さらには、労働供給に関する面にも新しい ICT は関係していると考えられる。例えば、「シェアリングエコノミー」の概念が示すように、ICT を使って、最適な労働力の供給が可能になれば、企業の労働供給面の制約は、いくぶんかは緩和できると考えられる[11]。

しかし、新しい ICT は、企業のコストを高めることもありうることを考えておくべきである。例えば、ICT によって、労働力が代替できる面はよいが、多くの労働者が失業すれば、社会保障費がかえって増加することにもなりかねない。または、ICT によって、多くの労働者が自由な意思決定ができなくなり、労働者の中に疎外感が広がれば、労働生産性は逆に低下することも考えられる。プロセス面でのイノベーションは、高まる面が大きいが、プロダクトイノベーションは、労働者の自由な発想が阻害されることによって逆にユニークな商品が生まれ難くなることも考えられる。組織イノベーションにおいても、組織における助け合いの精神や協力の意義が失われれば、組織の生産性は逆に落ちることもあろう。社会的には、人と人との深いつながりという社会資本の低下も考えられる。マーケティングイノベーションに関していえば、やはり人が生み出す需要は、人の総合的な精神性に関わっているので、ICT（とくに AI）によって、かえって画一的な商品が増加する可能性もある。ここでみたように、新しい ICT は、必ずしも供給面にポジティブな効果のみをもたらすとは限らないことをよく理解する必要があろう。

3．需要面の分析から

つぎに、需要面（D 曲線）を考察してみよう。需要面は、ミクロ経済学が示すいくつかの要因ごとに考えてみよう。まず、所得の増加が需要を高めることである。ICT や AI の研究・開発・導入に関わる人々の所得は高まるかもしれないが、ICT や AI によって、仕事を奪われる人々

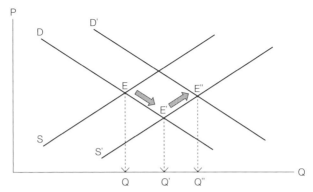

図5-3　ICT が市場拡大に及ぼす影響の経済学的分析

は所得が低下するかもしれない。これは労働の質と希少性に関わるといえるが、ICT によって代替される可能性が少なくない。すると、全体で、所得が低下すれば、需要は、下がる可能性もありうる。つぎに、市場の将来動向が先読みできれば、かえって需要が下がる可能性もある。さらに、嗜好性の変化であるが、ICT が節約志向へ導く可能性もないとは限らない。ただし、金融における面は、電子マネーが信頼性と安全性を高め、より普及すれば、EC における購買力が高まる可能性が高い。また、EC の利便性が、新しい ICT によって高まれば、購買量は増える可能性がある。このように、供給面と需要面において、ポジティブとネガティブの両面があることを理解すべきであろう。経済政策および各企業においては、なるべくポジティブ面を高め、ネガティブ面を低下させられれば、より大きな経済が実現できると考えられるのである。

4．経済拡大の可能性

　図5-3 を使って説明すれば、供給曲線（S）が、コストの削減に総合的に成功すれば、S から S′ に移行できるだろう。そうすると、生産量（販売量）は、増加するだろう（Q→Q′）。さらに、需要量も、総合的にポジティブ面がネガティブ面を超えれば、需要曲線は、D から D′ となるだろう。この2つによって、Q′ から Q″ に移行できるだろう。

需要面に関していうと、日本の総人口は新しくかつ大胆な社会政策を導入しない限り、減少することは間違いない。しかも、人口の高齢化によって、旺盛な需要はゆっくりと低下するであろう。まとめると、供給面ではコストを削減し、労働量を増やすと同時に、需要面では、購買環境を整えながら、新しい商品やサービスが生み出せれば、経済をより拡大できるのである。

　そのために、AI および ICT は貢献すべきであろう。

Ⅶ. 総括

　新しい技術は、その時代の社会経済にとって、プラスに働く場合とマイナスの場合がありうることをみてきた。なぜなら、新技術は、旧来の技術を駆逐し、その担い手を失業等に追いやるからである。しかし、世界経済の発展は、長期的にみれば、新技術の採用によって実現できたといえるだろう。

　AI もまさに、上記のロジックが当てはまる。ただし、先に論じたように、もろ刃の剣という面もある。しかし、人口が長期的には減少しつづけることが明らかななか、労働供給力を高め、生産性を向上させるためには、やはり新しい技術である AI の導入は欠かせないといえるだろう。

Ⅷ. おわりに

　Ⅰ．でも述べたように、新しい技術は、バブルのように、もてはやされ過ぎる面がある。しかし、今般の AI はすでにその概念や技術が世に登場して、半世紀以上がたっている。この AI は、人間の頭脳の一部または大半の代替、あるいはそれ以上の可能性も秘めていることは多くの研究者や専門家の間で了解事項となっている。しかし、個別具体的な有用性の高い商品やサービスや新しい領域への展開はまだまだ少ない。ただし、IoT やビッグデータや AI は、それぞれの発展のみならず、それ

らが連動しながら、相乗効果を生み出す可能性を大いに秘めている。2020年は、その可能性が明瞭化した年といえる。日本企業もやっとAIの導入が進み出している今、新しいICT & AIを基盤とした経済圏が生まれはじめている。その仮想経済圏も新しい経済学的分析対象として注目されていくと考えられる[12]。

注

1) 政府は、「戦略的イノベーション創造プログラム」の成果発表会「SIPシンポジウム2016」を開催した。そのなかで安西祐一郎氏（日本学術振興会理事長）が、「AI、ビッグデータ、IoTの研究開発とSociety 5.0の実現」と題する講演を行った。

2) https://dot.asahi.com/aera/2016102500219.html。2020年4月から小学校のプログラミング教育が開始されることが決まっている。『小学校プログラミング教育の手引（第二版）』参照。

3) http://www.soumu.go.jp/johotsusintokei/whitepaper/ja/h28/index.html 参照。

4) 情報供給量が大きく増加する一方、情報消費量はあまり増加していないので、情報消費率は低下し続けている（消費者庁の調べ）。

5) まとめサイトをさらにまとめるサイトも登場しているのである。http://matome-plus.com/ 参照。また、意図的にある商品や店に高評価をつけたり、逆に、故意に否定的な評価やうわさを流すことも起きているといわれている。

6) 総務省『平成27年度版 情報通信白書』によると、IoTディバイスは、この10年間で、5倍程度は伸びるとみている。

7) 総務省『平成28年版 情報通信白書』参照。

8) 総務省『平成25年版 情報通信白書』参照。総務省「情報流通・蓄積量の計測手法の検討に係る調査研究」（平成25年）によると、「非構造化データの飛躍的増加」が起きているという。

9) 「IoT時代におけるICT産業の構造分析とICTによる経済成長への多面的貢献の検証に関する調査研究報告書」（三菱総合研究所 2016）では、30年後には、「技術的特異点（シンギュラリティ）」が来るという説をあげているが、そ

れはある限られた領域であると考えられる。

10) 注9の報告書の中で、供給面はプロセスイノベーション、需要面はプロダクトイノベーションとしているが、本文のようにもっと複合的なものであろう。

11) シェアリングエコノミーは、ミクロ経済学的にいうと、純粋交換経済の理論フレームで理解できる。双方が余っている財を交換するだけで、双方の効用が高まるのである。

12) この仮想経済圏の主な技術領域としては、メタバース、ブロックチェーン、NFT、暗号資産などが考えられている。

参考文献

井堀利宏（1996）『公共経済の理論』有斐閣

ヴァリアン, H.R.（2000）『入門ミクロ経済学』勁草書房

黒川和美ほか（1993）『経済政策入門(1)』有斐閣

近勝彦（2000）「情報財の供給課題とその基礎分析」『北東アジア地域研究序説』国際書院

近勝彦（2002）「IT社会の働き方」『情報白書2002』コンピュータ・エージ社

近勝彦（2005）『IT資本論』毎日コミュニケーションズ

近勝彦（2006）「コンテンツ産業育成の課題」『創造村をつくろう！』晃洋書房

近勝彦（2007）「コンテンツ産業」『創造都市への戦略』晃洋書房

近勝彦（2022）「総合知としてのAIの意義」『グローバル都市経営学会ハンドブックⅠ』ふくろう出版

中村良平ほか（2000）『都市と地域の経済学』有斐閣

西村和雄（1995）『ミクロ経済学入門』岩波書店

第 6 章

AI と
ビッグデータ

Ⅰ. はじめに

　インターネット環境の整備やスマートフォンの普及が相俟って、生成され流通するデータ量が爆発的に増加している[1]。Ffoulkes（2017）は次の2点を指摘している。第1に、2020年までそしてそれ以降も、データ量は指数関数的に増加が続くと予測されている。第2に、ヒトやセンサーが生成したデータは、伝統的なビジネスデータと比べて10倍の速さで成長しており、特にセンサーが生成したデータは50倍の速さで成長している[2]。

　総務省（2017）でも述べているように、「データが主導する経済成長と社会変革の実現においては、ビッグデータの利活用が鍵を握る。そしてビッグデータを収集するための手段がIoT（Internet of Things）であり、ビッグデータを分析・活用するための手段がAI（Artificial Intelligence: 人工知能）である」[3]。多数のセンサーを取りつけて膨大な量のデータを収集しても、それだけでは価値は生まれない。AIを使って分析してはじめて価値のあるものになるのである。さらに、AIが有意な結果を提供するためには、IoTやその他の手段で生成されたビッグデータを学習データとして利用する必要がある。

　すなわち、ビッグデータ、AI、IoTは相互依存関係にあり、3つが連携することで社会に対して大きな価値を生み出すことが期待されている。

　そこで本章では、このうちAIとビッグデータの相互依存関係に焦点

を当てて論じる。次に、企業がビッグデータを利活用する際に直面しうる問題点を提示した上で、注意すべき点を示す。

Ⅱ．ビッグデータとはなにか

　AIとビッグデータの関係を論じる前に、まずビッグデータの定義を整理しておく。

　ビッグデータの定義は、論者によってさまざまである。例えば岡村（2018）によると、ビッグデータとは「様々な形をした、様々な性格を持った、様々な種類のデータのこと」[4]と簡潔に定義している。総務省（2012）によると、ビッグデータと従来のデータとの違いは、「どの程度のデータ規模かという量的側面だけでなく、どのようなデータから構成されるか、あるいはそのデータがどのように利用されるかという質的側面」[5]にもあるという。量的側面については、Manyika et al.（2011）は「典型的なデータベースソフトウェアが把握し、蓄積し、運用し、分析できる能力を超えたサイズのデータ」[6]と定義している。この定義は主観的であるといえるが、意図的に主観的な定義をしているという。なぜなら、どれほどの容量が「大きい」かは、その時点でのデータベースソフトウェアの性能に依存するため、具体的な量を明示することは妥当ではないからである。質的側面については、次の2点を指摘している。第1に「ビッグデータを構成するデータの出所が多様である」[7]こと、第2に「その利用目的からその対象が画定できるもの」[8]であることである。前者は、1つの情報源から得られた多量のデータではなく、複数の情報源から収集されたデータであることが望ましいことを指摘している。また後者は、データ利用者とデータサービスの支援者とでは利用目的が異なるため、ビッグデータが備えるべき特徴が異なり、それゆえ定義も異なることを指摘している。

　さらに、総務省情報通信国際戦略局情報通信経済室（2013）は、ビッグデータの構成データを「構造化データ」と「非構造化データ」の2つに峻別した上で、具体的なデータの例を挙げてまとめている（表6-1参

表6-1　ビッグデータの構成データ

	分　類	構造化データの例	非構造化データの例^{注）}
業務 ↑ ↓ 非業務	業務システム	顧客 DB、購買記録、売上データ、経理データ、POS データ、レセプトデータ	業務連絡 (T)、業務日誌 (T)、議事録 (T)、資料・書類 (T)、電子カルテ (T)、システムログ (L)、自動改札機販売ログ (L)、ETC 通過記録 (L)、TV 会議画像 (画 / 動)、画像診断 (画 / 静 / 動)、デジタルサイネージ (画 / 静 / 動 / 音)、TV 会議・電話音声 (音)、IC レコーダデータ (音)、CTI 音声ログデータ (音)
	(システム以外の) 業務活動	アンケートデータ、統計調査原票データ、実験記録	FGI 記録・議事録 (T/ 画 / 静 / 動)、アンケート自由回答 (T)
	Web サービス (EC 等)	E コマースにおける販売ログ	商品レビュー (T)、アクセスログ・閲覧履歴 (L)、商品紹介画像 (画 / 静 / 動)
	センサー GPS M2M	入退館記録、GPS データ、RFID データ、VICS データ、気象データ	位置情報ログ (L)、センサーログ (L)、動作履歴・故障履歴 (L)、防犯カメラ画像 (画 / 静 / 動)
	メディアコンテンツ	データ放送データ	記事 (T/ 画 / 静 / 動)、閲覧ログ (L)、番組 (画 / 静 / 動 / 音)、位置情報・撮影場所など (他)
	パーソナルメディアソーシャルメディア	会員属性、利用履歴	ブログ・SNS 等記事 (T)、アクセスログ (L)、TV 電話画像 (画 / 静 / 動)、電子メール添付ファイル(画/静/動)、投稿記事 (画 / 静 / 動 / 音)、電話・TV 電話音声 (音)、位置情報・チェックイン記録など (他)、固定 IP 電話 (音)、携帯電話 (含 PHS。音)、電子メール (T)
	その他	統計、統計調査データ、各種台帳類	法令 (T)、通達・公示等 (T)、議事録 (T)、報告書 (T)、各種電子納品物・設計図等 (T)、各種電子納品物・現場施工写真等 (画 / 静 / 動)、気象観測記録 (他)、背景地図 (他)、位置情報付データ (他)、地質図等 (他)

（注）カッコ内は非構造化データの分類である。「T」はテキスト、「L」は各種ログ、「画」は画像、「静」は静止画像、「動」は動画、「音」は音声、「他」はその他を意味する
（出所）総務省情報通信国際戦略局情報通信経済室 (2013)、7 頁をもとに筆者作成

照）。表 6-1 は、ビッグデータの全体像を把握する上で有効であると筆者は考える。

　「構造化データ」は、「コンピュータが理解・解読できるように構造的に作られたデータ、コンピュータ用に作られたデータ」[9]と定義され、一方「非構造化データ」はそのままではコンピュータが理解および解読

できないデータであると定義される。

　ただし、ここでいうコンピュータとは従来のコンピュータを指すため、最新の AI は該当しないことに注意が必要である。これまでは、非構造化データをコンピュータで処理するには、あらかじめ構造化データに加工する必要があった。しかし米 IBM 社の「Watson」や米 Microsoft 社の「Cognitive Services」などは、「非構造化データ」に対応している。

　つまり、これまでは構造化されていなければ活用ができなかったデータが、構造化されていなくても AI によってそのまま活用できるようになったのである。その結果、AI によってビッグデータを活用できる可能性が大きく広がっているといえる。

　しかし、一般的にデータが大量または多様になるほど、誤りや誤差、ノイズが多くなるといわれているため、必要に応じて「データ分析の前にデータを整える処理」[10]、すなわちデータクレンジング（Data Cleansing）をしなければならない場合がある。AI に活用するビッグデータは 2 つの用途があり、ひとつは学習データとして活用するデータであり、もうひとつは分析対象となるデータである。特に前者の用途としてデータを使用する際には、分析の精度を高めるためにもデータクレンジングが不可欠である。

Ⅲ．AI とディープラーニングの関係

　本節では、ディープラーニングと AI、およびビッグデータの関係についてまとめる。

　AI という言葉の誕生と類推や探索の技術が牽引した 1950 〜 60 年代の第 1 ブーム、エキスパートシステムが牽引した 80 年代の第 2 次ブームを経て、現在は AI の第 3 次ブームのただ中にあるといわれている。2006 年ごろから始まったこの第 3 次ブームにおいて最も注目を集めているのが、ディープラーニングである。

　しかし、AI とはディープラーニングのことだけを指すのではない。

AIが社会へ浸透した典型例としてとらえられているAIスピーカーや自動運転車は、ディープラーニングだけが活用されているわけではない。これまでの要素技術を組み合わせて実現していることに注目すべきである。このことについて、樋口・城塚（2017）は次のように言及している。「AIとはディープラーニングのことだと考えている人もいるだろう。しかし、それは誤りである。AIは多数存在するアルゴリズムの総称であり、そこには様々な技術が含まれる」[11]。

さらに現状では、ディープラーニングはヒトの意図を汲み取った上で何でもこなす人工知能ではない。ディープラーニングがこれまでのAIにはできなかった複雑な処理を可能にしていることは疑いない事実である。しかし、ヒトと同等の知能をもったコンピュータ、すなわち汎用人工知能（Artificial General Intelligence: AGI）が誕生したわけではない。現在、注目を集めているAI製品は、いくつかの「特化型AI」を組み合わせることで特定の作業を実現しているのであって、AGIが完成したわけではない。

上記2つの誤解を解くためにも、次節では機械学習、ニューラルネットワーク、ディープラーニングという3つの用語の関係を整理する。

IV．機械学習、ニューラルネットワーク、ディープラーニングの関係

近年、注目を集めているAIが論じられる際に必ず登場する用語として、機械学習、ニューラルネットワーク、ディープラーニングがある。しかし、これらの用語間の関係を明確に説明している文献は必ずしも多くなく、それゆえ理解するのは容易ではない。

そこで本節では、各用語の定義を確認した上で、3語間の関係を整理する。

1．3語の関係

各用語の定義を押さえる前に、まずは全体像を確認しておくことが重

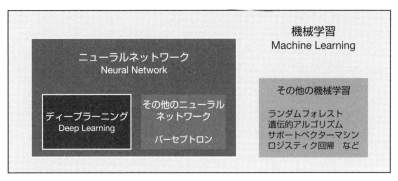

図6-1　3語の関係
(出典) 神崎洋治（2017）『人工知能解体新書』SB クリエイティブ、44 頁の図 3-1、山本一成（2017）
『人工知能はどのようにして「名人」を超えたのか？』ダイヤモンド社、89 頁をもとに筆者作成

要であると考える。図 6-1 は、3 つの用語の関係性を概念的にとらえた
図である。

以下では、各語の内容を概観する。

2．機械学習

機械学習（Machine Learning）とは、「人間の脳のような学習機能をコ
ンピュータにもたせる技術で、明示的にプログラムで指示をせずに、デ
ータを基に推論を繰り返し、そこから規則性やパターンを見つけ出して
いく」[12]手法である。機械学習は現代における AI の基盤であると見な
されており、「コンピューターのような機械が現実世界で発生する『ビ
ッグデータ』を解析し、そこからある種のパターンを学び取って、賢く
なるための技術」[13]である。

機械学習は、おもに 2 つの問題を解くために利用される。ひとつは分
類問題であり、もうひとつは回帰問題である。この 2 種類の問題を解く
ための機械学習には、サンプルとなるデータ、すなわち「学習データ」
が大量に必要である。一般的には、学習データが多いほど認識精度が高
くなる傾向がある[14]。それゆえ、機械学習にはビッグデータの活用が極
めて有効であるといえる。

3．ニューラルネットワーク

　ニューラルネットワークとは、「人間の脳神経回路のしくみや構造を模した数学モデル（学習モデル）のこと」[15]である。人間の脳を模したニューラルネットワークを用いるのは、「脳神経のパターン認識を模倣できれば、脳と同様に画像認識でも音声認識でも、計算でも分類でも推論でも、そして学習や記憶でも、何にでも汎用的にこなせる可能性があるのではないか」[16]という考え方に基づいているからである。

　ニューラルネットワークの仕組み自体は真新しいものではなく、1958年に発表された「パーセプトロン」（Perceptron）が考え方の基本となっている。パーセプトロンは視覚と脳の機能をモデル化したものであり、単純パーセプトロンは入力層と出力層の2つの層からなる。ニューラルネットワークは、単純パーセプトロンの入力層と出力層の間に「中間層」を置くことにより、感覚的なモデルから思考的なモデルとなった。

　ニューラルネットワークの中間層を多層化することで、より「深く考える」ことができるようになる。このように、中間層を多層化したニューラルネットワークを「ディープニューラルネットワーク」（Deep Neural Network: DNN）と呼ぶ。

4．ディープラーニング

　ディープラーニングとは、DNNを使って機械学習を行うことを指す。中間層を多層化することでより「深く考える」ことができるため、一般的には学習効率が向上する。

　ディープラーニングは、脳の視覚野の理論を採用しているため、画像認識を最も得意とする。また視覚野の仕組みを応用可能な音声認識も得意である。一般的にはこれを「パターン認識」と呼ぶ。ディープラーニングを用いることにより、「AIエンジンが自ら画像データなどの特徴や概念を『学習』し、『分類（判断)』できる」[17]のである。

　その一方で、多層化しているため、学習には大量の学習データが必要となるとともに、多くの時間を要することに注意が必要である。

以上、各語の定義を押さえた上で、3つの用語の関係を整理すると次のように表現できる。

コンピュータが学習する機械学習の分野で大きな技術の進化があり、「その進化は人間の脳に類似した学習モデルである『ニューラルネットワーク』において、特に『ディープラーニング』と呼ばれる学習方法によって飛躍的な成果が生まれた」[18]のである。

Ⅴ．ディープラーニングがもつ優位点

先述のとおり、「AI＝ディープラーニング」ではなく、かつディープラーニングは汎用人工知能（AGI）ではない。では、ディープラーニングが得意とする分野は何であろうか。

ディープラーニングは「脳の（後頭部にある）視覚野の研究成果（理論）を採用しているため、画像認識を最も得意とする。また脳の知覚領域には汎用性があるため、視覚野の仕組みを応用したディープラーニングは聴覚のような音声認識も得意」[19]である。

小林（2017）は、AIに関する報道が誇張されていることを強調した上で、次のように述べている。「現在の人工知能が真のブレークスルーを成し遂げたのは『パターン認識』と呼ばれる、ごく限られた分野だけ」[20]である。つまり、ディープラーニングが得意とするのは画像や音を認識するなどの「パターン認識」であり、この「パターン認識」という特定の分野に強みをもつAIであるがゆえに、ディープラーニングは「特化型AI」に分類される。

ただし、このパターン認識の分野において、人工知能は今やヒトを抜き去ったとみられている。逆にいえば、パターン認識以外の分野、例えば認知処理や常識の獲得、推論などでは、ヒトや他の手法の方が長けている場合がある。

VI. ディープラーニングを行う上での問題点と解決策

これまでみてきたように、ビッグデータを用いてディープラーニングに学習させると、モデルの精度を高めることが可能となる。しかしその場合には、懸念される問題点がある。以下では、問題点を2つ挙げる。

1つめは、「きれい」なデータを大量に確保しなければならないことである。もし「汚れた」データを学習データとしてディープラーニングに読み込ませると、モデルの精度が逆に低下する可能性がある。より精度の高いAIに「育てる」ためには、膨大な量の「きれいな」データを用意する必要である。

2つめは、処理時間の増大である。中間層を多層化することにより処理すべきニューロン数が増加するため、並列演算する負荷が大きく高まる場合がある。その結果、DNNの学習に長時間を要することになるばかりでなく、学習モデルを使った実際の計算処理に要する時間が著しく増加する恐れがある。

前者の問題の解決策としては、データクレンジングを行うことである。精度の高い学習モデルにするためには、「きれいな」学習データを大量に読み込ませることが重要である。良質なデータを大量に用意するには大きなコストを伴うが、クラウドソーシング（Crowd Sourcing）を活用するなども一案であろう。

後者の問題の解決策としては、使用するコンピュータにGPUやFPGAを導入することが有効であるかもしれない。GPU（Graphic Processing Unit）は、ディープラーニングに必要となる高速の「行列演算」や「並列演算」に長けているため、CPU（Central Processing Unit）が不得意なこれらの演算処理を肩代わりし、分散処理することでディープラーニングの効率を飛躍的に向上させることが可能となる[21]。一方、FPGA（Field-Programmable Gate Array）とは、自由に書き換えることができる柔軟な集積回路であり、AIではCPUと組み合わせて実装化される場合が多い。開発期間を大幅に短縮でき、導入後でも更新できる高い保守性があるばかりでなく、拡張性が高いことなどが利点として挙げ

られる[22]。加えて、並列化が有効な場合がある。並列化には、大別して
プロセッサ内部の並列化と分散並列化手法という2つの形態が存在し、
さらに分散並列化手法にはデータ並列とモデル並列とがある[23]。

Ⅶ. ビッグデータの収集方法

　本節では、AIに活用するためのビッグデータの収集先および収集方
法について解説する。

　ビッグデータはさまざまな主体によって生成され、収集される。企業
や個人がビッグデータを収集する手段としては、Webサイトからが一
般的であろう。

　Webサイトからデータを収集するには、次の3つの段階を踏む必要
がある[24]。第1段階は「ターゲットの選定」であり、目的のデータのあ
りかを知ることである。第2段階は「データの取得」であり、ターゲッ
トから必要なデータを抜き出すことである。第3段階は「データの整
理」であり、集めたデータを整理することである。

　Webサイト上にあるビッグデータを効率的に収集するには、自動化
が必要である。ここでいう自動化とは、「人間による手作業を少なく
し、できるだけコンピュータ／プログラムによりデータ取得を行うこ
と」[25]を指す。自動化には2つの水準がある。「1つは手作業の一部をサ
ポートする半自動化と、もう1つは手作業を完全に廃し、コンピュータ
から自動／定期的にデータを取得する完全自動化」[26]である。半自動化
と完全自動化はそれぞれ利点と欠点がある（表6-2参照）。

　自動化において、「個々のページから必要な情報を抜き出す」[27]ことを
スクレイピング（Scraping）と呼ぶ。また、「単独のスクレイピングで
はなく『自動的に情報収集を繰り返し行うツール・プログラム』」[28]をク
ローラー（Crawler）と呼ぶ。大量のデータを継続的に収集するために
は、クローラーを活用することが有効であろう。

　Web上からビッグデータを収集する手段は、上述の自動化ばかりで
はない。インターネット上には、膨大な情報が公開されている。例えば

表6-2　半自動化および完全自動化の比較

	利点	欠点
半自動化	比較的簡単に作成できる	人間が行う作業が残る。とくに定期的にデータを取得する場合には大変な作業となる
完全自動化	一度作成すると、取得対象ページが変化しない限り稼働し続ける	変化に弱い

（出所）佐々木拓郎（2016）『データを集める技術—最速で作るスクレイピング＆クローラー』SB
クリエイティブ、19-20 頁を参考に筆者作成

　Wikipedia のような百科事典サイト、YouTube のような動画共有サイト、Google などが保持する検索データ、膨大な数のニュースサイトなどは、常に情報を発信し追加し続けている。また日常のコミュニケーションの内容は、Facebook や Twitter などの SNS に、日々膨大な量のデータとして蓄積されている。さらに、株価や為替情報、気温や湿度などの気象情報も公開されている。これらの情報は、クローラーやスクレイピングで収集できる場合があるほか、公開されている API（Application Program Interface）を利用できる場合も多い。

　さらに、国や地方自治体は、「オープンデータ」を公開している場合がある。特に 2016 年に「官民データ活用推進基本法」（平成 28 年法律第 103 号）が施行されたことから、積極的にオープンデータが公開されている。例えば、内閣官房のデータカタログサイト「data.go.jp」や自治体のオープンデータサイト「自治体オープンデータ」、内閣府のまち・ひと・しごと創生本部の地域経済分析システム「RESAS」などがある。

　そのほか、交通データフォーマットの「GTFS」や国土交通省の標準的なバス情報フォーマット「GTFS-JP」に基づいた公共交通オープンデータなどが公開されている。

Ⅷ.　AI ×ビッグデータが生み出すビジネス価値

　AI は現在、個人に対してさまざまな便益を提供している。例えば AI スピーカーやロボット掃除機などの AI を活用した家庭電化製品は、日

常生活においてさまざまな利便性を提供している。また将来、完全自動運転車が発売されれば、快適性や安全性、時間の効率化などの価値を生み出すであろう。

では、企業に対して AI はどのようなビジネス上の価値を生み出すのであろうか。以下では、樋口・城塚（2017）を参考にしながら、ビジネス全般に関わる価値を 4 つ挙げる[29]。

1．既存業務の効率化、人件費の削減効果

これまではヒトが担っていた業務を、AI で置き換えたり、もしくはヒトを AI で支援したりすることにより、既存業務の省力化、効率化が図れる。このとき、AI によって置き換えられる作業は、先述した「パターン認識」を伴う作業が主となるであろう。具体的な例としては、MRI や CT スキャンなどの断層画像の解析などが挙げられる。

2．AI による新規サービスの立ち上げ

AI で行ったデータ分析の結果を利用して、新サービスを創造する場合がある。ビッグデータを収集可能な企業は、データの解析結果を生かして新規サービスを立ち上げたりすることで、他の業界に参入可能である。具体的な例としては、コールセンターに蓄積されている膨大なクレームデータを AI で解析することで、クレーム対応のコンサルタント会社を新規に立ち上げるなどである。

3．ビジネスの拡大加速

AI を活用することにより、既存のビジネスを効率的に拡大できる場合がある。いいかえれば、AI を活用することでビジネスの拡大に必要な投入を最小限に抑えることが可能である。

具体的な例としては、ビジネスの拡大に必要な新規採用社員の教育を AI に委ねることなどがある。

4．現実世界の高機能化

　現在は当然のこととして受け容れている状況を、AI を適用すること
により高機能化できる場合がある。樋口・城塚（2017）は、これを「リ
アル世界に AI を適用する『リアル世界のインテリジェント化』」[30]と呼
んでいる。具体的な例として、市場での卸値価格や近隣他店の販売価格
などの外部環境を AI が瞬時に計算し、商品値札を即時的に変動させる
ことなどがある。

　以上、AI の活用によって企業が享受しうるビジネス上の価値を 4 つ
に大別した。これらは、ヒトよりも AI の方が優れている作業を AI に
任せることにより価値を生み出しているという点で共通している。つま
り、ヒトと AI が各々の長所をもとに分業し補完することで、企業に付
加価値をもたらしているといえる。このようなヒトと AI との分業は、
今後 AI が企業活動に浸透していくにつれて、さらに拡大してゆくこと
が予想される。

IX．おわりに

　これまでみてきたように、AI とビッグデータは相互に不可欠な関係
にある。AI のモデルの精度を高めるためにはビッグデータを学習デー
タとして利用する必要があり、効率的かつ効果的にビッグデータを活用
するためには AI が必要である。
　しかし、AI を用いてビッグデータを扱う場合には留意すべき点がい
くつかある。
　第 1 に、データに含まれる個人情報の保護やプライバシーの保護であ
る。スクレイピングや API によって収集したデータはとりわけ個人情
報やプライバシー情報を含むものがあるため、最新の注意を払う必要が
ある。必要最小限の情報を収集し、個人が特定できないようにするな
ど、適切に加工した上で利用しなければならない。加えて、そのような
情報の保管や廃棄についてもルールを策定した上で、適正な対処が必要

である。

　第2に、適切なデータの選定やデータクレンジングである。学習デー
タとしてビッグデータを収集する際には、目的に適ったデータである
か、データをどのようにクレンジングするかを適切に判断しなければ、
AIの学習精度が確保できない可能性がある。

　第3に、目的と将来像の明確化である。企業がAIの活用を検討する
際には、明確な目標や、AIを導入することでどのような効果が期待で
きるか、などを確認した上で採否を判断すべきである。企業での活用を
検討するには、まずは既存業務の見直しをした上でAIを導入すべきか
を判断することが望ましい。

　第3次ブームのただ中にあるAIであるが、今後さまざまな分野で導
入が進むであろう。それと並行して、膨大な量のデータが生成され社会
に蓄積されてゆくであろう。膨張し続けるビッグデータを価値あるもの
にするためにも、これまで以上にAIを最大限かつ適切に活用すること
が求められる。

注

1) 樋口・城塚（2017）によると、2020年には
　44ゼタバイトという途方もなく大きなデータ
　を活用する時代が到来するという（樋口・城塚
　2017、21頁）。
2) insideBIGDATA（2017）p.2.
3) 総務省（2017）52頁。
4) 岡村（2018）。
5) 総務省（2012）153頁。
6) McKinsey Global Institute（2011）p.1.
7) 総務省、前掲（注5）153頁。
8) 同上、154頁。
9) 神崎（2017）72頁。
10) 坂内（2015）44頁。
11) 神崎、前掲（注9）5頁。
12) 石井（2018）94頁。
13) 小林（2016）80頁。
14) ただし、後述するように「汚れた」データで学
　習すると、認識精度が逆に低下する可能性があ
　る。
15) 神崎、前掲（注9）14頁。
16) 同上、54頁。

17) 日経BP（2016）100頁。
18) 同上、44頁。
19) 小林（2017）53頁。
20) 同上、18-19頁。
21) 米NVIDIA社は、機械学習向けの大型GPUで
　ある「Pascal P100」などを発売している。
22) 神崎、前掲（注9）142頁。
23) 独立行政法人情報処理推進機構（2017）117
　頁。
24) 佐々木（2016）16-18頁。
25) 同上、19頁。
26) 同上、同頁。
27) 同上、同頁。
28) 同上、同頁。
29) ここでの議論は樋口・城塚（2017）の22-26
　頁を参考にしている。紙面の制約上、個別産業
　についてはここでは触れない。
30) 同上、同頁。

参考文献

石井英男（2018）「機械学習アルゴリズム事始め」

『日経ソフトウェア』2018 年 11 月号、94-104 頁

岡村久和（2018）『IoT 時代のビッグデータビジネス革命』インプレス

神崎洋治（2017）『人工知能解体新書』SB クリエイティブ

小林雅一（2016）「機械学習 囲碁の世界も制覇 現代 AI の基盤技術」『週刊エコノミスト』2016 年 3 月 29 日号、80-81 頁

小林雅一（2017）『AI が人間を殺す日—車、医療、兵器に組み込まれる人工知能』集英社

坂内正夫（2015）『ビッグデータを開拓せよ—解析が生む新しい価値』角川学芸出版

佐々木拓郎（2016）『データを集める技術—最速で作るスクレイピング & クローラー』SB クリエイティブ

総務省（2012）『平成 24 年版 情報通信白書』ぎょうせい

総務省（2017）『平成 29 年版 情報通信白書』ぎょうせい

総務省情報通信国際戦略局情報通信経済室（2013）「情報流通・蓄積量の計測手法に係る調査研究報告書」

独立行政法人情報処理推進機構（2017）『AI 白書 2017 —人工知能がもたらす技術の革新と社会の変貌』角川アスキー総合研究所

日経 BP（2016）「人工知能がビッグデータを解き放つ」『日経トレンディ』2016 年 4 月号

樋口晋也・城塚音也（2017）『決定版 AI　人工知能』東洋経済新報社

山本一成（2017）『人工知能はどのようにして「名人」を超えたのか？』ダイヤモンド社

Ffoulkes, P.（2017）"insideBIGDATA Guide to Use of Big Data on an Industrial Scale" insideBIGDATA

Manyika, J., Chui, M., Brown, B., Bughin, J., Dobbs, R., Roxburgh, C., Hung Byers, A. and McKinsey Global Institute（2011）"Big data: The next frontier for innovation competition, and productivity" McKinsey Global Institute

第 7 章

AI と IoT

I. はじめに

　ビッグデータ獲得をめぐるバーチャルにおける戦いは、米国大手 IT 企業の GAFA（Google、Apple、Facebook、Amazon）が寡占していることは本書において語られてきた。これらバーチャルから得られるビッグデータは、企業活動のさまざまな場面で活用されてきたが、次の一手として、より詳細な消費者の分析を行うためには、リアルにおける消費者の行動をデジタルデータとして得る必要がある。そのため GAFA を中心に、スマートスピーカやスマートフォン、スマートウォッチ等、リアルに近い位置でライフログを収集するため新たな戦いが始まっている。つまり、ビッグデータの獲得競争における、次のステージはリアルにおいてデータをいかに集積するかであるといえよう。そして、このリアルにおけるアナログデータをデジタル化することに、本章における中心議題である IoT が深く関わっているのである。

　IoT によって獲得されたビッグデータは、ヒトの力で分析できる限界を超えている。そこで、これらを分析するための頭脳となるのが AI ということになる。IoT で得られたデータをいかに AI に食わせるのか（処理するのか）も本章における議題のひとつである。

　本章では、リアルデータの収集を目途とする IoT という概念と AI と IoT の関係性を解説することを中心議題とし、加えてわが国における IoT の現状を概観し、今後の IoT の利活用に資する議論を展開する。

Ⅱ. IoT とは

　IoT は「Internet of Things」の略称で、日本語では「モノのインターネット」と訳される。ただし、これは単に「モノ」をインターネットにつなぐことを意味するものではない。では IoT の本質はどこにあるのか。

　森川（2016）によれば、IoT の本質は「アナログプロセスのデジタル化」、つまり「経験と勘で対応していたプロセスをデジタル化したデータに基づく処理に置き換えること」であるとされる。われわれの日常生活や仕事の中には、これまでアナログで行ってきたプロセスが膨大にある。これらアナログプロセスをデジタル化し、「データ」に基づいて生産性を高め、価値を創出することが「IoT」であるとしている。この定義においては、リアルにおける消費者の行動（経験）をデジタル化し履歴（データ）として残すことが、ひとつの IoT の本質であるといえよう。

　一方、NTT データ（2015）によれば、IoT とは「ネットワークにつながる「モノ」同士が情報を共有して、有益な情報を生み出し、人の手を介することなく動くこと」としている。つまり、モノがインターネットにつながるだけでなく、モノ同士が人の手を介することなく情報を共有することを中心とした定義であり、製造業を中心とした領域において多く用いられる「M2M」の概念と同様のものであると考えられる。また、坂村（2016）は「コンピュータの組み込まれたモノ同士がオープンに連携できるネットワークであり、その連携により社会や生活を支援する」ことであるとしている。つまり、モノ同士が人の手を介することなく情報を共有し、オープンに連携できるネットワークを含めたものであり、社会や生活を支援することを目指した概念がもうひとつの IoT の本質であると考える。

　これらを総合すると、IoT とは、消費者の行動（経験）をデジタル化し履歴（データ）として残すこと（消費者向けの IoT）であり、得られたデータをモノ同士がネットワーク上で共有し合うこと（産業〔モノ〕向けの IoT）、の大きく 2 つの概念が包含されており、これらを利用して

社会における人間の生活を豊かにするための概念またはツールであると考えることができる。

　このように、アナログプロセスをデジタル化することにより大量に創出されるデータを分析することや、モノ同士が情報をネットワーク上で共有し合うことを円滑にすることは人の力だけでは不可能であり、これらの解決のために AI を利活用することは必須の要件となる。つまり、AI と IoT は切っても切れない関係にあるといえよう。

Ⅲ．AI と IoT

　IoT から生成されたデータを価値ある形で利活用し、革新的製品・サービスの実現までつなげるためには「リアルデータの利活用サイクル」が創出される必要があるとされる（経済産業省 2017）。「リアルデータの利活用サイクル」とは、① IoT 等からデータを取得し、②データをやり取りするための通信手法を整備し、③データを整理することによってビッグデータとして実用化し、④ビッグデータを AI 等を用いて解析し、⑤社会実装産業化し、⑥革新的製品・サービスを創出する、つまりイノベーションを起こす、というこれらのサイクルをいう。

　またこれらサイクルの実現には、データを取得するセンサや、多様なネットワーク技術によりデータを吸い上げる仕組み、データを蓄積する仕組み、そのデータを分析する仕組み、そしてそれを現実世界にフィードバックする仕組みなど、幅広い技術群が必要になる。

Ⅳ．データ取得と通信手法に必要な技術要素

　データを取得し、「②データをやり取りするための通信手法を整備」することは、まさに IoT のもっともイメージしやすい役割である。NTT データ（2015）によれば、センシングとはデバイス自身の状態や周りの環境の状態を収集してシステムに通知する動作のことをいう。例えば、温度や湿度、照度や騒音など環境に関すること（環境モニタリン

グ）、衝撃、振動、落下や移動など動きに関すること（モーションモニタリング）、存在検知や通過検知、近接検知など位置検知に関すること、GNSS（Global Navigation Satellite System）[1]や Wi-Fi、ビーコンなどを用いた位置情報に関することをデータとして取集することなどがこれに当たる。また、これらセンシング技術を利用して、どのようなデータを取得するかも重要である。

　安岡・曽根原・宍戸（2012）によれば、ビッグデータは、収集されるデータの種類によってライフログとセンシング（マシン）ログに分類可能であるとしている。ライフログとは、基本的な属性情報である氏名、性別、生年月日、住所などをもとにして、その人が行動した情報（行動情報）の 1 次データ（直接的にとれる情報）と 1 次データを分析することによって 2 次的に得られるデータを指す。つまり人に基づくさまざまな行動情報がライフログであるといえよう。一方、センシングログとは、基本的な属性情報である製造年月日、製造場所、製造環境などをもとにして、機械・器具、車両・信号などの動作トラッキング履歴などの稼働情報の 1 次データと 1 次データを分析することによって 2 次的に得られるデータを指す。これはつまり、モノに基づくさまざまな稼働情報であるといえよう。

　過去においては、ライフログ、センシングログともにオフラインにおけるアナログプロセスをデジタル化することは困難であった。しかし、センサやメータ等各種モジュールやネットワーク技術の発達によりこれらを効率的にデジタル化しログ化することが可能となった。これにより、人に基づく行動情報であるライフログと、モノに基づく稼働情報であるセンシングログのオフライン情報を、デジタル化し蓄積することが可能となった。そして、これらデータの収集と集積が現在の IoT の重要な役割のひとつとなったといえよう。

V．ビッグデータと IoT の関係

　AI による分析を前提とした場合、「③データを整理することによって

ビッグデータとして実用化」することは非常に重要である。本章におけるここまでの議論においても明らかなように、AIに「食わせる」ビッグデータも、まとまりのないものでは分析時に手間と時間がかかる。つまり、食わせるデータの整理がポイントになる。そして、AIとIoTの関係性を考えた場合、どんなデータでもAIに食わせられるというAIベースで考えるよりも、AIが食べやすいビッグデータをIoTで整えるというIoTベースでの思考が必要になるのである。ただ闇雲にIoTによってアナログデータをデジタル化するのではなく、あらかじめAIによる分析を念頭に置き、データ化に関するルールを設計する必要がある。

　では、AIが食べやすいビッグデータとは何なのか、ここではIoTとの関係性を視座として議論する。まず、ビッグデータにおけるIoTの位置づけは明確なものはない。総務省（2014）によれば、POS（Point of Sales）[2]データや企業内で管理する顧客データといった構造化データと、ブログやSNS等のソーシャルメディアに書き込まれる文字データ、インターネット上の映像配信サービスで流通している映像データ、電子書籍として配信される活字データなどの非構造化データに分類可能であるとされる。この非構造化データの中でも、特にGPSから送信されるデータ、ICカードやRFID等の各種センサで検知され送信されるデータなどのIoTから生成されるデータの流通量が増大していることが明らかにされている。ここでのIoTの位置づけは、非構造化データの一領域の中で生成されるデータを創出するツールとしてのものと考えられる。構造化されたデータはデータの構造自体に意味があり、整理されておりわかりやすいのが特徴である。

　次に、マーケティングにおける、消費者の生み出すデータという視点で考えてみる。山本（2014）によれば、「消費者の選好は、表明選好（stated preference）と顕示選好（revealed preference）に大別できる」とされる。前者は消費者自身が自らの回答で表現した選好で、そのデータの典型例は質問紙調査である。後者は消費者の行動から結果的に明らかになった選好であり、その代表例は行動履歴データである。行動履歴デ

ータとは、消費者の購買や媒体視聴といった行動の履歴に関するデータ
であり、オフラインの代表的な事例としては POS データがある。オン
ラインではウェブサイト閲覧や購買に関する消費者の行動履歴データが
自動的に蓄積される。マーケティングにおける行動履歴データは消費者
行動を精緻化する意味で非常に重要であり、オンライン上での消費者の
行動履歴データは GAFA を中心に膨大な量が蓄積され、ビッグデータ
として消費者行動の分析に利活用されつつある。そして、オフラインに
おける行動履歴をどのように収集・蓄積するかは、本章のテーマにある
IoT の主要な検討議題である。

VI. AI による分析

　「④ビッグデータを AI 等を用いて解析」においては、IoT から創出
されるデータをどこで分析するかという視点で、「ネットからリアル」
と「リアルからネット」の2つの潮流があるとされる（経済産業省
2017）。「ネットからリアル」の旗手はバーチャルデータを寡占する
GAFA を中心としたプラットフォーム企業であり、現在までに蓄積し
たビッグデータをさらに精緻化するために、IoT より得られるデータを
クラウドサーバに蓄積し、AI で処理することを基本戦略としている。
例えば、Google や Amazon のスマートスピーカーなどは、音声認識技
術等により生活空間における消費者のアナログプロセスをデジタル化
し、クラウドサーバ上に蓄積することにより、ビッグデータ化し一括で
分析することを強みとしている。一方、「リアルからネット」への取り
組みは各種製造業を中心に動き出している。GE、インテル、三菱電機
などの製造業各社は高性能な製造装置でデータを分散して蓄積・分析
し、これらを企業間・工場間・機器間で共有することによって最適化す
るというメッシュ型のプラットフォーム創出を基本的な戦略としてい
る。
　敷衍すると、これらはクラウドに吸い上げて AI で分析するという中
央による一括処理、つまり、人で例えるなら脳を中心に考えるのか、

IoT同士で処理するというメッシュ型の処理、つまり人で例えるなら目や耳を中心に考えるのかという相違と考えられ、IoTを活用したうえで得られるデータを社会実装するためにどう志向するかは、そのまま設計に依存するのである。今後AIにかかるコストが低下するにつれて、よりシステムのエッジにおいて処理を行う設計は現実味を帯びてくると考えられる。そして、「ネットからリアル」におけるGAFAの先行優位が確立されつつある中、自立したモノ同士がつながる世界観の中で、「リアルからネット」を中心としたサイクルを志向することで、新たな市場の開拓の可能性も残されていると考える。

Ⅶ. IoTから得られるデータとわが国の状況

　IoTによって得られるデータは、人に基づくライフログとモノに基づくセンシングログに大別できる。ライフログに関するデータは近年、スマートホンやスマート家電、スマートホームなどを利用して収集されることが多いが、この分野のグローバル市場における日本の位置づけは劣勢に立たされている。表7-1は「AI次世代家電における日本の強み・弱み」を表した一覧である。ここから明らかになることは、この分野に

表7-1　AI次世代家電における日本の強み・弱み

要素技術	強み・弱み	グローバル市場のシェア （およびトップシェア）（%）	
スマホ	×	日系 中国系 米国系	5.0 36.4 31.6
スマートメータ	○	日系 米国系	31.4 34.6
液晶テレビ	×	日系 韓国系	14.6 50.2
ルームエアコン	×	日系 中国系	15.8 71.6
冷蔵庫	×	日系 中国系	10.5 40.7

（出所）経済産業省（2017）「新産業構造ビジョン」より一部引用・改変

表7-2 製造分野における日本の強み・弱み

項目		要素	強み・弱み	競争の状況
データ取得の チャネル （製品・機器等）	製品	産業用ロボット	○	日系シェア 56.5% 欧州系 25.2%
		自動車	○	欧州系 31.3% 日系シェア 23.9% 、米国系 17.4%
		工作機械	○	中国系 32.9%、欧州系 29.3%、日系シェ ア 20.6%
	機器	工作機械用制御盤 CNC	○	日系シェア 60.1%、欧州系 34.5%
		機器制御装置 PLC	○	三菱電機 18%（世界 1 位）
		製造実行システム MES	△	富士通、NEC、IBM、SAP、Siemens
		CMOS イメージセンサ	○	日系シェア 45.5%、米国系 28.3%、韓国 系 16.9%
データの利活用・ 分析ツール	全体管理 システム	基幹システム ERP	×	SAP26%、ORACLE 17%、Microsoft 11%
	製品開発 システム		×	Siemens（Team Center）、Dassault,、 PTC
データ連携 （コンソーシアム） （機器間、企業内、 企業間）			―	日 IVI 約 200 企業参加、スマート工場実証 事業（14 か所実施中）独 I 4.0 260 企業 （オンラインマップに登録 33 のイノベーショ ンプロジェクト、米 IIC 約 230 社（2016 年 4 月時点）

（注）CNC：Computerized Numerically Controlled、PLC：Programmable Logic Controller、
MES：Manufacturing Execution System、ERP：Enterprise Resources Planning
（出所）経済産業省（2017）「新産業構造ビジョン」より引用・改変

おける IoT 機器のシェアは他国に圧倒されており、現在のライフログ収集の中心的な役割を果たすスマートホン市場や、今後、重要な位置づけを占めると思われるスマート家電市場においてシェアが乏しく、ライフログを中心としたデータの収集に大きな課題が感じられることである。

　一方、センシングログについては、グローバル市場における日本の位置づけは優勢である。表 7-2 は「製造分野における日本の強み・弱み」を表した一覧である。ここから明らかになることは、製品や機器等のデータを取得するためのチャネルは各要素において日本のシェアは高い。つまりデータを取得するための基盤となる部分については他国に比べて有意な立場にあるといえる。ただし、これらデータを取得したのちに必要となる、データの利活用・分析ツールについては劣勢にあり、今後のIoT の利活用におけるわが国の戦略は、製品や機器等のデータを取得す

るためのチャネルを、「いかに AI によって分析可能となるように適合させていくか」を議論することが重要であるといえよう。

Ⅷ．AI と IoT による価値創造に向けて

ここまで議論してきたように、IoT は機器制御システムと情報処理システムにまたがる横断的な新コンセプトである。IoT の活用によって、どこで価値を創造するのかを考える場合、技術的な必然性だけではなくて、ビジネス的な必要性、社会的な要求といったさまざまな視点で、全体を俯瞰する議論が必要である。そして、IoT から AI に至る価値創造サイクルの中で、いまだ手の付けられていない部分、われわれにとって強みとなる部分を分析し、ビジネスへとつながるプロセスを見出す必要があると考える。

つまり、デジタル化すべきアナログプロセスを見出し、AI で分析して得られたアウトプットをどこに活かすのか、という視点が必要になる。それは業務の改善か、生産性の向上か、はたまた経営革新へのステップか、価値創造が得られるポイントはさまざまだが、その価値創造のポイントに向けて逆算するように IoT によるデジタル化を進める必要がある。そしてデジタル化されたデータを既存のプラットフォームに巻き込まれることなく、例えばローカライズされた情報とマッチングするなどして、独自の強みを構築することが理想的な方策となろう。

Ⅸ．おわりに

AI と IoT が普及した未来においてわれわれはどのような生活を送っているのか。近未来を例示してみよう。朝はスマートウォッチを装着して眠ることによって、心拍数等のデータから眠りが浅くなることを察知し、心地よい目覚めを得ることができる。お手洗いに行くと、各種センサが排出物を自動で分析し、体調を知らせてくれて一日のスケジュール管理の参考にすることができる。

通勤は自動運転車、または各種用途ごとのモビリティサービス[3)]を利用することで朝食をとる等、さまざまなサービスを受けながら出勤できる。職場につくと、AIにより分類処理された、重要メールについてのみ口頭でAIに回答。会議は自動翻訳機能のついたVR（Virtual Reality）もしくはMR（Mixed Reality）[4)]型会議で済ませる。モビリティサービス内で少し残業しながら帰宅。帰宅時間に合わせて、湯船には自動でお湯が張られている。

　帰宅すると、AIが、健康状態に合わせた料理をデリバリーしている。就寝前には寝室が快適な温度に設定されている。心拍数に合わせて照明が段階的に落ち、健やかな眠りに落ちる。

　ここで紹介された一日はすでに確立されているIoTの技術か、そう遠くないうちに実現可能となる技術によって想定した未来である。そして、ここで想定された未来は、日本の「戦略分野[5)]」として挙げられている「移動する」、「生み出す、手に入れる」、「健康を維持する、生涯活躍する」、「暮らす」によって確実に実現に向かっている未来でもある。まだまだ過渡期にあるIoTの技術であるが、われわれの生活をより、便利にしてくれるという期待は大きい。あらゆることが自動化され、自由な時間を多く創出されることになるだろう。しかし、同時に自動運転車の普及によってタクシーの運転手とのふれあいや、バス運転手の情緒あるアナウンスも消えていく可能性がある。また、スマートホン普及により、モノとモノのつながりに人間が飲み込まれていく現象もすでに発生しているように思われる。これらはモノとモノのつながりが強くなるにつれて、ヒトとヒトのつながりが弱まりつつあることを示唆しているのかもしれない。

　一方、IoTが示す顕示的なデータだけで本当に正しい分析結果が導き出せるのかという課題も検討する必要がある。さまざまなバイアスが含まれるが、人間の気持ちのこもった、表明されたデータから導き出される結果との相違を検討したうえで、いかにAIに理解させ、統合した分析に生かすことができるのかを議論する必要がある。

　これら課題を解決した時、本当に人にとって豊かな生活であるといえ

る社会が実現されるのではないだろうか。

注

1) 人工衛星を用いた衛星測位システムの総称。一般的には GPS（Global Positioning System）が知られているが、こちらはアメリカの保有する衛星測位システムを指す。
2) 販売時点情報管理。販売時点での商品売り上げ情報をつかみ、売上予測や在庫管理、販売促進等に利用する。
3) トヨタ自動車はモビリティサービスプラットフォームである「e-Palette Concept」を発表しており、移動中にサービスを提供し、より有意義な移動時間へ変化させることなどを構想している。
4) 複合現実。物理的な世界とデジタル世界の人や場所、物を統合する技術で Microsoft 社のホロレンズによって実現可能性が示されている（https://www.microsoft.com/ja-jp/hololens/why-hololens）。
5) 経済産業省（2017）によれば第 4 次産業革命の重点項目としてこれら 4 つが挙げられている。

参考文献

株式会社 NTT データ（2015）『絵で見てわかる IoT/ センサの仕組みと活用』翔泳社
経済産業省（2017）「新産業構造ビジョン」
坂村健（2016）『IoT とは何か―技術革新から社会革新へ』KADOKAWA
総務省（2014）『平成 25 年版 情報通信白書』
森川博之（2016）「デジタルの威力：IoT が産業・社会・事業を変える」『国際交通安全学会誌』42(2)、88-94 頁
安岡寛道・曽根原登・宍戸常寿（2012）「ビッグデータ時代のライフログ」東洋経済新聞社
山本晶（2014）「インターネット上の行動履歴データとインフルエンサー」『マーケティングジャーナル』34(2)、34-46 頁

第8章

AIと
マーケティング

Ⅰ．企業にとってのマーケティングとは？

まず、マーケティングに関する各論者の定義を示す。

- フィリップ・コトラー「マーケティングとは、個人や集団が製品及び価値の創造と交換を通じて、そのニーズやウォンツを満たす社会的・管理的プロセス」
- 日本マーケティング協会「マーケティングとは、企業および他の組織がグローバルな視野に立ち、顧客との相互理解を得ながら、公正な競争を通じて行う市場創造のための総合的活動」
- アメリカマーケティング協会「マーケティングとは、組織と利害関係者にとって有益となるように、顧客にたいして価値を創造・伝達・提供し、顧客との関係性を管理したりするために行われる組織的な活動とその一連の過程」
- ピーター・ドラッガー「マーケティングの究極の目標は、セリング（売り込み）を不要にすること」
- セオドア・レビット「マーケティングとは、顧客の創造」
- E・J・マッカーシー「標的市場を選定することであり、その標的市場に対し、最も適切なマーケティング・ミックスを実行することである」

業績を向上させるためにマーケティング活動に力を入れよう！　とい

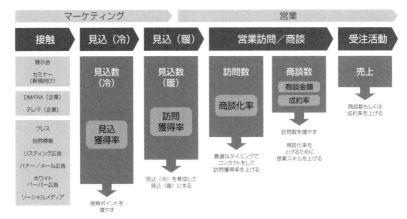

図8-1　マーケティングと営業のプロセス
（出所）筆者作成

う言葉はよく聞くが、マーケティング自体にもさまざまな定義がある。
上記を読むと、顧客を中心とし、企業業績向上に寄与するものであると
いえる。

　企業業績向上に寄与する要因は多くあるが、一番シンプルなのは売り
上げの向上ではないだろうか？　では、売り上げの構成要素は何か？　売
り上げは購買者数×購買単価からなる。マーケティング活動とは、顧客
を中心に考え、購買者数を増加させる活動、または、購買単価を上昇さ
せる活動、もしくは、その両方だということを本論では定義する。

　それでは、企業はどのようなマーケティング活動を行っているのだろ
うか？　購買プロセスが複雑なBtoBを例にとってみる。企業は、図8-1
にもあるように、①顧客に接触し、知ってもらい、②知っている人のロ
イヤリティを高めるための活動を行い、③ロイヤリティの高まった企業
に訪問し、④商談を成約させ、⑤より多くの回数より多くの商品を買っ
てもらう、という活動を行っている。これら一連の流れがマーケティン
グともいえる。マーケティングの始まりとして、企業はさまざまな手段
を通じて顧客と接触していることがわかる。展示会やセミナー、DM、
テレマーケティング、検索エンジン対策や広報活動、ソーシャルメディ

アの活用、近年では BtoB の領域でテレビ CM などもよく見かけるようになった。

　これらの活動から見込み顧客を獲得し、見込み顧客リストに対してナーチャリング（見込み顧客のロイヤリティ向上活動）を行い商談できる顧客に高めていく。上記の①～⑤の流れの中で、②はリードナーチャリングといわれるが、あまり馴染みのない言葉だと思われる。中でも②は必要なのか？ そもそもどうするのか？ また、③の見込み顧客のロイヤリティの状況などはどうやって測定し、どのように判断するのか？ 特に、営業経験の長い方であれば「見込み顧客と接触した際にアポをとってしまえばいいではないか！」と思われることもあるだろう。余談にはなるが、筆者が営業を始めた今から 20 年ほど前、その当時、顧客との接触は電話帳などのリストをもとにしたテレコールが営業の大きな役割を占めていた（もちろん今もテレコールは顧客との大きな接点であるが）。テレコールするとそのまま商談のアポが簡単に取れていた。当時 100 コールを行うとだいたい 1 ～ 3 件ぐらいはアポが取れていた時代である。

　しかし、今では 100 件かけても 1 件も取れないことはざらである。何がそれほどまで違いを生んだかというと、言わずもがな、インターネットである。1996 年に Yahoo! JAPAN が、2001 年に Google JAPAN LLC が設立され、人々は「検索」ができるようになった。企業の購買担当者は、今まで電話越しに聞いていた「よさそう」な商品やサービスの情報ではなく、実際、自分が検索して「よい」と思う商品やサービスの情報を得ることができるようになった。検索エンジンができる前とその後では購買担当者が得られる情報は数百倍以上になったといわれ、便利になった反面、情報洪水の中で時間に追われるようになった。その中で、どこの誰かもよくわからない、「よさそう」な情報よりも、事実に基づいた「よい」情報を重要視するのは当然である。

　図 8-2 にもあるように、購買担当者の多くは企業の Web サイトを検索し購買の判断を行っている。この傾向は、人口が減少し、市場が縮小するこれからの時代ではより顕著になってくる。だからこそ、見込み顧客のロイヤリティが判別できないリストへのテレコールはどんどん非効

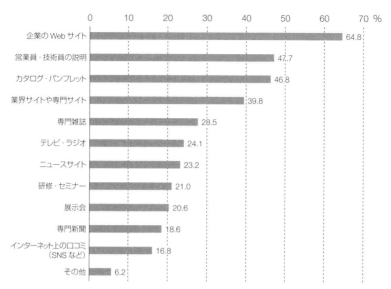

図8-2　仕事上の製品・サービスの情報源（2017 年、複数回答）

（出所）トライベック・ブランド戦略研究所（2018）(http://brand.tribeck.jp/research_service/
websitevalue/bb/bb2018)[1]

率になっていくと考えられる。

　企業にとってのマーケティング活動に話を戻すと、見込み顧客のロイヤリティを高め、アポイントが取れる所を創り、商談相手の興味関心をあらかじめわかった上で商談を行い、成約率を高め、成約する。今度は、見込み顧客へのアプローチと同じように、新しく顧客になった会社の興味関心をあらかじめ理解した上で、必要とされている別の商材の提案やリピートして使い続けてもらうための活動を行う。その結果として顧客一社一社の購買単価を向上させ続ける。その仕組を作ることが、いま企業にとって必要とされるマーケティング活動といえる。

II．マーケティング活動における AI（人工知能）とは？

　新聞やテレビなどのメディアからも「AI（人工知能）」という言葉を聞かない日はないほど浸透してきた。例えば、以下のような言葉は巷で

もよく聞かれる。「AIが仕事を奪う」「AIは市場減少と高齢化による働き手不足への唯一の解決策」「AIが人を不要にし、映画のような世界がやってくる」などなど。AIという用語が、人によってとらえ方が異なるという点や必要なのだろうけどどうしていいのかわからない曖昧なものという点は、「マーケティング」との共通点であり、どうしていいのかわからないという点では技術的要素が高く新しいものであるぶん（AIという言葉は、1956年のダートマス会議において計算機科学者のジョン・マッカーシーが初めて命名したこともあり19世紀後半から20世紀初頭に生まれたマーケティングの誕生よりも新しいということもある）、「AI（人工知能）」の方が遠い存在とされているのではないだろうか？[2)]

　しかし、私たちの日常生活にはAIが多く使われている。例えば、インターネットの検索エンジンや音声入力機能などマーケティングの分野でも欠かすことはできない存在になっている。つまり、AIとは、実際利用する際には「AIを使っている」と実感することはないほど身近だけれども、「AIを使って業績を向上する」など運用する側になると途端に存在自体が遠のいてしまうようにみえるのが現状である。

　マーケティングと同じように決まった定義のないAIを整理してみると、やはり研究者の間でも定義することが困難にみえる（表8-1）。そもそも、「知性」や「知能」自体に定義がないので、人工的な知能を定義することは不可能ともみえる。例えば、AIを「人間のように考えるコンピュータ」ととらえるのであれば、そのようなAIは未だ実現していない。

　しかし、企業におけるマーケティング活動のICT化は急速に発展している。セールスの領域ではCRM/SFAなどにより、訪問だけでなく、メールの送受信や電話の履歴などの「活動」という単位で可視化し再現性の高い成果のでる組織を作り出すことができるようになった。また、MA（マーケティングオートメーション）により、企業は、今までブラックボックスであった（見込み）顧客の購買意欲を、Webサイトへの訪問履歴や頻度、滞在時間などを測定しスコアリングすることまでできるようになった。それは、膨大なセールスの活動履歴や（見込み）顧客リス

表8-1　国内の主な研究者によるAIの定義

研究者	所属	定義
中島秀之	公立はこだて未来大学	人工的につくられた、知能を持つ実態。あるいはそれをつくろうとすることによって知能自体を研究する分野である
武田英明	国立情報学研究所	
西田豊明	京都大学	「知能を持つメカ」ないしは「心を持つメカ」である
溝口理一郎	北陸先端科学技術大学院	人工的につくった知的な振る舞いをするためのもの（システム）である
長尾真	京都大学	人間の頭脳活動を極限までシミュレートするシステムである
堀浩一	東京大学	人工的に作る新しい知能の世界である
浅田稔	大阪大学	知能の定義が明確でないので、人工知能を明確に定義できない
松原仁	公立はこだて未来大学	究極には人間と区別が付かない人工的な知能のこと
池上高志	東京大学	自然にわれわれがペットや人に接触するような、情動と冗談に満ちた相互作用を、物理法則に関係なく、あるいは逆らって、人工的につくり出せるシステム
山口高平	慶應義塾大学	人の知的な振る舞いを模倣・支援・超越するための構成的システム
栗原聡	電気通信大学	人工的につくられる知能であるが、その知能のレベルは人を超えているものを想像している
山川宏	ドワンゴ人工知能研究所	計算機知能のうちで、人間が直接・間接に設計する場合は人工知能と呼んで良いのではないかと思う
松尾豊	東京大学	人工的につくられた人間のような知能、ないしはそれをつくる技術。人間のように知的であるとは、「気づくことのできる」コンピュータ、つまり、データの中から特徴量を生成し現象をモデル化することのできるコンピュータという意味である

（注）松尾豊（2015）『人工知能は人間を超えるか―ディープラーニングの先にあるもの』KADODAWA、45頁より作成
（出所）総務省（2016）『平成28年版 情報通信白書』（http://www.soumu.go.jp/johotsusintokei/whitepaper/ja/h28/pdf/n4200000.pdf）[2]

トの訪問データなどを蓄積、分析し、自社への最適化を行うことでマーケティング活動を優位に進めていくことができるようになったことを意味する。具体的に、マーケティング活動におけるプロセスでいうと、見込み顧客がどの程度の確率で商談するか？　というのが数値化される。つまり、今まで営業が名刺リストを見ながら、また、顧客を訪問して顔色をうかがいながら、この顧客は訪問できそうだ、購入してくれそうだと判断していたことが、ICTを使うことによって、数値化し判断できるのである。また、商談一つひとつがどのくらいの精度で成約するかというのも可視化される。

　以前の営業活動からすると夢のような世界ではないだろうか？　マーケティング活動におけるデータを大量に集めることができるようになった、それは、人ができない大量なデータ処理をもとに、人がするような判断を行わせ業績を向上させることを意味するのである。

つまり「AIを使って業績を向上する」ということがマーケティング活動の中でもできるようになったということである。それら一連の活動がAIマーケティングと考えられる。

Ⅲ. 事例研究〈AIマーケティングは営業組織の業績向上にいかに寄与するか？〉

1. 導入前夜

事例企業は、株式会社マーケティングデザイン、従業員数6人、広告代理業である。

同社は、地域密着型プロモーションを事業領域にした広告代理店で、主要取り扱い媒体としては折り込みチラシをメインに営業活動を行なっていた。しかし、インターネット通販の登場により、値段以外の差別化要素の育成が不可避であると判断、事業領域を媒体の提供によるプロモーションではなく、今まで培ってきた集客ノウハウをもとにした成果のでるプロモーション活動にシフトし付加価値の向上を目指した。ノウハウを集約する過程においてSFA/CRMを2006年に導入。営業の現場の入口から出口までを一貫してマネジメント。見込み顧客の獲得から生涯顧客価値の最大化のための価値連鎖の向上に取り組む。

しかし、情報共有などをもとにしたノウハウを集約するマネジメントでは、ツールの導入により環境は整うものの、情報の入力などの時間的コストの増大により業績の向上にはつながらないと痛感し、2012年にマーケティングオートメーションの導入を決断した（図8-3）。

2. 導入後

マーケティングオートメーションの導入により、見込み顧客や既存顧客がWebサイトのどのページに何分・何回訪れているのかの把握が可能となった。かつ、それらの活動をもとにその顧客にあったコンテンツを自動で提供。つまり、顧客のニーズやウォンツにあった情報を（マーケティングオートメーション）ツールが判断し提供を行うように変化し

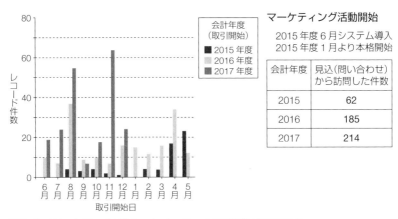

図8-3　マーケティングオートメーションで営業が不要に？
（出所）筆者作成

た。もともと、見込み顧客をつくってアポにつながるまで温めていたのは営業なのだが、マーケティングオートメーションにそれを託すと新規アポの数が3倍強に増加。さらに、2017年からセールスフォース社のAIを導入したところ、さらに2倍のアポイント（商談創出）につながった。どのようなAIかというと、マーケティングオートメーションに入っている顧客データと商談化された商談のデータの関係性をAIが分析し、99点まで点数化。その点数が高い順に電話をするようにしたところ2倍のアポイントにつながったという（図8-4）。

　さらに驚いたのは、スコアなしで10年働いているスタッフに比べ、スコアの判断ありの新入社員が電話をかけた際に、倍以上のアポを新入社員が取ったというところであった。それほどまでに、ベテランの知識よりも、AIが判断する数値が正しかったということになろう。

　しかし、新規のアポイントがコンスタントに入るようになると、それはそれで問題が出てきた。今まで数が少なかったため、アポイント一件一件、内容を精査し訪問していたが、6倍以上の新規顧客が入ってくることにより、失注率も向上しているという報告が散見された。ここでもノウハウ蓄積に向き合う姿勢が逆効果につながる。もともと、活動ではなく日報で商談自体をマネジメントしていたので、失注に対するボトル

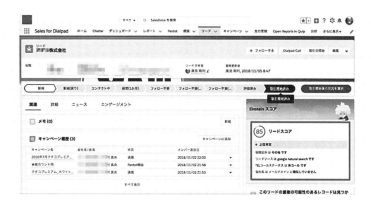

図8-4　見込み顧客リストから商談可能性をスコアリング化
(出所) マーケティングデザイン資料

ネックがわかりにくく、わからないからさらに日報を詳細に書くように
指示するという悪循環が起こった。

　現場は情報を書くために多くの時間を費やし、上司は答えのないフィ
ードバックに悶々とする状態が続いた。そこで日報をやめ、活動の履歴
だけに変更した。日報をやめることに抵抗があるマネージャーもいた
が、結局商談において重要なのは、その商談を成約させるために、いつ
までに誰に何をするか？　ということだと気づく。さらに、日報をなく
す後押しをしてくれたのは、SFAとスマホの連動である。電話の発信
や着信を自動で商談にひも付かせ、その内容を録音すればそのデータが
自動でアップされる仕組みを構築した。例えば、新入社員が取るアポイ
ントはアポイント内容が録音され、訪問する担当者がそれを聞いて準備
をするなど。そこには日報ではできない、リアルな情報が蓄積され、し
かも効率化されて、自動で共有可能になっている（図8-5）。

　さらに、2018年からは、見込み顧客へのアポイントの可能性をAIに
よって診断させるだけでなく、商談成約可能性についてのスコアリング
もAIを使って判断している。それは、先にあった電話やメールなど
の、日々の活動のデータをもとに、その商談がどのくらいのスコアで成
立するか？　について表示するものである。例えば、電話の回数が少な

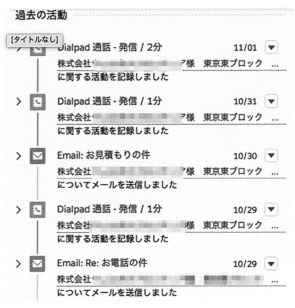

図8-5　活動データの自動取得
（出所）マーケティングデザイン資料

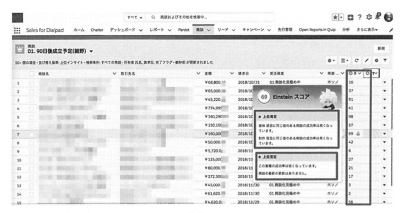

図8-6　将来に向けてのスコアリング化
（出所）マーケティングデザイン資料

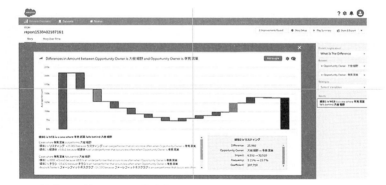

図8-7　担当入れ替えによる業績向上予測
（出所）マーケティングデザイン資料

いから、メールをしていないから、この商談は成立しない可能性があると、スコアリング表示する。営業の特性、読みが甘い、厳しい、などについても判断するように、AIが日々学習を行なっている（図8-6）。

3．今後の課題

　顧客や社員との「つながり」不足を実感した。例えば、問い合わせ窓口に導入したチャットボットのデータはマーケティングオートメーションのデータに連動していない。また、顧客からのクレームや社員の知識レベルの違いなどの情報もデータ化されていない。これからは全方位、顧客や社員と向かい合う環境をつくれたところが生き残る（図8-7）。

Ⅳ．おわりに

　AIを活用しようとしている企業は9割以上だが、実にその6割以上はデータ不備で動いていない。今後人口が減り、採用もさらに厳しくなる。私どものような中小企業ではなおさら。そうした時代で勝ち残っていくためにも、今からしっかりAIに取り組みつつ、チャンスを迎えた時には確実に成功を摑むための準備をしていきたい。

注

1) トライベック・ブランド戦略研究所（2018）「BtoB サイト調査」(http://brand.tribeck.jp/research_service/websitevalue/bb/bb2018/)。

2) 総務省（2016）『平成 28 年版 情報通信白書』234 頁、表 4-2-1-4 より (http://www.soumu.go.jp/johotsusintokei/whitepaper/ja/h28/pdf/n4200000.pdf)。

第9章

AIと
教育ビジネス

I．はじめに

　筆者はメディアオーパスプラス社（以下 MOP と略）でさまざまな学習塾、出版社、大学、一般企業の e ラーニングを支援する立場にある。

　そもそも MOP は関西の進学塾である浜学園の映像制作配信事業部を前身としている。浜学園は中学受験指導を中心とする企業であり、1959年の創設以来、難関国私立中学校に多くの合格者を輩出する学習塾である。

　筆者は大学院修了後、2007 年に浜学園へ総合職として入社し、国語科講師経験の後、2010 年から 2017 年まで映像制作配信事業統括責任者として浜学園の e ラーニングを指揮する立場にあった。その後、2017年に浜学園映像制作配信事業部は MOP として分社独立。筆者は浜学園退社の後、現在の立場に至っている。

　MOP は、浜学園の代表取締役である竹森勝俊と筆者が、学びを科学し、前進させるという志のもとに設立した ICT 企業である。現在では、浜学園映像制作配信事業部出身者だけでなく、自社採用のメンバーも数多く加わり、多様な企業の学びを支えている。本章は前述のような出自である筆者の知見をもとにして論じていることをお断りしておく。

II．テストと偏差値

　教育ビジネスのこれまでの歴史において、ICT が果たしてきた役割

は大きい。まず、テストでの活用である。テストは現在の教育ビジネスでは AI 時代を見据えた重要なメディアである。

テストというメディアを語る上で、1957 年に学校現場で考案された[1]学力偏差値をはずすことはできない。学力偏差値とは本来、経験と勘の指導から、子どもたちに客観的数値に基づく 1 点の重みや母集団の中での立ち位置の指導を実現するための指標である。偏差値を中心とした、平均点、小問別正答率等を算出するデータ処理のための ICT は、教育ビジネスに率先して取り入れられ、洗練されてきた。

特に大規模な母集団を抱える事業者が、児童・生徒の指導の材料としてテストを活用してきた。例えば、1972 年に河合塾が開始[2]した『全統模試』は、2020 年度実績で年間のべ約 263 万名が参加[3]する業界最大規模のテストである。

テストを大規模に実施する事業者では、テスト結果のデータ管理、分析のための ICT を積極的に導入している。今後の AI の活用においても、土壌となる取り組みといえよう。

Ⅲ. 採点のデジタル化

テスト結果の管理と分析の次にテストで活用された ICT として、デジタル採点に注目したい。いわゆるマークシート方式のテストだけでなく、答案用紙に答案を手書きで記入するこれまでのテストでも、現在多くの事業者がデジタル採点を採用している。デジタル採点とは、紙の答案をスキャンし、スキャンしたデータをもとに採点をデジタル処理で進めるシステムである。

デジタル採点の導入は、採点の運用も変化させている。これまで、各拠点に答案用紙や採点員を集めて採点する運用が一般的であったが、厳格にセキュリティー設定された端末とクラウド上の採点システムを利用することで、クラウド上の答案を自宅で採点員が採点するモデルも普及が進んでいる。デジタル採点の普及を後押ししたのは、コスト削減と採点スピードの向上であった。

Ⅳ．デジタル採点における AI

　デジタル採点では既に AI が活躍している。AI を活用した採点を並行運用することで、採点ミスを防ぎ、採点効率も高めている。採点ミスは、事業者の信頼に直結する問題になるだけでなく、その後の採点データ、分析に直結する問題となるため、各事業者は採点ミスをなくす取り組みに力を入れている。

　今後は採点ミスを減らし、採点効率を高める取り組みとして、さらなる AI の活用が進むであろう。例えば、採点員一人ひとりの特性を分析し、リアルタイムで採点を監視して採点ミスを防ぐアプローチと、リアルタイムで答案データを判断しながら、どのような誤答が多いのかという答案データも踏まえるアプローチである。

　もちろん、設問によってはほぼ AI のみで採点が完了する仕組みも構築可能である。ただし、高度に考えさせる問題や、プロセスをみる問題、自由記述に近い問題になればなるほど、採点基準が高度化する。高度化した採点基準への対応は、AI のさらなる進化に期待したい。

Ⅴ．添削と AI

　添削指導の歴史は古い。文章や詩歌の添削を踏まえれば、文や書物の歴史にも遡る指導方法である。教育ビジネスとしては、通信教育が添削指導を量的に拡大してきた歴史をもつ。1931 年に通信添削の実力増進会（現 Z 会）が業務を開始[4]。1969 年には福武書店（現ベネッセ）も高校生向け通信教育講座を開講[5]。現在の通信教育会社は添削指導を活用し、一大市場を形成してきた。

　添削指導は本来個別指導である。これを量的に対応させたことが、通信教育業界の競争優位性であった。具体的には、そもそもの答案流通の仕組み化、採点員の確保と育成、採点基準、添削基準といった添削業務自体の標準化が挙げられる。

　添削指導のデジタル採点化は、標準化された添削パターンのデータベ

ースを構築し、個別の答案にコメントやイラストを出し分けるアプローチから始まった。この添削は、AIによりさらなる発展が見込まれる領域である。個人特性、返却状況、答案内容から、より子どもたちに寄り添い、保護者へは個別のシートを提供するといった進化が容易になる。

さらに、通信教育が主とする添削指導は、デジタル採点とAIの活用により異なる教育ビジネスでの利用拡大が見込める領域である。筆者は、多様なテストへのデジタル採点と添削指導の反映は、学習塾業界も積極的に活用するべきと考えている。

VI. テストと採点データ

テストのデータ分析には、3段階ある。最初の段階は、各教科のテストの点数と総合点の点数のみを分析する世界。次の段階は、各教科のテストの小問別正誤を分析する世界。ここまでは、デジタル採点の導入で容易に到達可能な世界である。最後の段階がAIを活用したテスト分析として、設問と小問別の答案内容自体を分析する世界である。

既にデジタル教材を提供する会社からは、モバイルアプリケーションやゲームの要素を取り入れた双方向なデジタル教材が多数提供されている。タブレットを全員に配布して指導が可能な学習塾や通信教育では、デジタル教材の利用が特に進んでいる。今後は目新しさだけではなく、デジタル教材自体の質と量が課題となるであろう。

ただし、受験指導を主とする事業者は、現時点で紙媒体を活用した入試がなされる以上、紙にこだわらざるを得ない側面もある。テストは学力を測るという側面だけではなく、入試と同様のテスト形式に徹底して慣れさせるという側面をもっているからである。紙で問題を読み、紙に回答するのが入試であるならば、その環境に徹底して慣れさせるのである。逆にいえば、入試がデジタル化すれば、受験指導の多くのテストが、デジタルで実施されるはずである。

さらに、テストにおける採点データの分析で求められるのは、設問データと組み合わせた分析である。設問データの教科、単元、難易度、出

題傾向等、正答のために必要な教科、単元を紐解き、紐づけていく分析が必要なのである。そのため、教科や受験にも精通した高度な知見を有するスタッフを配置する必要がある。今後はテストの制作自体にAIを活用するアプローチもさらに普及するであろう。

Ⅶ. 合否判定と採点データ

　学習塾では、一般的に2つのアプローチで合否を検討している。1つめのアプローチは、各教科、単元をどの程度理解できているのかということから、志望校の出題傾向に照らし合わせるアプローチである。高度な教科、単元への理解とテストの実施を前提としている。特に、過去の児童・生徒の成績データと合否結果をデータベース上に紐づけておくことも重要である。過去のデータを基にした分析こそが、これからの競争優位性となる。

　もう1つのアプローチは、精度の高い模擬試験の結果に基づくアプローチである。精度の高い模擬試験とは、対象となる学校がその模擬試験の問題を出題していてもおかしくないというレベルで、徹底的に模するものであり、テスト形式、出題傾向、難易度、配点、出題者の傾向までを考慮して設計されたテストである。高い精度での模擬試験は、前述のデータベースと組み合わせて利用するのが理想的である。ただし、どれだけ高い精度の模擬試験を制作しても、出題傾向が変わる、受験日程、条件が変わる、受験者層の大幅な変化、受験者の増減という変化を考慮せねばならない。

　AIの活用は、この2つのアプローチに加えることで、合否判定を高精度化できる。合否判定の高精度化は、学習推移の判定により的確な指導タイミングと指導を実現していく。合否判定は、判定することだけが目的ではない。ボーダーラインの受験者、本来であれば合格できない受験者を合格させる指導に使われてこそ意味があるのである。

Ⅷ. 著作権処理

　テストはもちろん、テキストも含めて事業者が注意しなければならないのは著作権である。現在の大手の事業者は著作権処理を慎重に進めているはずであるが、例えば、英語や国語の文章、音読、ヒアリング用の音声データといったわかりやすいものから、社会の寺社仏閣、事件事故の画像、肖像画や絵画、過去の新聞記事、理科の写真やイラスト、図表、など一つひとつを丁寧に処理していく必要がある。テキスト、テスト制作をさらに強みとできる事業者と、テキスト、テストのオリジナル制作が難しくなる事業者の二極化が進んでいる。

　特にテキスト、テストをデジタル化する場合や、授業自体を映像化したい場合には、別途の処理が必要となり、著作権を保護する取り組みも重要な要素となる。テストの解説授業や、テキストを利用した授業の映像化、テキスト、テスト自体のデジタル化は事業者の競争力に直結する取り組みであり、著作権処理が教育ビジネスの成否に直結する課題となっているのである。特に、ソーシャルネットワークを活用した指導や、書籍情報を活用する指導、遠隔での指導では注意を払うべき問題となっている。

　今後、AIを活用したテキスト、テストの作問支援、自動作問が普及すると、さらに著作権が大きな問題となる。逆に、テキスト、テストの著作権処理が成されているかのチェックの領域において、権利者側のチェックが強化されてくる可能性も高い。教育ビジネスにとって著作権は、AIを活用する時代だからこそ、今後も重要なテーマであり続けるのだ。

Ⅸ. テキスト

　テキストの質は、指導の優劣を決する柱である。現在多くの教育ビジネスでは、出版社または教材会社がテキストを制作する流れと、学習塾が独自にテキストを制作する流れの2パターンが主流である。共通する

のは、出版社、教材会社でも、学習塾の場合でも、優れたテキストを制作できる者には教科に対する深い知識に基づく教材制作能力が求められることにある。

　テキストの構造的な違いは、教育ビジネスの中でも業界により異なるので説明をしておきたい。

　通信教育は、一般的に毎月教材を自宅に届けている。そのため、毎月どの程度の学力を定着させたいかという観点から編集されるが、受け手のモチベーションと学力のふれ幅が大きいため、特別なコースを除き、ボリュームゾーンを公教育プラスアルファの学力中間層に設定する傾向がある。また、継続を容易ならしめるべく、わからない問題をたくさん受講生に残すような設計にはしない。得意とするのは、月に一度のテキストを継続して取り組ませる概論の説明や、解説、著作権処理されたリッチな表現、月一度の郵送で済むレベルのテキスト量である。ボリュームが限られたテキストであることから、よく作り込まれたものが多く、キャラクター活用、プレゼントやポイントといった動機づけも上手い。これに比較的点数をとりやすい確認主体の添削指導付きテストが付随する。添削指導付きテストでは、返却率は特に注目すべきである。

　教育ビジネスで最初にテキストのデジタル化を進めるメリットが大きいのは通信教育である。逆にいうと、ICT事業者が参入しやすいビジネスモデルともいえる。

　出版社、教材会社の場合は、一般的な通信教育に比べて読者層をさらにターゲティングすることが可能である。基礎に絞ったもの、単元に絞ったもの、難易度の高い問題に絞ったものといった差別化もしやすく、部数が見込める範囲で多様なニーズに応えようという編集者の姿がみえてくる。

　学習塾のテキストは、オリジナルと謳っていても出版社、教材会社のものを表紙の変更や内容のカスタマイズでもって利用しているケースも多い。しかし、良質な受験指導を行う上でオリジナルテキストを制作するのが本来は理想である。理由は、各学年の年間指導計画が学習塾において重要だからである。年間指導計画は、各学習塾がターゲットとする

学校群の入試傾向を基に、各塾オリジナルで設計し、オリジナルテキストと連動させることで成果をあげている。この年間指導計画とオリジナルテキストこそが、合格実績に多大なる影響を与え、学習塾の優劣を決定しているともいえる。

　さらに、学習塾のオリジナルテキストは授業実施が前提である。授業があってのテキストであるため、概論部分と、設問設計は通信教育や出版社、教材会社とは決定的に異なり、家庭学習で提供する設問の質と量も求められる。特に、家庭学習でどのような取り組みをさせるのかの設計が重要なのである。また、ターゲット層の細分化を習熟度別クラス編成で実現している学習塾も多い。これらの理由から、習熟度に対応したオリジナルテキストを軸に習熟度別確認テストも用意するのが理想である。

　だからこそ、著作権処理が自社で難しい学習塾も含めて、今後は出版社、教材会社はもちろん、ICT 事業者と学習塾の協業、買収もさらに進むと思われる。上位校ターゲットの学習塾は、オリジナル教材の品質が合格実績に影響を与える重要なポイントになっていくため、研究開発にはさらに力を入れるべきである。その前提となる、優れた教材制作者の育成と維持にも今以上に配慮が求められよう。本領域での優劣は、AI を活用する時代だからこそ決定的な差となり得るのである。

　ただし、何でもデジタル化を進めることが正しいわけではない。子どもたちの理解形成において、最適なメディアを活用していくという、指導者の意識が大切である。

X．教材データベースとデジタル教材

　テキスト、テストの制作は、ICT を利用した改革が急速に普及しつつある領域である。特に注目すべきはデータベースである。テキスト、テストに掲載される問題は、データベースとして一元管理することで、制作工程とデジタル化を大幅に強化できる。このデータベースを業界では、教材データベースと呼んでいる。教材データベースをもとに、テキ

スト、テストを制作するのだ。データベースは一般的に紙媒体の自動組版と、オンライン化の両方に対応するように設計しなくては意味がない。

　さらに、データベース構築においては、テキスト、テスト自体の制作が可能な知見が前提となる。教科、単元、難易度、理解に必要な知見である。テキスト、テストを制作できる事業者は、教材に関わる知見を知的財産として堅持しなければならない。このデータベースの優劣が、次世代の AI の勝敗を決するからである。

　データベースが構築されると、次に答案生データや、正答率データの紐づけの段階となる。テストで利用した設問は、テストの答案パターンや正答率データを組み込むことでデータベースがさらに教材制作に活かせるものとなるのだ。もちろん、デジタル化して取り組ませたデータも同様である。

　教材データベースに答案データや正答率データを追加することで、テキストやテストの制作をデータに則って進めることができるだけでなく、教材制作の難易度を下げることが可能となる。著作権処理の管理もより効率化できる。映像や、リッチなデジタルコンテンツを結びつけ、オンライン教材を展開していくことで AI が活きるのだ。

　デジタル教材ではコンテンツの質と量が勝敗を決する。テキスト制作で述べた知見そのものがデジタル教材でも求められるのである。教材データベースを基に、AI を活用してデジタル教材を構築すれば、受講生の理解段階ベースで個々人にあわせた問題提示が可能なだけでなく、受講生のより効率的指導の設計につなげることができる。しかし重要なのは、個々人にあわせた提示よりも、受講生個々の、わからないところ、つまずきの解明と指導である。特に、AI を活用すると、その機会を減少させてしまう。機械に効率的に学習させる観点での設計ではなく、指導者としての設計が重要なのである。

XI. 授業の映像化

　学習塾の授業の映像化においては、大学受験指導がその先鞭をつけた。1988 年河合塾が『河合サテライト講座』を開講[6]している。特にナガセはその活用が上手かった。1991 年に同社は衛星授業『サテライブ』を開始し、1992 年には『サテライブ』を配信する『東進衛星予備校』を開設[7]。全国の学習塾・予備校へのフランチャイズ展開を進めている。

　インターネットが普及すると、授業の映像化はインターネット配信というかたちでさらに利用が拡大した。特に、自宅でいつでも受講できるという特性が、学習塾のカタチを変えた。例えば、浜学園は 2009 年から授業映像のインターネット配信体制を確立し、2010 年には通塾を再現する通信教育『浜学園 Web スクール』を開講、同年、学年を遡って単元別に学習できる『遡り学習』を実現し、2012 年には主要テキストの『全問解説講義』を提供している。インターネットを活用することで、学習塾は、通信教育への参入が容易になるとともに、通塾時だけの指導から、24 時間 365 日、子どもたちの学びを多様に支援するサービスが強化できるのである。

　また、個別指導や集団指導のカタチも変えている。授業映像、テキスト、テストを個別指導と集団指導で融合する取り組みとしては、成基学園および個別教育ゴールフリーの取り組みが秀逸である。個別指導のよさと、集団指導のよさを結びつけた新しい指導形態を『S-web Personal コース』として提供している[8]。

　授業映像は、異業界からの教育ビジネスへの参入や、学習塾領域への参入を加速している。リクルートの『スタディサプリ』[9]の成功は業界に激震を与えた事例[10]である。また、学研プラスの『学研プライムゼミ』[11]にみられるような出版社による授業映像を活用した新たなサービスは、今後学びのカタチをさらに多様化するであろう。

　授業映像での AI 活用は、授業映像配信における配信ログデータと、体系的な教材データベースの中で映像を分析するアプローチが主流となっている。授業映像の分析は、授業の質的向上を目指した内部利用だけ

でなく、データ群としての授業映像の活用を拡大する取り組みである。

　しかし、授業において、映像以上に本質的な改革が求められるのは指導の科学のほうである。授業と受講生のアンケートや学力推移を分析していくことで、よりよい指導を標準化し、高めていく研究は、今後 AI でさらに加速できる領域である。特に、教育設計とこれまでに培ってきたコーチングを融合させた研究は、授業の根本的な革新につながるであろう。AI も、指導自体の質的向上そのものに活用するべきなのである。

　指導の科学や映像が活用できるのは授業だけではない。音声データ、映像データは、AI がより活用されていく領域である。音声では、外国語での AI 活用が進んでおり、映像においては、実技を中心にこれまでの学びがさらに効率化されるであろう。

XII. 保護者とのコミュニケーション

　保護者とのコミュニケーションという側面では、通信教育では保護者向けの情報発信は強く意識されており、先進的であった。出版社からもさまざまな保護者向け書籍、雑誌が販売されている。また、学習塾においても、会員誌、教室窓口での対応だけでなく、イベントや説明会開催を積極的に行っている。

　しかし、学習塾のイベントや説明会は年々参加率が落ちているという声をよく聞く。最大の問題は家族のカタチの変化である。もはや子育て世代は共働き世帯が多数派となり[12)]、サービス業の拡大から土日が仕事という家庭も増えている。そのような状況下において、保護者へ特定の日時に学習塾に来るようにという構造は限界にきているのである。教育ビジネスの事業者は、保護者とのコミュニケーションを、共働き世帯やサービス業の保護者はもちろん、さらに多様な要望への対応を進めるべきである。

　そして、保護者とのコミュニケーションは、事業者としてさらに力を入れる必要がある。保護者、児童・生徒、事業者の信頼関係の構築が、指導の効果につながるだけでなく、入会や退会といった経営問題に直結

するからである。

　信頼関係は、事業者の健全なサービス提供に基づいた、正確な情報発信からはじまる。特に教育は、専門的な科学であり学問の世界でありながらも、誰もが評論家になり得る風潮がある。教育を、風習や習慣、経験の世界から、それらを統括した科学的根拠に基づく世界にしていくことが、教育ビジネスの質的向上だけでなく、業界の発展につながると筆者は確信している。今後の教育ビジネスは、24時間365日、学びを支援するだけでなく、子育てを支援するサービスになっていくであろう。そのような教育ビジネスの拡大は、指導効果という目先の観点だけでなく、親子の関係や家族の関係にもよい結果をもたらすものでなくてはならない。

　保護者は日々の子育てにおいても悩んでいる。そもそも、学力向上という観点では、学力を支える学習習慣と、学習習慣を支える生活習慣が重要である。この生活習慣をとりまく家庭環境、生活環境、学習環境、学習姿勢を紐づけた研究が今後さらに進むであろう。

XIII. さいごに

　教育ビジネスの根底には、常に保護者の願いがある。わが子によりよい教育環境を届けたい、夢を実現するための力をもってほしい、幸せになってほしい。子をもつ親の願いが込められているのである。教育改革、大学入試制度改革と子どもたちの環境は大きく変化していこうとしている。しかし、親の願いの根本にある愛情は時代を越えたものであろう。

　残念ながら、われわれは未来を正確に予測することはできない。だからこそ、保護者もまた、限られた情報を頼りに、正しいであろうと信じた教育を可能な限り子へ届けようと試行錯誤しているのである。そのような保護者と子どもたちに寄り添う教育ビジネスだからこそ、責任は重く、われわれの取り組みは重要なのである。

　これからわが国は、第4次産業革命、AIによる革新への対応ととも

に、国家的危機となり得る高齢社会と、急激な労働人口の減少に向き合わなければならない。さらに総中流と呼ばれた社会は崩れ、新たな階層社会の誕生にともなう問題をも生じつつある。未来は不確実性に満ちている。そのような時代を乗り切るためにこそ、表層的な議論ではなく、子どもたちを受け入れる社会と、社会の構成員であるわれわれ大人が、子どもたちにどのような未来を残したいのかという想いから、教育を考えてみるべきではないかと思う。

　AIの活用は教育を前進させることは間違いない。ツールとしてのAIは、先人の知見などを明確にし、検証の結果に基づく知見の量的な拡大を生むだろう。横断的なデータの分析は、新たな知見をも生みだすに違いない。しかし、前進の一歩一歩を子どもたちの未来にとってよりよいものにするのは、今の社会を構成するわれわれ大人の意思と行動なのだと思う。

注

1) 三上敦史（2012）「「学力コンクール」の時代（1946-70）―大学入試の模擬試験を実施した学生団体の歴史」『日本の教育史学』55巻、64頁。

2) 河合塾グループ沿革（https://www.kawaijuku.jp/jp/kawaijuku/history/　2020年7月28日閲覧）。

3) 河合塾全統模試案内（https://www.kawai-juku.ac.jp/zento/　2020年7月28日閲覧）。

4) Z会沿革（https://www.zkai.co.jp/home/corporate/profile/history/　2020年7月28日閲覧）。

5) ベネッセホールディングスグループ沿革（https://www.benesse-hd.co.jp/ja/about/history.html　2020年7月28日閲覧）。

6) 腰越滋（1999）「河合塾サテライト教育事業部」『メディア教育開発センター研究報告』11号、114頁。

7) ナガセ沿革（https://www.toshin.com/nagase/history/　2020年7月28日閲覧）。

8) 成基コミュニティーゴールフリー「S-web Personal コース」（https://www.goalfree.co.jp/about/course/elementary_all.html　2020年7月28日閲覧）。

9) リクルート採用 Project Story 04 スタディサプリ（https://recruit-saiyo.jp/projectstory/studysapuri/　2020年7月28日閲覧）。

10) ダイヤモンドオンライン「リクルート「スタディサプリ」に教師や社会人までもが殺到する理由」2017年11月22日付（https://diamond.jp/articles/-/148799）。

11) 学研プラス学研プライムゼミ（https://gpzemi.gakken.jp/prime　2020年7月28日閲覧）。

12) 朝日新聞「増えた共働き、でも収入は伸びず…データから見た家計の変化」2021年10月24日付（https://digital.asahi.com/articles/ASPBQ4JF5PBKUTFL006.html）。

第10章

AIと
クラウドファンディング

Ⅰ．フィンテック資金調達の代表格

1．金融分野における AI とフィンテック

金融分野では、AI（人工知能）を活用して利用者の信用力を自動で算出し、融資を行うスコア・レンディングが、進化を遂げている[1]。また「リスクアセスメント」「金融市場分析・調査」「投資・ポートフォリオ管理」等の分野での AI の活用事例が増加してきており[2]、AI の技術を用いた RPA（Robotic Process Automation）導入による業務改善への活用が進んでいる[3]。

金融を意味する「ファイナンス（Finance）」と技術を意味する「テクノロジー（Technology）」との造語であるフィンテック（FinTech）も AI と同じく、ポピュラーな言葉になりつつある。フィンテックの正式な定義づけはまだ行われていないが、2015 年 12 月 22 日、金融審議会の「決済業務等の高度化に関するワーキング・グループ」が公表した報告書の中で、フィンテックを「主に、IT を活用した革新的な金融サービス事業を指す。特に、近年は、海外を中心に、IT ベンチャー企業が、IT 技術を生かして、伝統的な銀行等が提供していない金融サービスを提供する動きが活発化している」[4]と説明している。

金融機関が独占していた 3 大機能「金融仲介機能」「信用創造」「決済機能」は、いわば金融機関の三種の神器である。金融機関は、その機能をフィンテックによって侵食され、独占的な地位を脅かされようとしている。ゴールドマン・サックスのレポートによると、「伝統的金融機関

への影響として4兆7000億ドルの収入がFinTechによって失われる可能性があると指摘されていて、さらに、アメリカの一般利用者の意識調査の結果をみると、銀行はまったく必要なくなるのではないかという人が33%程度いる」[5]という。

　2013年6月14日閣議決定された政府の「日本再興戦略」を受けて、金融審議会が資金調達の多様化および地域のリソース活用の方策として、クラウドファンディング等を通じた資金調達の枠組みについて検討を行った。新規・成長企業に対するリスクマネーの供給促進策として、クラウドファンディングに期待が寄せられている。クラウドファンディングは、群衆（crowd）と資金調達（funding）を組み合わせた造語であり、フィンテックによる資金調達の仕組みの代表格といえる[6]。

２．クラウドファンディングの特徴

　クラウドファンディングの定義や用語については、まだ確定されたものはない。

　2013年12月25日金融審議会の報告によると「クラウドファンディングは、新規・成長企業等と資金提供者をインターネット経由で結び付け、多数の資金提供者から少額ずつ資金を集める仕組み」としている[7]。特徴となるのが、第1に究極ともいえる直接金融のひとつの形であり、信用力が乏しく金融機関等から資金調達が困難な創業期の企業や個人にとり極めて有効な手段であること[8]。第2に、資金調達プロジェクトやその担い手に対する共感や価値観の共有がベースとなり、一種のコミュニティが形成されるという点である。クラウドファンディングは、通常のファイナンススキームとは異なる特徴を有している[9]。

３．クラウドファンディングの成り立ち

　一般大衆から資金を募る手法は新しいものではなく、古くから存在する手法であり著名な例として、1181年（治承4年）に焼失した東大寺の復興のため、重源が一般の人々から復興のための寄付を募る勧進[10]を行った例や17世紀初頭アメリカの書籍編集者John Taylorが印刷費用を

寄付で募り、寄付者の名前を書籍に掲載する権利を提供した例がある。

　また、19世紀には、ニューヨークの自由の女神像の台座分の資金調達のため、*New York World*紙社主のJoseph Pulitzerが資金集めのキャンペーンを行い、12万人以上から10万ドル以上を集めたという例がある[11]。

　The World Bank（2013）によると、「クラウドファンディングは、マイクロファイナンスやクラウドソーシングなどのコンセプトからインスピレーションを得ている」[12]としている。

4．わが国におけるクラウドファンディングの成り立ち

　わが国のクラウドファンディングの成り立ちは、2011年の東日本大震災を端緒として、震災復興支援のクラウドファンディングが多く立ち上がった。震災が発生して以降、寄付型クラウドファンディングには、被災地支援を目的としたプロジェクトが数多く立ち上げられ、多くの寄付が寄せられた[13]。

　また、事業再建を支援するための資金を「被災地応援ファンド」として組成し、東日本大震災で被災した事業者に資金提供を行い、支援を受けた事業者はその見返りとして、現物品（食品加工物等）を資金出資者に提供するというスキームで、クラウドファンディングが活用されている[14]。

5．わが国におけるクラウドファンディングプラットフォーム

　インターネットの普及により、2006年頃からクラウドファンディング専用のプラットフォームが誕生する[15]。このプラットフォームは、アイデアやプロダクト制作のプロジェクトを通じて資金調達を実現したいと思っている者（資金調達者）と、そのアイデアやプロダクト制作に共感や応援する目的で資金を提供する（資金提供者）をマッチングさせるサイトである。運営業者はプロジェクトの応募から支援金の支払・リワードのフォロー等を行っている。

　草分け的なプラットフォーム運営業者として、2006年Sellaband（オ

ランダ・ドイツ）、2008年Indiegogo（アメリカ）、2009年Kickstarter（アメリカ）などが有名である[16]。

　わが国では、2009年投資型プラットフォーム運営業者の「セキュリテ」、2010年寄付型プラットフォーム運営業者の「Just Giving Japan」（2015年に「ジャパンギビング〔JAPANGIVING〕」に変更）、その後購入型プラットフォーム運営業者が誕生した。

　2010年3月日本初の購入型プラットフォーム運営業者「READYFOR」、同年6月「CAMPFIRE」、同年7月「Motion Gallery」がサービスを始めた。2012年地域特化型の「FAAVO」、2013年には大手IT企業のサイバーエージェント・グループが運営する「Makuake」が営業を開始している。その後も多くのクラウドファンディングの運営業者が誕生している。

6．クラウドファンディングの市場

　国内のクラウドファンディングの市場推移は、資金調達額ベースでみると、2014年度221億円、2015年度379億円、2016年度745億円、

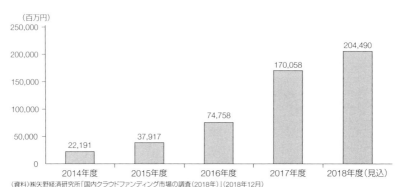

（資料）㈱矢野経済研究所「国内クラウドファンディング市場の調査（2018年）」（2018年12月）
（注）1.本調査におけるクラウドファンディングとは、資金を必要とするプロジェクト等がインターネットを介して不特定多数の人々から比較的
　　　少額な資金を調達する手段で、「購入型」、「寄付型」、「ファンド型」、「貸付型（ソーシャルレンディング）」、「株式型」を対象とし、年間の
　　　新規プロジェクト支援額を市場規模として算出している。
　　　2.2018年度は見込値である。
　　　3.「購入型」、「寄付型」、「ファンド型」、「貸付型（ソーシャルレンディング）」、「株式型」の数値を合算して算出している。

**図10-1　国内クラウドファンディングの新規プロジェクト支援額
　　　　　（市場規模）推移**
（出所）中小企業庁（2019）『中小企業白書（2019年版）』307頁の第3-1-27図より引用・改変

2018 年度 1700 億円に達している。2018 年度の見込みでは、約 2045 億円と予想されており、資金調達手段として、クラウドファンディングが認知されつつあることがうかがえる（図 10-1）。

7．クラウドファンディングの類型

　佐々木（2016）によれば、クラウドファンディングは金銭的見返りを求めない非金融型の寄付型、購入型と、金銭的見返りを求める金融型の貸付型、ファンド型、株式型の 5 つの類型に分類することができる[17]。

　寄付型とは、ウェブ上で寄付を募るものである。金銭的な「リワード」あるいは「リターン」（以下「リワード」という）は想定されていない。寄付型の代表として有名なものは、一般財団法人ジャパンギビングが運営するジャパンギビング（旧称：JustGiving Japan）である。このサイトでは、寄付を呼びかけるのは、サイトの運営業者や資金調達者ではなく、チャレンジャーといわれる呼びかけ人が、支援する団体を指定してサポーターと呼ばれる資金提供者に寄付を呼びかける仕組みとなっている。なお、iPS 細胞の研究でノーベル賞を受賞した山中伸弥教授もこのサイトで研究費の寄付を募集したことが報道されている[18]。

　購入型とは、ウェブ上でものづくりなどのプロジェクトに対して資金調達が行われ、そのプロジェクトの成果となるモノやサービスなどが対価として資金提供者に還元されるものである。このお返しを「リワード」と呼んでいる。購入型のクラウドファンディングの特徴であり、「リワード」がクラウドファンディングプロジェクトの成因を左右する仕組みのひとつとなっている。購入型が日本で最初に普及したクラウドファンディングである[19]。

　さらに金融型クラウドファンディングを 3 つの類型に分けることができる。

　第 1 は、貸付型である。運営業者が匿名組合を設立しインターネット上で出資を募り、審査のうえ貸付を行うスキームである。資金提供者は所定の利息と元本を受け取る[20]。この貸付型は、主に運転資金における「銀行融資」の代替手段として注目される[21]。

第2は、ファンド型である。運営業者を介して資金提供者は、資金調達者と匿名組合契約を締結して出資を行って、金融商品取引法上の有価証券となる集団投資スキーム持ち分を取得する[22]。出資（投資）期間は、相対的に長く、10年に及ぶものもあるが、2～5年の中期のものが多い。事業者の資金調達規模は、数百万～1億円程度、最低出資額は一口1万円程度のものから高額のものまで、多様である[23]。

　第3は、株式型である。資金調達者が非上場の株式を発行し、資金提供者はインターネットを経由して株式を取得し配当や株価の上昇等による対価を取得する[24]。日本では、2014年に金融商品取引法が改正され、2015年解禁された。取扱業者は、第1種金融商品取引業の登録、もしくは第1種小額電子募集取扱業者の登録が必要である[25]。

Ⅱ．クラウドファンディングの創業への活用

1．金融機関の創業融資等の取り組みとその限界

　わが国は、産業の新陳代謝を促進して日本経済を活性化するとともに、雇用を創出する観点から積極的に創業機運を醸成しようとしている[26]。特に地方における人口減少や事業者の高齢化・後継者不在といった環境にあって、地元と運命共同体ともいってよい地域金融機関は、積極的に起業を支援するとともに、低金利の続く経済情勢のなかで収益源である融資の増加を図る必要があった。しかし、優良な地元企業はある程度資金の取り入れが容易であり、そのような優良企業向けに低金利での貸出競争に陥れば、金融機関の体力減退につながりかねない。こうした経済環境のなかで、地域金融機関は、リスクは高いが、地元の発展に資する創業支援融資に積極的に取り組まざるを得ない状況下にあるといえる。

　財務基盤の脆弱な創業間もない企業にとって、金融機関からの融資は、早い段階で返済が始まるため、資金繰りの悪化を招きやすい。一方金融機関側にとっては、創業支援融資に力をいれているが、返済の延滞や倒産が多くなると、これまでの融資姿勢の転換を迫られる。このよう

に、いつの間にか堂々巡りの状態を引き起こしてしまう。景気に左右されるといえば答えは容易かもしれない。しかしそこに創業支援融資の限界が存在する。

2．クラウドファンディングの創業支援への活用におけるメリット

クラウドファンディングには次のようなメリットがある。

第1は、資金調達である。金融機関の融資であれば、融資の返済がすぐにやってくる。しかし、クラウドファンディング（貸付型を除く）であれば、リワード等の費用やクラウドファンディングの運営業者への手数料等の支出があるものの、返済を必要としない資金を手にいれることができる。資金提供者側からみれば、自分のお金を自分がよいと思った企業や個人事業者のプロジェクトに直接支援できる。

第2は、マーケティングである。クラウドファンディングは、資金調達者と資金提供者の間での価値観の共有や共感がベースとなっており[27)]、起業する前に顧客となってくれそうな人々のニーズを摑むことができる[28)]。資金提供者は起業後もコアな顧客となってくれる[29)]。このコアな顧客はSNSなどでいわゆるクチコミのPRや応援をしてくれる。そして生の顧客の声を資金調達者に届けてくれる。

第3は、クラウドファンディングを創業および創業初期で活用することは、小さく始めること「リーン・スタートアップ」に通じるメリットがある。「リーン・スタートアップ（Lean Startup）とはトヨタ自動車株式会社が開発した「リーン生産方式」をアントレプレナーシップに応用した概念である[30)]。特に購買型において、資金調達者が資金提供者向けの製品開発レポートをネットで送付してくることがある。このレポートに対する要望や質問は、「さまざまな仮説に基づいて複雑な計画をたてるのではなく、構築－計測－学習（Build-Measure-Learn）というフィードバックループをハンドルとして継続的に調整を行う」リーン・スタートアップ方式に合致している[31)]。検証による学び（Validated learning）により、例えば、プロジェクト動画をいれた広告、リワードの値決めやタイミング等SNS上での利用ノウハウをプロジェクトの準

備期間やその期間中に学ぶことができる。そしてピボットを図るきっかけともなる。

第4は、失敗しても何度でも挑戦できることである。創業時に金融機関から融資を受け資金繰り等に失敗し不幸にも個人信用情報登録機関の信用情報データベースに登録されると、しばらくどこの金融機関からも融資等信用供与を受けることが困難になる。しかし、資金調達が不成立となっても、不成立の記録は残るが、すぐにチャレンジは可能である。失敗を恐れずにトライすることが許される大きなメリットがある。

第5は、他の資金調達に道筋をつけることが可能であること。金融機関もプロジェクトが成功すれば実績として評価しやすく、融資を引き出す際に大きなポイントとなる可能性がある。クラウドファンディングは創業期や成長発展の前段階において情報の非対称性を解消するツールの役割を果たしている。

Ⅲ. 金融機関とクラウドファンディング運営業者との提携

金融機関とクラウドファンディング運営業者との提携では、クラウドファンディングの類型のうち、「購入型」が多い。

「購入型」のメリットは、受注生産と同様、在庫をもつ必要がなく、商品開発も進めやすいこと。また、コアな固定客を獲得できるのも利点である。そのため運営業者と提携する金融機関は比較的に多い[32]。

資金調達者にとってクラウドファンディングには、主に3つの導入効果がある。第1は資金調達、第2はプレマーケティングであり、第3はプロモーションである。一般に「中小零細企業は、自分たちの魅力・強みが認識しづらく、取引先との関係から薄利多売」に陥りやすい。クラウドファンディングには、「企業が自身の強みを把握し、客観的な市場価値を認識するきっかけになるツール（プレマーケティング機能）[33]」としての効果や「資金調達の成功に加えて、企業のブランド力が向上した」ことにより売り上げの増加（プロモーション機能）[34]につながるメリットがある。

一方、金融機関からすると提携には次のようなメリットがある。短期間でプロジェクトの成否がわかるため、「顧客へのコンサルティングの一つとして推進しやすく」、実行までのアプローチの中で金融機関が、「顧客の事業の本質を中長期的に捉えられる視点を養うことができる」[35]というメリットがある。

　今後、金融機関において、クラウドファンディングを融資と組み合わせたハイブリッド型の活用もひとつの選択肢となることが考えられる。

Ⅳ．クラウドファンディングの課題

　クラウドファンディングの課題は、第1に、詐欺や不正の温床となるリスクが懸念されることである。資金調達者やクラウドファンディング運営業者の誠実性をいかに担保するかが大きな課題となる[36]。クラウドファンディングでは、インターネット上で衆目の監視下にあり詐欺や不正をすることが不可能との楽観的な見方がある一方、山本（2014）によれば、「購入型クラウドファンディングにおいては、商取引であるという認識ゆえに、いわゆる『投資家保護』といわれる金融の法制度などはまだ整っていない」[37]との意見がある。

　第2に、資金調達可能な事業が限定されることである。特に購入型クラウドファンディングでは資金調達が可能な事業が限定される。なぜなら資金提供者は、アイデアの商品化や店舗展開など、資金提供者が完成された商品あるいはサービスをリワードとして得たいと感じられるものに資金を提供するからであり、途中工程の部品等半製品を購入する必要性がなく、かつ使うに使えない商品や製品に資金提供する可能性は低い。そのため資金調達が成功する事業は限られてくる。

　第3に、プロジェクトに偏りがあること。一部事業内容において、バラエティに富んだ資金調達が可能となっており、特に起業や新事業展開を目的としたプロジェクトの成功率が高くなっている。一方成功するプロジェクトに偏りが生じやすい[38]。クラウドファンディングは何でもできる全天候型の資金調達手段ではない。クラウドファンディングにおい

てもさまざまな類型があり、それぞれに適したプロジェクトを検討しつつ、金融機関や行政等による支援をよく知ることも重要である。

　第4に、資金調達コストが割高であること。ファンド型クラウドファンディングでは初期費用として出資額の5〜10%程度かかってしまう。コスト面を考えるとやはり金融機関の融資や補助金等はメリットがある。

　第5に、資金調達者の営業上のアイデアやノウハウ等が詐取される恐れがあること。クラウドファンディングにおけるスキームで、プロジェクトが失敗し、そのため「All or Nothing」[39]により資金調達が達成できないということがある。このときに中小企業者や個人のケースで、アイデアを盗まれたり、知財で特許登録をしていなかったりなど資金調達者側の保護がはかれないケースが考えられるが、現状情報保護のルールは見当たらない[40]。そのため、資金調達者は情報管理については慎重な対応が必要となってくる。

V. 結論──クラウドファンディングの創業への活用

　クラウドファンディングの創業段階での有効性については、これまで手薄であった事業化初期段階における資金調達の有効性を論じた野呂（2016）や、事業計画に至らない早い段階でも、起業家予備軍への資金提供の一端を担える可能性を指摘した川津（2018）がある。

　クラウドファンディングの創業への活用は、第1に資金調達において返済の必要がないこと。第2にマーケティングが可能であること。第3にリーンスタートアップが可能であること。第4に失敗しても再チャレンジが可能であること。第5に資金調達の道筋をつけることが可能であることなどにより有効と思われる。

VI. おわりに

　新型コロナウイルス感染症が流行した2020年に入り、感染症による

影響の大きかった飲食業者等の支援を目的としたクラウドファンディングが数多く活用されている。中小企業白書（2021）によれば、「こうした支援を通じて、中小企業においてもクラウドファンディングの存在や使い方が普及した可能性がある」と指摘している[41]。また、資金調達の活用以外にも新しい製品・サービスのテストマーケティングの手段として盛んに活用され始めている。今後ビッグデータと AI を活用した技術革新によって、クラウドファンディングのさらなる発展が期待される。

注

1) 「支店長室のウラオモテ」『週刊金融財政事情』2018 年 8 月 20 日号、44 頁。
2) 田中達雄（2018）「金融分野における AI 活用」『金融 IT フォーカス』2018 年 8 月号。
3) 「RPA（ロボットによる業務自動化）とは」（https://rpa-technologies.com/about/）（2018.12.23 アクセス）。
4) 金融審議会（2015）平成 27 年 12 月 22 日『決済業務等の高度化に関するワーキング・グループ報告〜決済高度化に向けた戦略的取組み〜』3 頁、脚注。
5) 神作裕之編（2018）『金融と IT の政策学』（一社）金融財政事情研究会、186 頁。
6) 神作、前掲（注 5）318 頁。
7) 金融庁総務企画局（2013）平成 25 年 6 月 26 日事務局説明資料、12 頁。
8) 杉崎幹雄・山口智弘（2015）「クラウドファンディングとその特性」『三菱 UFJ 信託資産運用情報』2015 年 9 月号、1 頁。
9) 松尾順介（2016）「クラウドファンディングの拡大と多様化」『証券レポート』1695 号、9 頁。
10) 勧進とは、元来は、仏道精神に励むことが功徳になるということを人に教えて仏道に入ることをすすめる意味であったが、後に堂塔を造ったり、寺社の修理のために必要な寄付を募ることをいうようになった（出典：『ブリタニカ国際大百科辞典 小項目辞典』）。
11) 山本純子（2014）『入門クラウドファンディング』日本実業出版、20 頁。
12) The World Bank（2013）"Crowdfuding's Potential for the Developing World," p.17.
13) 山本純子・佐々木周作（2016）『ぼくらがクラウドファンディングを使う理由』佐藤大吾監

14) 代表的なものとして、ミュージックセキュリティーズ社が組成した「セキュリテ被災地応援ファンド」がある。
15) 山本、前掲（注 11）29 頁。
16) 同上、30 頁。
17) 佐々木敦也（2016）『ザ・クラウドファンディング』（一社）金融財政事情研究会、16-21 頁。
18) 松尾順介（2014）「クラウドファンディングと地域再生」『証券経済研究』第 88 号、19 頁。
19) 井上徹（2017）「クラウドファンディングを巡る諸問題：展望」『横浜経営研究』第 38 巻第 2 号、38 頁。
20) 杉崎・山口、前掲（注 8）3 頁。
21) 佐々木、前掲（注 17）19 頁。
22) 杉崎・山口、前掲（注 8）3 頁。
23) 井上、前掲（注 19）42 頁。
24) 杉崎・山口、前掲（注 8）3 頁。
25) 井上、前掲（注 19）43 頁。
26) 中小企業白書（2018）34 頁。
27) 松尾、前掲（注 9）9 頁。
28) 右田隆宣（2016）『サバへの愛を語り 3685 万円を集めた話』日経 BP 社。
29) 大阪市立大学大学院梅田キャンパス公開シンポジウム（2018 年 11 月 20 日）における奈良英彦氏（奈良県産業・雇用振興部産業政策課課長補佐）講演。
30) 新藤晴臣（2015）『アントレプレナーの戦略論』中央経済社、153 頁。
31) リース E.（2012）『リーン・スタートアップ』日経 BP 社［Ries, E.（2011）"The Lean Startup," Fletcher and Company］33 頁。
32) 飯島カンナ・矢作大祐（2018）「地域金融機

関によるクラウドファンディングの活用が進む
期待が高まる「ローカルイノベーション」の実
現に向けた取組み」大和総研グループ2018年
7月4日（https://www.dir.co.jp/report/
research/capital-mkt/securities/2018
0704_020183.html）（2019.11.1 アクセス）。
33）帝国データバンク（2018）『企業の多様な資
金調達手法に関する実態調査調査報告書』71
頁。
34）同上、71頁。
35）同上、71頁。
36）佐々木敦也、前掲（注17）166-167頁参照。
37）山本、前掲（注11）169-170頁。
38）佐々木、前掲（注17）180-181頁。
39）資金調達者は、支援金の目標金額と募集期間を
設定し、募集期間内に目標金額が集まった場合
のみ支援金を受け取ることができる。逆に目標
金額に満たない場合は、支援金は全額資金提供
者に返金されるルールのこと。
40）有吉尚哉（2018）「FinTechに関する法規制と
論点」神作裕之ほか編『金融とITの政策学
東京大学で学ぶFinTech・社会・未来』（一
社）金融財政事情研究会、347頁。
41）中小企業白書（2021）II-75頁。

参考文献

有吉尚哉（2018）「FinTechに関する法規制と論
点」神作裕之ほか編『金融とITの政策学　東
京大学で学ぶFinTech・社会・未来』（一社）
金融財政事情研究会
飯島カンナ・矢作大祐（2018）「地域金融機関に
よるクラウドファンディングの活用が進む　期
待が高まる「ローカルイノベーション」の実現
に向けた取組み」大和総研グループ2018年
7月4日（https://www.dir.co.jp/report/
research/capital-mkt/securities/2018
0704_020183.html）（2019.11.1 アクセス）
井上徹（2017）「クラウドファンディングを巡る
諸問題：展望」『横浜経営研究』第38巻第2
号
内野逸勢・中島尚紀他（2018）『FinTechと金融の
未来2018』日経BP社
川津大樹（2016）「創業・新規事業への中小企業
金融の役割─中小企業金融の現状とクラウドフ
ァンディングの可能性に関する考察」中小企業

懸賞論文本賞作品
金融審議会（2015）平成27年12月22日「決済
業務等の高度化に関するワーキング・グループ
報告─決済高度化に向けた戦略的取組み〜」金
融庁総務企画局平成25年6月26日事務局説
明資料
佐々木敦也（2016）『ザ・クラウドファンディン
グ』（一社）金融財政事情研究会
新藤晴臣（2015）『アントレプレナーの戦略論』
中央経済社
杉崎幹雄・山口智弘（2015）「クラウドファンデ
ィングとその特性」『三菱UFJ信託資産運用情
報』2015年9月号
近勝彦・廣見剛利（2015）『集客の方程式』学術
研究出版
中小企業庁（2018）『中小企業白書（2018年版）』
中小企業庁（2019）『中小企業白書（2019年版）』
中小企業庁（2021）『中小企業白書（2021年版）』
帝国データバンク（2018）『企業の多様な資金調
達手法に関する実態調査調査報告書』
野呂拓生（2016）「地域初の事業創出とクラウド
ファンディング」『青森公立大学論纂』第1巻
第2号
松尾順介（2014）「クラウドファンディングと地
域再生」『証券経済研究』第88号
松尾順介（2015）「クラウドファンディングの世
界趨勢」『証券レポート』1693号
松尾順介（2016）「クラウドファンディングの拡
大と多様化」『証券レポート』1695号
右田隆宣（2016）『サバへの愛を語り3685万円
を集めた話』日経BP社。
米良はるか・稲蔭正彦（2011）『クラウドファン
ディング：ウェブ上の新しいコミュティの形』
人工知能学会誌26巻4号人工知能学会
山本純子（2014）『入門クラウドファンディング』
日本実業出版社
山本純子・佐々木周作、佐藤大吾監修（2016）『ぼ
くらがクラウドファンディングを使う理由』学
芸出版社
リース E.（2012）『リーン・スタートアップ』日
経BP社 [Ries, E.（2011）"The Lean Startup,"
Fletcher and Company]
The World Bank（2013）"Crowdfuding's Potential
for the Developing World"

第III部

AIの社会・経済学

第11章

AIの発展と課題の総括
——AIそのもののデザインのもつ意味と課題

　小職は、もともと、最初は物理、次に予測モデルを専門として研究してきた。土木や環境関係の学会や環境省（当時は環境庁）と土地利用予測モデルをつくり、各国の環境変動がどのようになるかを予測した。当時経済発展が進んでいた中国で環境破壊が起こることも予測した。

　このときの予測モデルには2つある。1つはこれまでのパラメトリックモデルであり、これは（パラメータを使って）式で書けるという意味である。代表的なのが世界の関係を直線の形で記述しようとする回帰分析で、経済予測の多くが、規模は大規模だがこの回帰分析を何本も使って行う。

　もう1つがノンパラメトリックなモデルで、広い意味で、以下に出てくるニューラルネットワーク（神経網、神経回路の意[1]。以下、ニューラルネットと略称する）も含まれる。これは式で書けない代わりに、線形の予測とは比較にならないほど複雑なほとんどすべての関係を捉え、より正確に予測できる。実はこれがAIにつながる技術だった。この段階から、すでに、AIの優れた特徴（すべての関係を記述できる[2]）と欠点（式にかけないので説明が難しい。ブラックボックス性）は内在していたといえる。

Ⅰ．AIの発展の分類

　すでに第Ⅰ部で紹介されているように、現在までにAI（人工知能）を実現しようとする試みには、3つの山（ブーム）があり、現在大成功し

ているのが第3次ブームである。AI は、その発展の歴史の中に今の AI の性格と今後の課題がかくされているので、それを分析する。以下は、図 11-1 の AI 発展に重要に寄与した各技術を示す。

1．第1次ブームの時代（1950 年代・60 年代）

(1) いろいろな概念の準備

第1次ブーム（1950 年代・60 年代）は、人工知能（AI）の基礎的な概念や技術が構想され、いろいろ試行錯誤された時代である。実は、生物に似せた神経回路としてのニューラルネットの概念はすでに出されていた（ローゼンブラット〔1958〕のパーセプトロン）。

(2) ニューラルネットの停滞

しかし、この時代のアイデアは、入力層と出力層の2層だけ（中間層なし）の単純なものであり、ミンスキーが、2層では、「単純な線で引く単純判断（データを線で分ける分類判断）」しかできないことを示してしまった（「ミンスキーの悪魔」といわれるミンスキーの不可能性定理）ため、一気に下火になってしまった（ミンスキー 1969）。

2．第2次ブームの時代（1980・1990 年代）

(1) 計算機（通常のコンピュータ）と論理言語によるエキスパートシステムの試み

第2次ブームの主役の1つが実は日本だった。IBM 互換機路線の次をいくため、日本の通産省（現在の経産省）が主導して、主要メーカーが第5世代コンピュータに挑戦した。このときの AI の概念が「エキスパートシステム（専門家システム）」といわれるもので、通常のコンピュータの計算回路上のプログラムで、数学的に厳密な論理で、専門家の知識と判断を再現しようとする試みである。

結果として失敗した理由は、専門家の知識といえども完全な論理でないことが多く、かつその構造が複雑すぎるためである。例が「簿記会計はルールベース（第2次ブーム型 AI）でできるが、会計監査はディープラーニング（第3次ブーム型 AI）でないとできない」（NISSEN DIGITAL

AI の歴史

ニューラルネットの歴史

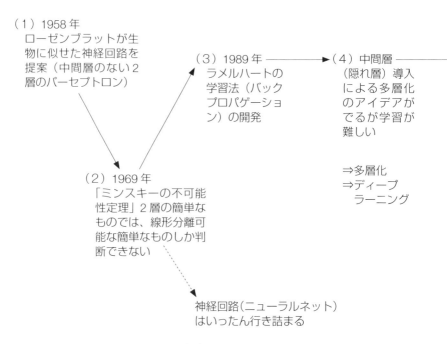

図11-1　AI とニューラルネットの年表
（出所）小長谷作成

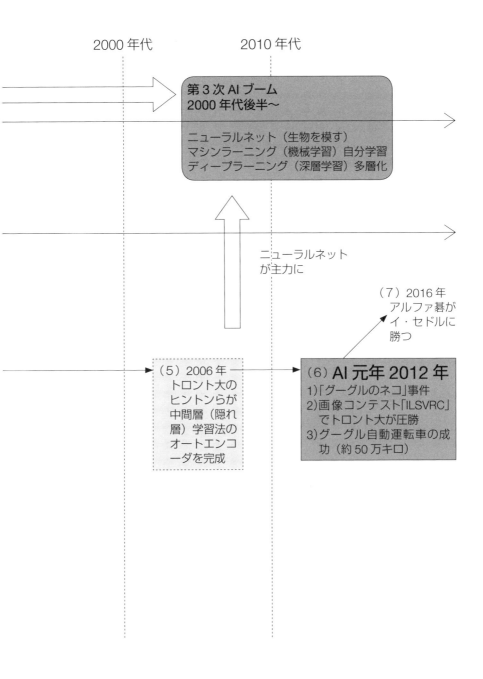

2000 年代　　　　　2010 年代

第 3 次 AI ブーム
2000 年代後半～

ニューラルネット（生物を模す）
マシンラーニング（機械学習）自分学習
ディープラーニング（深層学習）多層化

ニューラルネット
が主力に

（7）2016 年
アルファ碁が
イ・セドルに
勝つ

（5）2006 年
トロント大の
ヒントンらが
中間層（隠れ
層）学習法の
オートエンコ
ーダを完成

（6）AI 元年 2012 年
1)「グーグルのネコ」事件
2)画像コンテスト「ILSVRC」
　でトロント大が圧勝
3)グーグル自動運転車の成
　功（約 50 万キロ）

HUB ホームページ）といわれるような点である。

　要するにこの世界は完全な論理で記述できないのである。しかし、第1章で述べられているように、この成果は日本のワープロの変換効率を上げた（自然言語処理）という副産物がある。また、このことから、日本は AI の研究の基盤は実はある国である、ということは重要である。

⑵ フィードバックして学習するメカニズム

　第2次ブームの時期にも、ニューラルネットは静かに再生の準備をしていた。まず、非常に重要な発見として、1989 年にラメルハートの「バックプロパゲーション（逆伝播）法」の提唱がある（ラメルハート1989）。これは第3章で事例が示されているように、ニューラルネットの判断が正しければ接続を強化し、悪ければ弱めるというふうに、もとにもどって、結果をフィードバックし、もとの接続を調整することであり、これによりコンピュータが「学習」ができることになった。自分で自分を改良することができるようになったのである（図11-2）。

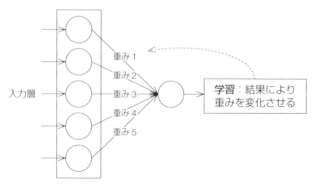

図11-2　神経回路網（ニューラルネット）における
学習（バックプロパゲーション）の原理

３．第３次ブーム（2000 年代後半以降）

⑴ 多層化によるニューラルネットの復権（ディープラーニング）

　ニューラルネット復権の最大の要因が、多層化アイデアとその実現技術である。1. ⑵の「ミンスキーの定理」によれば、単なる入力層と出

力層の2層だけでは、単純な判断しかできないのだから、より実用的にするためには、より複雑な判断ができるように、入出力の間に中間層（隠れ層）を挟み込んで、3層、4層と多層化するというアイデアは当然考えられる。

(2) 多層化の最大の難問は、学習の困難

しかしながら、この多層化には根本的に難しい難問が潜んでいた。4層以上の多層化は学習が難しいのである。多層化することにより、中間層の接続の強さ（係数のパラメータ）の数は飛躍的に増加する。AIの学習とは、良い結果がでるようにする一種の「最適化問題」であり、それは最大最小問題なので、通常ならまず微分をし、勾配を評価するが、層が多いと、その勾配の調整が難しい「勾配消失問題」に直面する。

(3) 多層化の学習問題を解決

この多層化の困難を克服し、最終的に多層ニューラルネットの学習を可能にしたのがトロント大のジェフェリーヒントンとそのチームであり、2006年に、多層型のニューラルネットを上手く最適化（学習）させる「オートエンコーダ（自己符号化器）」という技術を発明した。これにより多層型が実用化する。このような多層化の学習技術は「ディープラーニング（深層学習）」と呼ばれるようになる。中間層のたくさんのパラメータに学習知識が蓄えられるからである。これがAIの第3次ブームが成功した最大の鍵の1つであり、ヒントンはAI技術の突破口をひらいた「ディープラーニングの父」といわれる。このような多層化技術の詳細は後述する（ヒントンら2006）。

(4) AI元年＝2012年

2012年は、多くのブレイクスルーが世界中に公開され、少なくとも実用に足る（すなわち単純な計算だけでなく一部の複雑な判断を含む知的能力で人間を代替・超越する人工知能の意味で）AIをつくることが確認できるようになったという意味で、AI元年である。これは、詳細は一部は他でも述べるが、大きな事件は、第3次ブームの発火点となったグーグル社とトロント大学が主導した以下の3つである。これまでAIが人間を超えられない最大の壁が、任意の画像から概念・パターンを特定する

「パターン認識」であったが、これにブレイクスルーが起こり、人間の判断の精度に近づいたのである。

1）グーグルのネコ認識事件

　グーグルが、ユーチューブデータを、多層化した AI に自動的に学習（マシンラーニングかつディープラーニング）させ、「ネコ画像」が認識できるようになった。

2）画像解析競争でのトロント大勝利

　第3章のように「ディープラーニング」の権威トロント大学のチームが、世界的な画像認識コンテスト（ILSVRC：イメージネット・大規模視覚認識競争）で、AI のエラー率を、それまでの限界だった約4分の1から一気に1割台に下げ正確化した。

3）自動運転実現性の証明

　グーグルの自動運転車の実験車両の実績が約50万キロとなり、その実現性が証明された。

II．AI が驚異的に成功した理由

　AI は、第2次ブームから第3次ブームへ移る際、研究方針で、頭の切り替え（自然に学び、機械から脳に近づけたこと）を行ったことで驚異的な成功を収めた。

1．開発プロセス再考

　代表的例であるグーグルの開発プロセスをみる。検索で一瞬に答がでるメカニズムとして、検索企業は、世界中のサイトにロボット型ソフトを飛ばし、各ページの情報を前もって分析し、分類し、索引をつくり、そのデータを膨大な数のサーバーで蓄えている仕事をしている。

　第1章で示されているように、グーグルはこのウェブデータのテキスト部分の手法の一部は公開しており、それは論文でも書かれているので、世界中で利用できるクリエイティブコモンズ（人類の共有財産）になっている。

次に、世界中のサイトの画像・動画の分類に挑戦した。それは膨大なデータなので従来型の計算では限界があり、ニューラルネットを使い、それだけでなく、当時までにトロント大などが開拓していた「ディープラーニング（ニューラルネット多層化学習技術）」を使った。

さらに、人間が教え込んでいては限界があるので、AI には勝手にユーチューブデータ約 1000 万件を自己学習させ、成功した。これがすなわち「マシンラーニング（機械学習）」である。

2．現在の AI の驚異的な成功とその特質

成功の鍵は、第 2 次ブームと第 3 次ブームの現場の比較によって明らかとなる（図 11-3）。

⑴ 開発の主役＝最初は計算機企業というよりビッグデータ企業

AI の第 2 次ブームは、「計算機企業」が、専門家システム（エキスパートシステム）を実現しようとした。

それに対し、AI の第 3 次ブームを進歩させたのはもともとは「計算機専業」ではなく、ビッグデータを分類しようとしていた「検索企業（ビッグデータ企業）」だった。

検索企業こそ、世界で最初にビッグデータに本格的に直面した会社だ

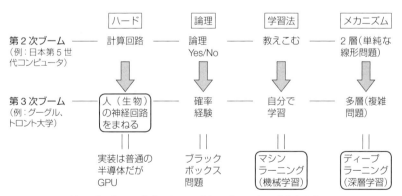

図11-3　AI 第 3 次ブーム成功の要因（第 2 次とどこが違うか）
現在の AI のデザインを理解する鍵は、第 2 次ブームと第 3 次ブームの比較にある
（出所）小長谷作成

ったからであり、それが AI の研究を進めた理由なのである。

⑵ 回路の構造＝徹底的に生物をまねる（論理回路から神経網へ、第1のイノベーション「神経回路網：ニューラルネット」）

1）判断を繰り返す小さな素子[3)]の集合

第2次ブームでは、これまでと同じ計算機の論理計算回路の構造で、専門家システム（エキスパートシステム）を実現しようとした。

これに対し、第3次ブームでは、人（生物）の脳神経細胞を模したニューラルネット方式にしたところが違う。すなわち、計算機に特有の単なる数計算や論理演算回路でなく、生物のシステムにまねたことが勝利の要因なのである。

神経回路（神経網）とは、図 11-2 のように各素子[3)]がそれぞれ、別の素子からたくさんのデータを別々の評価の重みで受け取り、総合評価を下し、次の素子に送るという原理的には簡単な構造であるが、これが大規模ネットワークになって複雑な判断をする。聖徳太子は一度に 10 人の話を聞いて判断したというが、われわれの脳（中枢神経全体）の中には小さな聖徳太子が約 1000 億人ほど居て、常時お互いに判断を繰り返しているような構造をしている。

2）神経回路の最大の特徴は学習ができること

生物は学習することができる。神経回路の最大の特徴は学習ができることである。このように、他の素子からデータを受け取り、それを次に送るような構造になっているので、学習が可能となる。経験は、元になる入力データのどれを評価するかの重みに蓄えられている。I．2．⑵で述べたように、判断結果の優越で、もともとの重みを変えていくことが学習にほかならない。この形式を、逆に伝播する方式（バックプロパゲーション）と呼ぶ（神経の結びつきの強さは調節できる。成功したら、それに貢献したリンクを強くする。それに貢献しなかったものを弱くする。失敗したら、その逆。動物や赤ちゃんの学習と同じ。図 11-2 参照）。

3）実装は GPU といわれるチップ

しかし、いくら生物（神経回路：ニューラルネット）を模したといっても、素材に「生もの」である細胞を使うわけではなく、実際にはやはり

半導体チップを使う。機能的に、ニューラルネットと同じ役割を実現すればよい（実装という）ので、神経回路を模したアルゴリズムでよいのである。

　グーグルのネコ認識事件のときのハードは、通常の CPU（中央演算装置）で、サーバー約 1000 台、約 50 億円、600kW もの設備が必要だった。それでは、AI（ニューラルネット実装）用にはどのようなチップがよいかというと、大量のデータの「並列処理」が必要になるためこれに向いているものになる。これは、意外なことに、通常の CPU ではなく、SONY のプレイステーションのようなゲーム機の中心にある「GPU（グラフィック演算装置)」が向いているのである（ゲーム機が 3D のグラフィックを視点移動しても高速で書き換えていくのが並列処理）。これで、プレイステーションの GPU メーカーであるエヌビディア社の株が急上昇した。事実、2012 年のグーグルのネコ認識実験を、翌 2013 年にエヌビディア社とスタンフォード大が、CPU ではなく同じことを GPU でやったところ、たった 3 台のサーバーで、価格、消費電力とも 100 分の 1 ででき、しかも計算が早かったとされる。

3．論理の構造＝二値論理から確率的判断へ

　第 2 次 AI ブームは、厳格な YES か NO かの論理の世界であり、ルールの機械、知識ベースであった。しかし、現実世界の表現は、そのような単純論理ではなかったということなのである。まず、ルールが難しく、専門家知識を人間が教え込むのが大変であった。

　これに対し、第 3 次ブームの AI では、画像解析で有名となったように、判断 1 の確率が 70%、判断 2 の確率が 20%、判断 3 の確率が 10% という形で出てくるので、しょせん確率的結果となる。

　このように「一歩」引いて、決定論ではなく確率的判断でよし、としたところが大切である。アングロサクソン流プラグマティズムというか、もっと極端に、すべてで「確率的判断でよし」と割り切ることが、はるかに高度で複雑な問題の実用的解決を可能にするという威力をみせる例がある。囲碁で人間に勝つアルファ碁であるが、序盤は名人・達人

の膨大な棋譜を学習、終盤はコンピュータお得意の読み切りなので、一番難しいのは指し手可能性が膨大になる中盤の戦略である。ゲームの判断とは次の自分の一手判断の「評価関数」すなわち優越の評価をどうつけるかである。結局「割り切り主義」で、サイコロを振るようにモンテカルロシミュレーションで、その後のゲームのプロセスを適当な指し手を割り当て、とにかく投了させ、終了まで読み切り、勝敗の数の比率で、次の1手を評価してしまう。この「アバウト割り切り主義」が現在のAIの考え方の実用上の成功につながっていることが多い。しょせん世界は、完全な論理・知識では理解できず、データから法則や概念を確率的に見つけ出す世界だからである[4]。

　このことの代償もある。前節でみたように、旧来型の手法より、多層化したニューラルネット（ディープラーニングによる）ははるかに複雑な判断をよりデータに即して正確に記述する。しかしその知識は膨大なネットワーク上に蓄えられており、判断の根拠・論理があまりに複雑すぎてすぐに可視化できないという問題がある（一般には既述したように単純な式に書くこともできない）。これが、旧来手法より複雑で正確な判断を可能にしたAIのかかえる「ブラックボックス問題」である。このことは、次章で説明するように、AIの判断を人間が瞬時に活かさなければならない自動運転などの分野で、事故などの法的問題が生じる局面で、説明責任が難しいという問題を生起する。

４．学習法＝人が教え込むのではなく勝手に学習（第2のイノベーション「マシンラーニング」）

⑴　自分で学習

　グーグルのネコ認識事件の例でもわかるように、生物をまねるニューラルネット（神経回路）イノベーションの次の、第2のイノベーションとは、人間が確固たるルールを教え込んでいた「ルール入力」から、「コンピュータが自分で勝手に学習する（機械学習：マシンラーニング）」へという発想転換である。

　機械は作業の量とスピードでは人間をはるかに追い越すことができ

る。機械学習という考え方が可能となったことは、人間の省力化であると同時に、すさまじいブレイクスルーであるということは、実際、（一部ルールベースではあるが）IBMのワトソンが（人間の医師にわからない特殊な白血病を発見した時には）論文を自分で数千万件読むなどの能力により成功をしたことをみてもわかる。人間の能力をはるかに超える段階に達する道を開いたといえる。

(2) 学習法の3種類

1) 教師あり学習

一つひとつのデータに正解がついているもの。正解データは人間が用意。

2) 強化学習

正解データはないが、試行錯誤させ、成功したときに報酬を与えるもの。

3) 教師なし学習

正解がなく報酬もない。元データの中にある構造を抽出、分類し、一種の「概念」を形成することを目的とする。

5．訓練メカニズム（アルゴリズム）＝機械学習はいくつか種類があるが、もっとも成功したのが多層化（第3のイノベーション「ディープラーニング」）

ずいぶん昔から、生物（人間）の神経をまねるアイデアはあった。その意味では生物を似せた神経回路網（ニューラルネット）は古い技術と

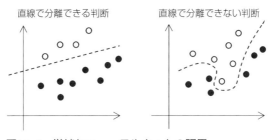

図11-4　単純なニューラルネットの限界

いえる。

　しかし、前節で述べたように、単純な2層（入出力のみで中間層なし）だと図11-4の左図のような線で区切るような単純な判断しかできないので行き詰まった。

　実際には図11-4の右図のような複雑な判断がいるので中間層をつくり多層化したのがディープラーニング（多層化）の由来であるといった。

　この多層化の効果を、AIソフトTensorFlow Playgroundを用いた例を図11-5に示す。上図のような単層のニューラルネットでは直線で分離する判断しかできないのに対し、下図のような多層化したニューラルネットでははるかに複雑な判断ができるようになっていることが示されている。

　しかしながら、中間層を追加するアイデアが出たが、多層（中間層）、特に4層（中間層2層）以上の学習が難しいところが最後の難関だった。

〈**理由1**〉勾配消失問題

　「バックプロパゲーション（逆伝播法）」の方法で、重みを、出口から順番に正解にあうように調整するにしても、層が多いと入口付近の重み調整ができない、入口付近の教育をどうするのか？という問題である。最適化の調整はなんらかの最大最小問題なので、それは関数の勾配の評価になるが、多層化しパラメータが多いと、関数が敏感に反応しなくなるため、調整が難しくなる。

〈**理由2**〉過学習

　与えられたデータの特殊性にとらわれ、他のケースに適用する普遍性を獲得できない。非常に卑近な例で説明すると、A事件の真犯人Xさん、B事件の真犯人Yさんだとして、探偵がA事件だけ学習して「犯人概念はX」と思いB事件の犯人もXさんと判定するようなもので、データの特殊性をこえた一般的法則・概念を獲得（汎化という）して他への応用をすることができなくなることにあたる。

　このように、多層化すると学習が難しくなるが、2000年代後半に入り、さまざまなブレイクスルーがあり、この最後の難関である「多層の学習（ディープラーニング）」が可能となり、AIの爆発的な発展が可能

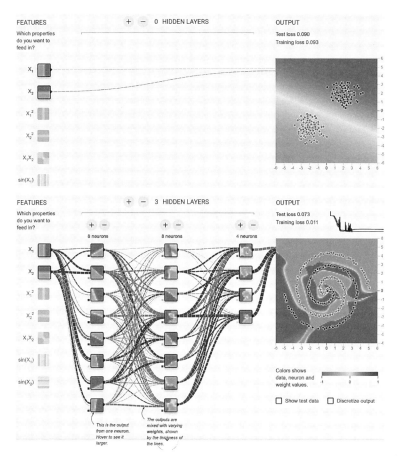

図11-5 多層化の効果：AI ソフト TensorFlow Playground を用いた例
上図のような単層のニューラルネットでは直線で分離する判断しかできないのに対し、下図のような多層化したニューラルネットでは、はるかに複雑な判断ができるようになっていることが示されている

となったのである。その代表的なものを次節で説明する。

Ⅲ．ディープラーニング成功の３つの鍵

　ディープラーニング（多層化の学習）成功の鍵（ブレイクスルー）は、「（情報要約・概念形成）オートエンコーダ（自己符号化器）」「（空間把握）

たたみ込みニューラルネット」「（時間把握）再帰型ニューラルネット」の3つである。

1．オートエンコーダ（自己符号化器）

⑴ 小さい数の素子で情報を上手く要約するように訓練する

　このように、最後の難関である「多層の学習（ディープラーニング）」を可能にしたブレイクスルーの1つが、2006年にトロント大のヒントンらのグループが発表した「オートエンコーダ（自己符号化器）」といわれる中間層の学習方法であり、次のような特徴をもつ。

　　１）学習する層の両側に同じ素子の機能を配置し（入力層と同じ仮想的な出力層を仮に学習層の右側に追加すると考える）、その間に挟まれる中間層（隠れ層）の数を入出力層より小さくする。

　　２）入力層と仮出力層に同じ形のデータを利用し、入出力が同じになるように重みを調整する。

　　３）そうすると、中間層（隠れ層）が、いったん情報が圧縮されたにもかかわらず、入力を再現できるように学習していることになる。中間層（隠れ層）が、入力データの特徴をよくとらえ、効率的に要約するように訓練されたといえる（図11-6）。

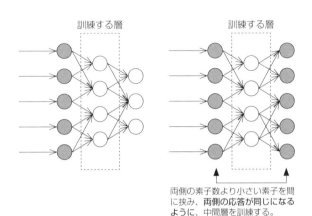

両側の素子数より小さい素子を間
に挟み、両側の応答が同じになる
ように、中間層を訓練する。

図11-6　オートエンコーダ（自己符号化器）の原理

⑵ データの集約・概念形成が「知能」である

実は、このオートエンコーダというアイデアは、ディープラーニングを可能にしたキー技術であるだけでなく、そもそも「知能とはなにか？」という問いの本質にせまる重要な意味をもっている。

AIに読み込ませるのは通常ビッグデータであり、多種多様な情報が含まれ、それは入力素子数と同じ次元（変数の数）だけの量があるはずである。ところが、オートエンコーダでは、それをいったん、より小さな素子数に落とし、再び元と同じ情報量を再現しようとする。

これは、よく考えると不思議なことである。いったん小さくなったデータから元と同じデータが復元できるというのだから。

実は、これが可能になるためには、もともとのデータのもつ構造を、中間層が上手くとらえ、その特徴を要約して、少ないデータ量でまとめており、その結果、再び出力側で上手く再現できていることにあたる。オートエンコーダは、これができるように中間層を訓練するのだから、中間層には元データを上手く要約する「概念」が形成される可能性がある。

⑶ なんらかの規則性があると（データの量＝）次元が少なくて済む

このことの意味を、データサイエンスの古くからある統計手法の問題になぞらえて理解してみる。

データの特徴をとらえ要約する技術には、これまでの線形のデータサイエンスでは、因子分析や主成分分析といわれる手法がある。

例として子どもの成績を取り上げよう。図11-7のように、科目が5科目あり、調査対象が7名であったとする。これがまったくランダムなデータであるならば、5 × 7 = 35個のデータ量があり、5つの変数なのだから5次元の大きいデータである。

ところが、もともとのデータに規則性があり、必ずしも5次元のバラバラのデータではない。例として、図11-7の左表のようなものが普通の子どもの成績である。これを見ると、スミがけになっているところの子ども1、2、5、7のように、国語が高い子は英語が高い関係にあり逆もまた真である。一方、子ども3、4、6のように、数学が高い子は理

	国語	英語	数学	理科	工作		文系力 X	理系力 Y
	30 点満点	20 点満点	25 点満点	20 点満点	5 点満点			
子ども 1	30	20	25	20	5		5	5
子ども 2	30	20	5	4	1		5	1
子ども 3	24	16	25	20	5		4	5
子ども 4	12	8	25	20	5		2	5
子ども 5	18	12	10	8	2		3	2
子ども 6	6	4	25	20	5		1	5
子ども 7	24	16	10	8	2		4	2
	6X	4X	5Y	4Y	Y			

図11-7　次元の縮小による新しい概念の生成
データの構造をとらえ概念を形成して要約し、（もともとの本質を維持したまま）データを簡略化・小さくするのが「知能」の働きである

科、工作が高い関係にあり逆もまた真である。

　従来のデータサイエンスの因子分析や主成分分析といわれる手法では、このように規則性があると、データの中の独立な変数の数を示す次元が低下する。実はこのデータは、「文系力 X」「理系力 Y」という独立のたった2つの変数から、6X、4X，5Y、4Y、Y として完全に説明できてしまう。すなわち、もともと5次元もの大きなデータが2次元に、文化系の次元と理科系の次元の2つに要約される。

　ここで重要なことは、**もともとのデータに規則性があると、データの量が減り、その規則性を表現する一種の「概念」が同時に生まれている**ことである。ここではその規則性のあるデータを要約する新しい概念が「文系力」「理系力」にあたる。

⑷ 中間層には要約をするための規則性＝なんらかの「概念」が蓄えられる

　オートエンコーダは、データの要約・圧縮ができるように中間層を訓練するのだから、**中間層には、元データを上手く要約する一種の「概念」が同時に形成される**。実際画像処理の説明でいわれるように、ディープラーニングでは、ニューラルネットの各層で、段階的に「概念」が形成され、データが集約化されていく。図 11-8 は、「情報の縮約を、特徴的な形→図形要素→図形→複合概念の順に行っていく様子」を模式化

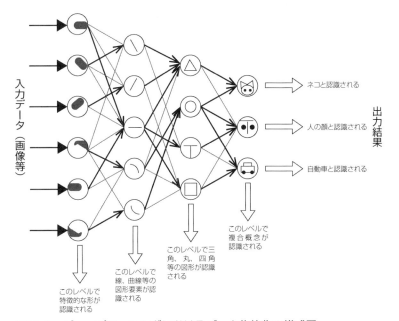

ネコと認識される

人の顔と認識される

自動車と認識される

このレベルで
複合概念が
認識される

このレベルで三
角、丸、四角
等の図形が認識
される

このレベルで
線、曲線等の
図形要素が認
識される

このレベルで
特徴的な形が
認識される

入力データ（画像等）

出力結果

図11-8　ディープラーニングにおけるデータ集約化の模式図
ニューラルネットの各層で、段階的に「概念」が形成され、データが集約化されていく
様子を模式化した。このとき、中間層は「概念」を表しているといえる

したものである。このとき、中間層は一種の「概念」を表しているとい
える[5]。

　それゆえ、オートエンコーダは、ディープラーニングを可能にしたキ
ー技術であるだけでなく、そもそも「知能とは、概念形成による、データ
の要約把握である」という知能の働きの本質にせまる重要な意味をもっ
ているのである。このときの「概念」が中間層に蓄えられるのである。

2．空間を把握する＝たたみ込み型技術（CNN）

⑴　視覚は同一物が空間移動しても同一と認識できなければならない

　実は、特に「空間把握」画像処理においては、生き物には、その処理
＝知能の働きで欠かすことのできない重要な能力がもう1つある。

　生物（人間）の視覚の一番すばらしいところは、同じ図形が、位置が
少しずれても、同じものとしてわれわれは把握することである。ところ

が機械では、まったく同じ事象が、わずかにズレただけでも、入力信号としては、形式上のデータの数値がまったく変わってしまう。これを同じにみなす「概念化」のためには、**一種の「鈍感さ」を組み込んでやる必要がある。**

⑵ 日本人の貢献－再び生き物（視覚野）に学べ

　実は、ディープラーニングを可能にしたもう1つのキー技術であるこの「鈍感化」の技術は、なんと1970年代から日本人がその基礎を確立している。当時NHK技術研究所にいた福島邦彦（1979）が、人間の視覚野の構造を模して「パターンを抽出する要素（現在はたたみ込み層と呼ばれるもの）」＋「鈍感化し蓄積する要素（現在はプーリング層と呼ばれるもの）」からなるニューラルネットにより、生物の視覚と同じく「同一物体の移動・変形に強いAIの基礎」を始めてつくることに成功した。

　福島のネオコグニトロン（パーセプトロンの認知版という意味の名称）では当初はS細胞（単純細胞）＋C細胞（複雑細胞）と呼ばれており、最初の素子で通常のニューラルネットのように特徴的要素を検出（フィ

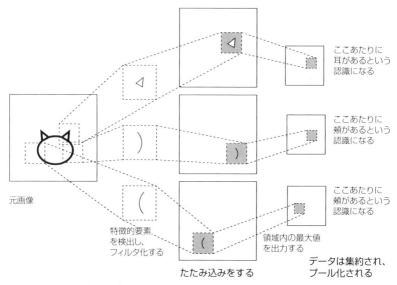

図11-9　たたみ込み型ニューラルネット
「たたみ込み層＋プーリング層」の繰り返しからなる

ルターをかけ）、その全ての出力を移動・変形につよい一種の鈍感化を行いペアとなる次の要素（プーリング層）に蓄える。このペアによる処理を多層化し、繰り返す（図11-9）。

(3) 現在は「たたみ込み型（convolutional）ニューラルネット」

この構造は、現在のニューラルネットでは「たたみ込み型（convolutional）ニューラルネット」と呼ばれているものと基本的に同じである（畳み込みとも書く。たたみ込み〔convolution〕とは、なにかの関数をかけて移動しながら和をとる操作で、ここでは、パターンのあてはめ・発見に使う）。ここで、プールする層は、福島のやり方では平均をとったが、現在のたたみ込み型ニューラルネットではその範囲の最大値をとる場合が多い。

(4) AlexNet の図の意味

実は、「ILSVRC2012」で従来型の手法に比べて 10％以上も高い正解率を出したトロント大学の AlexNet でも、「たたみ込み型（convolutional）ニューラルネット」が使われた。図 11-10 のように「たたみ込み層＋プーリング層」のペアが繰り返されている。この図が複雑なのは、人間の視覚野を模した「たたみ込み型ニューラルネット」を使っているためである（第 3 章の図 3-4 を再掲）。上下に分かれているのは、2 つの GPU ボードで学習を行わせるためにネットワークを分割したためである。

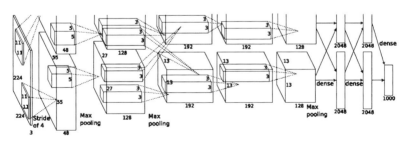

図11-10　LSVRC2012 トロント大学のモデル構成
2012 年に AI 革命を認識させたトロント大学の AlexNet で使われた回路が複雑なのは、人間の視覚野を模したたたみ込み型（convolutional）ニューラルネットを使っているためである（第 3 章図 3-4 を再掲）

（出所）Krizhevskyllya, A. et al（2012）'ImageNet Classification with Deep Convolutional Neural Networks,' "Advances in Neural Information Processing Systems," 25（2）, Figure 2 より（https://papers.nips.cc/paper/4824-imagenet-classification-with-deep-convolutional-neural-networks.pdf）

3．時間を把握する＝時系列の分析＝過去の経験を活かす＝過去の隠れ層が影響＝再帰型ニューラルネット（RNN）

次に、時間の経過とともに展開するデータの分析を考えてみる。音声認識や動画も例になる。これまで、時系列の分析で典型的なのが計量経済学における社会経済予測がある。これは時間的に前のデータが膨大に与えられ、それが未来に影響を及ぼしている状況に対し、未来を予測するものである。AIの仕事も、ビッグデータの中から、予測することが本来である。大抵の場合、過去の複数時点のデータがあり、通常「因果律の法則」から過去の事象が未来に影響を与えるのが常識であるから、ニューラルネットの構造も当然、その因果関係を考慮した方がよい。

データ間の関係性は中間層に蓄えられるので、図11-11のように、現在の入力データだけでなく、過去の中間層ないし出力層からの情報も考慮し、現在の中間層を学習させた方がよい。このように中間層ないし入力層に再帰的に（recursive）情報を返し学習する方式なので、再帰型ニューラルネットという。当然、データを返し学習するバックプロパゲーションもこの流れと逆に行う[6]。

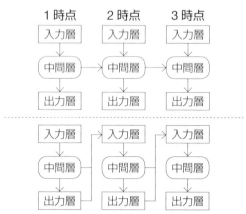

図11-11　時間変化をもつビッグデータを扱う
　　　　　再帰型ニューラルネットの構造

Ⅳ．総括

第3次 AI ブームの基礎原理は古くからあり、生物を模したものである。それゆえ今回の AI ブームは本物であり、人間にも近づく可能性がある。以上より、本章の結論をふりかえる（図11-12）。

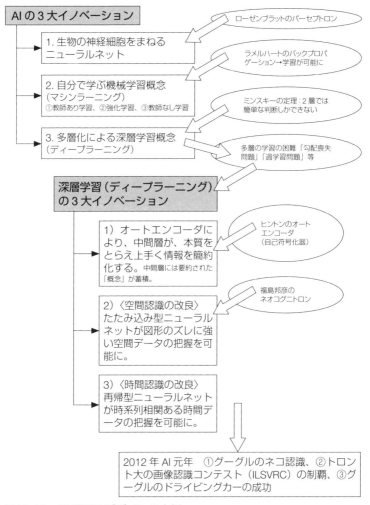

AI の3大イノベーション

1. 生物の神経細胞をまねるニューラルネット

   ローゼンブラットのパーセプトロン

2. 自分で学ぶ機械学習概念（マシンラーニング）
   ①教師あり学習、②強化学習、③教師なし学習

   ラメルハートのバックプロパゲーション→学習が可能に

3. 多層化による深層学習概念（ディープラーニング）

   ミンスキーの定理：2層では簡単な判断しかできない

   多層の学習の困難「勾配喪失問題」「過学習問題」等

深層学習（ディープラーニング）の3大イノベーション

1) オートエンコーダにより、中間層が、本質をとらえ上手く情報を簡約化する。中間層には要約された「概念」が蓄積。

   ヒントンのオートエンコーダ（自己符号化器）

2) 〈空間認識の改良〉たたみ込み型ニューラルネットが図形のズレに強い空間データの把握を可能に。

   福島邦彦のネオコグニトロン

3) 〈時間認識の改良〉再帰型ニューラルネットが時系列相関ある時間データの把握を可能に。

2012年 AI 元年　①グーグルのネコ認識、②トロント大の画像認識コンテスト（ILSVRC）の制覇、③グーグルのドライビングカーの成功

図11-12　AI 発展のデザインの小括

1．AIの3大イノベーション

(1) AIそのものの概念と歴史は古くからある。AIの3大イノベーションとは以下の3つ。

①神経網（ニューラルネット「人間に似せた」）と学習（バックプロパゲーション）、単なる計算機でない。

②機械学習（マシンラーニング「自分で学ぶ」）、人間が逐一教えない。入力と正解の膨大なデータセットを与える、自動学習。

③深層学習（ディープラーニング「複雑化な判断ができる中間層の追加・多層化」）。

(2) 現在のAIの成功は、まず「生物にまねたこと」であり、神経をまねたローゼンブラットのパーセプトロン（1958）が本格的な始まりである。生物の神経の最大の特徴は「学習ができること」、すなわち「学習する機械」という点である。ラメルハート（1986）のバックプロパゲーションにより系統的学習の仕方が確立した。

(3) しかし、古くから、ミンスキーの研究（1969）により、単純な2層だけでは単純な判断しかできないことが判明しており、実用的なAIのためには、中間層を加えて多層化しなければならない。

(4) ところが、多層の学習が難しく、特に入力付近までの重みの調整が難しい。「勾配喪失問題」や「過学習問題」もある。多層化の学習（ディープラーニング）に成功するかどうかが、AI実用化の最後の難関になっていた。

2．深層学習（ディープラーニング）の3大イノベーション

難しい多層のニューラルネットの学習法は次のようないろいろなイノベーションにより可能になった。

(1)（上手なデータ要約）オートエンコーダ（自己符号化器）

ヒントンら（2006）の発明した、オートエンコーダ（自己符号化器）の手法では、ある入力層からデータをわたす次の中間層のノードの数を減らし、仮想的な次の次の層で入力を同じくもとどおりに再現できるよう、中間層を訓練する。これにより、中間層が、元データ量を失うこと

なく、元データの本質をとらえ、上手く情報を簡約化するよう学習する。中間層には要約された「概念」が蓄積することから、知能の本質としての「データの要約・概念形成」を表しているものと解釈できる。

⑵（空間認識の改良）たたみ込み型ニューラルネット（CNN）

生物の空間認識では、同内容の図形が少しズレても同じものと認識するが、機械では（少しズレるだけで画像データの数値が大きく変わるので）これは難しい。福島邦彦（1979）は、人間の大脳視覚野の細胞をまねてS細胞とC細胞の重ね合わせで移動に対し本質把握できるネオコグニトロンを発明した。これは現在、「図形の要素を把握するたたみ込み層と鈍感化し蓄積するプーリング層」の重ね合わせである「たたみ込み型ニューラルネット」として発展しており、図形のズレに強い空間データの本質的把握が可能となった。

⑶（時間認識の改良）再帰型ニューラルネット（RNN）

時間を含むデータでは、ほとんどの場合、異時点のデータで因果関係などから時間的相関がある。これらの時間的データを上手く把握するためには、異時点のニューラルネットで、中間層同士をつなぎ、データを関係づける「再帰型ニューラルネット」が有効であることがわかっている。

⑷ AI元年＝2012年：パターン認識課題をAIが克服

もともと機械が人間にかなわない代名詞の分野が「パターン認識」（「教師あり学習」正しい解答がわかっている場合）である。しかし、これらのイノベーションの結果、AI元年ともいうべき2012年には、人間が優れ機械が苦手だったパターン認識課題をAIが克服し、人間にせまる認識をする成功が相次いだ。グーグルのAIがネコ画像を認識し、トロント大学チームがそれまで機械の限界だったエラー率を10%台まで落とし視覚認識競争に優勝し、グーグルのドライビングカーが成功した（2012年トロント大学のブレイクスルーで10%台に向上したエラー率は2015年には人間を超えエラー率が5%以下に。「エラー発生率が人間を下回る」と実用化に近づく）。

⑸ 本章の小括

　以上から、知能とは情報の要約・概念化であり、画像処理から AI の
ブレイクスルーが起こったことは偶然ではない。人間の脳に入る情報の
約 9 割は画像処理（視覚からの情報）だからである。

　1 ）AI は、原理そのものは難しくない。

　2 ）AI は、原理そのものは昔からある公開情報である。

　3 ）AI は、それゆえ、日本の若い人もチャレンジできる。
ということを強調したい。

　4 ）これまで、AI の研究は、100％確定の形式論理・数的計算機の世
　　　界で開発されてきた。しかし今回成功した第 3 次ブームの AI は、
　　　「人間の神経をマネしたものである」
　　　「計算機というよりビッグデータ分析から生まれてきた」
　　　「100％確定論理ではないが、良い確率的判断である」
　　　「それでも確率で、人間をはるかに超えられる」
　　　「成功の根拠の説明が難しく、むしろ人間の熟練工や職人の技に近
　　　い」
　　　「電気工学だけでなく数学、生物学、医学などの発想も大切」。

　5 ）今の（第 3 次ブームの）AI は、「計算機・コンピュータというよ
　　　り、人間の脳活動をコンピュータで再現したもの」と考えた方がよ
　　　い。それゆえ、人間の判断に近づけたと同時に、人間と同じ弱点も
　　　ある。確率的判断であり、間違いもある。しかしそのエラー率は人
　　　間より低下しており、あまりに複雑な判断なので直ぐに根拠を示す
　　　ことができない課題（ブラックボックス問題）もかかえるが、実用
　　　上は多くの用途で人間を超えている、ということである。

注
1 ）ニューラルネットを直訳すると「神経網」であ
　るが、通称で、本章ではほぼ同義に「神経回
　路」といういい方もする。
2 ）ニューラルネットで構成された AI は、（可微分
　で連続であるものはすべて）あらゆる関数（関
　係性）を近似できることが証明されている。

3 ）ここでいう「素子」は比喩的に使っており、必
　ずしもハードの素子でない。正式には、「ノー
　ド」ないし「ニューロン」という。
4 ）この「確率でよいという割り切り」で大成功し
　たもう 1 つの例が IBM のワトソンである。も
　ともとルールベースであるが、オントロジー

（概念体系）を、確率で当たればよいという緩やかな解釈の「ライトウェイト・オントロジー」という考えで作り、実用的な AI となっている（厳格な概念体系の場合を、ハードウェイト・オントロジーという）。

5) ここでいう「概念」のうち、一部、変数ととらえたものを、AI 関連用語で「特徴量」ということがあるが、ここではもう少し広い意味で使う。

6) ここで、ある時点の出力層を、さらに次の入力層につなげることもある。再帰型ニューラルネットは、関係する学習層が深くなるので再び学習困難（勾配消失問題）に直面しやすいが、これも人間の短期記憶などと同じ発想で、LSTM という、適当に記憶を消去するメカニズムが考案され成功した。

参考文献

足立悠（2017）『初めての TensorFlow』リックテレコム

伊庭斉志（2015）『進化計算と深層学習―創発する知能』オーム社

伊本貴士（2019）『AI の教科書』日経 BP 社

浅川伸一・江間有紗・工藤郁子・巣籠悠輔・瀬谷啓介・松井孝之・松尾豊（2018）『ディープラーニング G 検定』一般社団法人日本ディープラーニング協会監修、翔泳社

五木田和也（2016）『コンピュータで「脳」がつくれるか』技術評論社

NTT データ・樋口晋也・城塚音也（2017）『決定版 AI 人工知能』東洋経済新報社

大関真之（2016）『機械学習入門―ボルツマン機械学習から深層学習まで』オーム社

小池誠ほか（2018）『人工知能を作る』CQ 出版社

古明地正俊・長谷佳明（2018）『人工知能大全』SB クリエイティブ

古明地正俊・長谷佳明（2017）『AI まるわかり』日本経済新聞社

多田智史（2016）『あたらしい人工知能の教科書―プロダクト／サービス開発に必要な基礎知識』石井一夫監修、翔泳社

中島能和（2017）『自分で動かす人工知能』インプレス

日経クロストレンド（2018）『ディープラーニング活用の教科書』日経 BP 社

日経トレンディ（2019）『未来ビジネスの基礎用語』日経 BP 社

日経ビッグデータ編（2017）『グーグルに学ぶディープラーニング』日経 BP 社

松尾豊（2015）『人工知能は人間を超えるか―ディープラーニングの先にあるもの』KADOKAWA

福島邦彦（1979）「位置ずれに影響されないパターン認識機構の神経回路モデル―ネオコグニトロン」『電子通信学会論文誌 A』62 巻 10 号、658-665 頁

福島邦彦（1979）『神経回路と自己組織化』共立出版

三津村直貴（2017）『これだけは知っておきたい AI ビジネス入門』成美堂出版

山下隆義（2018）『イラストで学ぶディープラーニング 改訂第 2 版』講談社

Alex, K., Sutskever, I., and Hinton, G.E. (2012) 'Imagenet classification with deep convolutional neural networks', *Advances in neural information processing systems*"

Hinton, G.E. & Salakhutdinov, R.R. (2006) 'Reducing the Dimensionality of Data with Neural Networks', *Science*" 313 (5786), pp.504-507

Minsky, M.and Papert, S. (1969) *Perceptron*", Cambridge, MA: MIT Press [ミンスキー M. パパート S. (1971)『パーセプトロン―パターン認識理論への道』斎藤正男訳、東京大学出版会]

NISSEN DIGITAL HUB（ホームページ）http://devnissen.xsrv.jp/wp/articles/rule-base-vs-deep-learning/（2019 年 11 月 12 日閲覧）

Rosenblatt, F. (1958) 'The Perceptron: A Probabilistic Model for Information Storage and Organization in the Brain', *Psychological Review*" 65 (6), pp.386-408

Rumelhart, D.E., Hinton, G.E., and Williams, R.J. (1986) 'Learning representations by back-propagating errors', *Nature*" 323 (6088), pp.533-536

［補説］ 第11章のより進んだ話

1．CNN（たたみ込み型ニューラルネットワーク）

⑴ AI の最大の問題はパラメータが多く、特徴量をどう発見するかである。⑵ 以下の下の図のように、画像処理で全結合のネットワークは複雑すぎるが、画面のある小部分ごとに特徴的なパターンがあるかどうかを探せば計算は遥かに簡単となる。これが人間の視神経が行っていることだった。特徴量を先に図形パターンとして用意してしまえばよい。⑶ いわばネコの顔を認識するのに耳の三角形を当てはめ、どこにあるのか探し（たたみ込み）、ぼかす（プーリング）作業をすればよい。

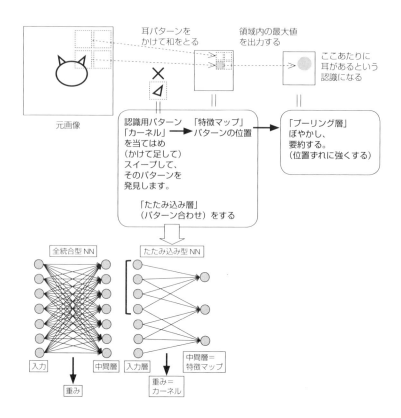

2．RNN（再帰型ニューラルネットワーク）vs アテンション機能、自然言語処理の発展

　⑴ たたみ込み型 NN は、モノの形は近い場所でまとまって存在しているという空間構造を上手くとらえ計算を劇的に効率化した。⑵ しかし時間構造はどうだろうか？　再帰型 NN は、時間の連結が長くなると計算は膨大になる。⑶ 言語は確かに時間的だが、それ以上の構造がある。広義の「係り結び」である単語の次にはこの単語が来やすいなどの強いつながりや文脈関係がある。⑷ これに注意するアテンション機能が有効で位置コード化と共に（RNN の代わりに）用い自然言語処理の精度と速度を飛躍的に向上させたのが、グーグルチームが 2017 年に発表した有名な「トランスフォーマー（Transformer）」のアルゴリズムである。

3．ファウンデーションモデル（基盤型 AI）は「万能 AI」にせまれるのか？

　このアテンション機能をもつ「トランスフォーマー」で大規模な AI を作るととんでもないことがわかってきた。①これまでパラメータが増えれば学習が難しくなると考えられてきたが大規模なほど賢くなり、②自然言語処理だけと考えられてきた応用がロボットなど汎用に使えることがわかった。それゆえ、人間の脳そのものを忠実に真似しなくても、人間の能力を凌げばよいという「プラグマティズムの立場」からは万能 AI に近づいているともいえる（AI 元年から 10 年経たずに）。

　〈参考文献〉グーグルチームの論文：A.Vaswani et. al.（2017）'Attention Is All You Need（アテンションが全て）' "*1st Conference on Neural Information Processing Systems (NIPS)*" ／ スタンフォード大学チームの論文：R.Bommasani et. al.（2021）'On the Opportunities and Risks of Foundation Models（ファウンデーションモデルの可能性とリスク）'

第12章

AIと
社会・経済のデザイン

　筆者の社会科学分野での研究は、1990年代にIT産業（ベンチャー）と都市開発の研究から出発した。

　1990年代に、アメリカでの調査で、シリコンバレーだけでなく、それ以外のほとんどの都市にもあったIT産業のクラスター政策、インキュベーション政策を日本ではじめて紹介した（小長谷 1999）。

　2000年代後半〜2010年代初めに、いまでいうスマートハウス、自動運転、IoTを予測し、特に、都市論の立場から自動運転が郊外・地方のシニア住宅地から導入されるだろうという予測や、日本企業はスマートシティ・自動運転・AIハウスに力を入れないと生き残れないことを予測し発表してきた（小長谷 2014a、2014b）。

　また、IT産業の本質が集中と分散のパワーバランスにあることを予測し、エッジ処理の重要性を強調してきた（小長谷 2014a、2014b）。

　2014年から15年にかけて、インターネット講座の本の中で、AIによる雇用革命について、最後はBI（ベーシックインカム）が必要な時代がくる可能性と、より高度な労働観をもつことの重要性を指摘してきた（小長谷 2015）（その後、井上智洋氏もBIを取り上げた〔井上 2016〕）。

　この最終章では、こうした考察をふまえて、AIの社会・経済へのインパクトと、逆に、AIを、人間がより人間らしく生きる社会・経済をつくる方向にもっていくにはどうすればよいのか、そのデザインを検討する。

Ⅰ．AIの各分野への応用問題

1．AI応用の条件モデル

　すでに多くの情報源で、AIの応用が取り上げられているので、ここでは、筆者が多くの事例を調べ、筆者としてのAIの応用の条件をあげ、AIの応用が今後ますます発展するための指針を提案する。

　ここで、前章の結論を再掲する。現在成功が認められ、急速に普及している第3次ブームのAIは、本来、「計算機・コンピュータというより、人間の脳活動をコンピュータで再現したもの」と考えた方がよい。それゆえ、人間の判断に近づけたと同時に、人間と同じ弱点もある。確率的判断であり、間違いもある。しかしそのエラー率は人間より低下しており、あまりに複雑な判断なので直ぐに根拠を示すことができない課題（ブラックボックス問題）もかかえるが、実用上は多くの用途で人間を超えている（職人的判断になってくる）、ということであった。

　この「人間を模して成功したという認識」は非常に重要である。なぜなら多くの人が「AIは、人と違う機械であり、永遠に人間に近づけない」と思っているし、特にそのことが、日本人がAIを理解しない壁になっている。人間を永遠に聖域化したいという素朴な願いは「不気味さの壁[1]」「AI効果[2]」などの認識にあらわれている。しかし、それは違うのだ。現在のAIは脳に近づいている。

　この点をふまえて、筆者が多くのAI応用事例を検討し、AIの応用の原則を掲げたものが表12-1のようなものである。

　まず応用条件の第1に、簡単に技術的条件として「エラー率が人間を下回った場合」がある。この第1条件を満たせば、現実の応用可能性がでてくる。

　次に、第2に、AIを応用する人間の判断に関する時間的状況条件について、「判断を人間が確認できる時間的余裕がある、あくまで人間が主体的に判断し、AIはその参考情報を提供したという立場で、人間が責任とれる」ことを条件とする。

　第3に、AIを応用するときの法制度的条件で、「選択結果に大きな責

表12-1　AI 応用原則

● AI 応用 3 原則

（応用原則 A）（エラー減少成績の存在）エラー率が人間を下回った場合。AI のエラーを許容できる場合（絶対に間違いが許されないのではなく、エラー率が少なければ AI の利用が許容できる場合）

（応用原則 B）（時間的余裕の存在）判断を人間が確認できる時間的余裕がある場合。人間が最終判断したという形になる場合

（応用原則 C）（法的責任・フォローの存在）結果に大きな責任が生じない場合。AI がエラーした場合の人間のフォローを用意できる場合

　1）アバウトな態度で AI を使うことを考える。現在の AI は確率機械（第 11 章の原則）で、100%「正しい」判断は不可能という点を忘れない。判断が常に必要な局面で、責任がともなう場合、AI がエラーした場合の人間のフォローを用意できるようにする。2）(A)になれば、商用化の可能性が生じる。3）さらに(B) (C)3 原則がそろっているほど普及が早い。（条件 A 〜 C）→小売業・サービス業のメニュー選択やマーケティング応用 OK。（条件 A ＋ B）→医療応用 OK。AI の結果はあくまで参考。（条件 A のみ）→ Level4 自動運転は難しい。（条件 A ＋ C）が自動運転 Level3 まで。

〈実行附則 1〉フリーソフトでできることはフリーソフトで。クラウドでできることはクラウドで。エッジがよいときはエッジで。
〈実行附則 2〉ディープラーニングに頼るとしても、ルールベースと人間のファインチューニングが有効な部分はできるだけしておく。

任が生じない、AI がエラーした場合の人間のフォローを用意できる」ことを条件とする。

　これらの条件が、より多く満たされるようになると、AI は実用的に応用できるようになる。

　その際、今度は、実際に応用する場合におけるガイドラインとしては、

〈実行附則1〉

　フリーソフトでできることはフリーソフトで。クラウドでできることはクラウドで。エッジ処理がよいときはエッジで。

〈実行附則2〉

　ルールベースと人間のファインチューニングが有効な部分はできるだけしておく。

が重要である。以下、自動運転や製造業でも説明するように、データを収集し分析処理し判断する空間的スケールの問題（現場の機械がするのか、地域がするのか、グローバルなクラウドがするのか）や、人間の仕事との望ましい分担関係の割り当ては、AIの応用をする上で常に考えておかなければならない問題である。

2. 医療

　医療は、実は、AI応用が進みやすい有望分野である。

(1) 画像診断

　1) 第1の理由は、現在、AIが最も得意な画像解析の応用が期待できることである。すでに多くのCT等の画像検査の判断で、人間の名医（スーパードクター）を超える的中率（人間より低いエラー率）の段階に達している。

　2) 第2に、専門家としての判断に時間的余裕があり、あくまで人間が主体的に判断し、AIはその参考情報を提供したという立場で、人間が責任とれるので、上記AI応用原則の(A)(B)(C)条件をほぼ満たす。(C)の法的責任は出てくると思われるかもしれないが、有望ながんの検査の場合のように、進行性の難病であれば、逆に、検査見落としのミスの方が責任問題となるので、とにかく発見を落とさないという立場から、十分応用されるであろう。

(2) 症例の総合判断

　これも、人間の診断を超えたとされる、2016年に公開された、東京大学医科学研究所とIBMの成果が有名である。ルールベースではあるが現在実用化に達しているワトソンを使い、東京大学医科学研究所が導

入した 2000 万件もの医学論文を学習したワトソンが、専門の医師でも診断が難しい「特殊な白血病」をわずか 10 分ほどで見抜き、治療法を変えるよう提案した結果、60 代の女性患者の命が救われた（NHK 2016）。

⑶ 創薬

ほかに、もちろん創薬などは、他の化学工業や分子・物質設計と原理的に同じでも、有機物質、タンパク質となると複雑さが増す。

アメリカのベンチャー企業インシリコ・メディシンが、これまで 2 〜 3 年かかっていた新薬候補を発見するプロセスを 21 日までに短縮したという研究成果を発表した（ビジネス＋IT 2019）。グーグルが碁に勝つ AI の手法として、膨大な可能性のある選択肢から確率的シミュレーションとともに駆使した、GAN（Generative Adversarial Network：敵対的生成ネットワーク。AI 同士を戦わせて勝つ方を採用：「蠱毒法」）という手法で、膨大な選択肢から有効な解を得たという。

3．自然言語処理

すでに AI は、画像認識、音声認識では人間代替レベルへ移っているが、残されているのは、自然言語処理（翻訳）であった。

これも、上記の(A)(B)(C)条件をほぼ満たすので進みやすい。

自然言語処理は、AI の第 2 ブームのときからのメイン課題であり、これまで、ルールベースでの研究はそうとう進んでおり、日本も研究の蓄積がある分野ではあったが、やはり第 3 次ブームのイノベーションであるディープラーニングにより、実用化段階まで進歩した。これもグーグルの貢献で、ニューラル機械翻訳（GNMT）というものである。ポイントは、

　1）「ルール（文法）」から「機械学習」へ、という点
　2）文章のペアを膨大に暗記、確率で解釈という点
である。

実用化としては、2011 年にアップルのシリ（Siri）が「音声で命令できる執事」を目指しスタート、2015 年にアマゾンのアマゾンエコーが

機能を内蔵しサービス開始、2016 年発売のグーグルホームで、ニューラル機械翻訳（GNMT）が採用された。おしゃべりの機械をチャットボットという。

　日本の製品の代表例は、ソースネクスト社が、オランダのトラビスというベンチャー企業と共同開発した「ポケトーク（POCKETALK）」シリーズである。手のひらサイズで、ボタンを押して話しかけるだけで、日本語⇔74 か国語の相互変換が可能なハンディ通訳機で、すぐに相手の言語に通訳してくれる。基本的に通信し、クラウド型の AI エンジンで処理し、返答する。初代ポケトークが 2017 年、ポケトーク W が 2018 年、そしてカメラ翻訳や英会話学習の機能も搭載したポケトークS が 2019 年に発売された。販売台数は同社の公表で 2019 年に 50 万台を突破し、日本企業の翻訳機マーケットでは 9 割以上のシェアをもつ（日本経済新聞 2019a およびソースネクスト発表資料による）。

４．工場・製造業

⑴ エッジ（現場）処理

　製造機械の仕事は、ディープラーニング技術の発達により、人間よりエラー率を下げる条件(A)は実現できるが、瞬時の判断となるので、後で述べるように自動運転と同じで条件(B)は満足できない。しかし、自社工場の中でエラーが発生しても直ぐに法的問題にはならないし、人間によるバックアップはできるので条件(C)は満足できる。条件(A)＋(C)のパターンになる。

　このような現場処理の特性を「エッジ」と呼ぶ。これまでの医療や自然言語処理の分野は、できるだけ多くの、世界中のデータを集め、クラウドで処理する方がよかったが、そうではなく、現場のデータをディープラーニングしてその場で処理する可能性のある分野といえる。

　ここでは日本の大学発 AI ベンチャーのプリファードネットワークスとファナックが組み、現場で処理する「エッジコンピューティング」を目指している。これは分散・自立の発想で非常に重要で、強化学習＋ディープラーニング（深層強化学習）で、自分で賢くなる機械学習である。

(2) 故障予測

故障予測も AI の重要な分野であり、有名なファナックとプリファードネットワークスによる消耗の激しい金型形成用の材料射出装置の取り替え時期予測など、国内各社が取り組んでいる。

また、AI の画像診断が優れているため、インフラ設備の故障予測や取り替え時期予測なども盛んになってきている。

興味深いのが、先進国の老舗企業が、安価な第3国に追い上げられていた保守サービスの主導権を奪い返した例で、GE がインダストリアルインターネットの予防保守サービスを開始した。

こうした技術はみな、ハードの精密さより、ソフトで実現できる時代になってくる。付加価値の所在が「ハード＞ソフト＞データと企画」から「ハード＜ソフト＜データと企画」の順に重要性が変化しつつある。

5. 小売り・物流

小売・サービス業の現場では、人間よりエラー率が下がる(A)条件は望ましいにしても絶対的な基準ではなく、むしろ人件費とのコストの関係で採用されることであり、(B)条件の人間の判断の時間も無い場合がある。重要なのはむしろ(C)条件がほぼ間違いなくあることで、人命に関わるような危険な判断はすぐにはなく、またエラーしたときの人間のバックアップも十分あるので、(C)条件が主で、(A) (B)は従であるが、やはりAI 利用は進んでいる。

(1) マーケティング

すでに第Ⅱ部で紹介されているように、AI はマーケティングには相当応用されており、アマゾン等のウェブデザインでも有名であるが「リコメンドサービス（その顧客のデータを元に最適な商品を推測し推薦する機能)」は当たり前になっている。

(2) 物流

AI のお得意の過去履歴からの予測機能が最大限に発揮され、

1）頻繁に出し入れされるものを、隙間時間を利用して、早く出せるように配置を変更

2）通販の宅配で、過去の購入歴から、予め購入されやすいものを近
　　くのステーションに配備

などをそなえたシステムが当たり前になっている。これらのイノベーシ
ョンにより、ニトリのノルウェー製の「オートストア」が棚卸しで省力
化したり、ネットビジネスが常連客の繰り返し注文を一日で届けたりす
ることができるようになっている。

(3)「サービス経済化」の誤り

　無人店舗、レジなし店舗、入力店舗が増えてきている。現場では、意
外にサービス業も人が減るかもしれない。

　すかいらーくグループのガストでは、すでに料理の注文はタブレット
のみで顧客に入力させる。人件費が減るだけでなく、顧客データのデジ
タル入力化が容易となる点が最大のメリットといえよう。このようなこ
とがサービス業の現場で可能となった背景には、意外にも、「モバイル
革命」で普通の消費者がデジタル入力に慣らされ、抵抗感がなくなって
いることが大きい。

6. 農業

　農業に関するAIの利用は、意外に重要な視点がある。それは、自然
農法ないし植物工場（水耕栽培）のように、無農薬ないし低農薬の農法
に応用できる可能性があるからだ。そもそも農薬は病虫害の手間を省く
ためのもので、AI・ロボットで病虫害を予防できれば農薬は使わなく
てよい。人間が一本一本手入れできないので、農薬が使われているだけ
だからである。

　例として、ブルー・リバー・テクノロジーのレタスロボットは、従来
と比べ、90％の農薬削減を達成し、ピートのPLANTIXによる病気診
断は90％の確率で予測できている。

　このように、農業への応用は、「人間がより人間らしく生きるために
テクノロジーはあるべき」ことの好例になっており、「AIの人間中心主
義的使い方」の方向性を示唆している。

7．自動運転

⑴ 技術

１）そもそも、自動運転技術は、2005 年にスタンフォード大のスランのスタンレー号が「DARPA Grand Challenge」で優勝。

２）その後もスランがグーグルカーを開発。技術は、グーグルマップ＋3D センサーによる測位技術「ライダー」（高価）と確率ロボテックス理論である。

３）自動運転の最大の特徴は、基本的に、膨大な運転データから得られる「機械学習」（教師なしでいく）。人間が難しいものは難しいし、ハード的には 3D センサーが最も高価である。

⑵ 問題提起：なぜクルマは難しいか？

AI の応用で最も注目されているのが、自動運転分野であるが、車の場合、他にない特殊事情がある。なぜ自動運転が難しいのか？ それは本章の視点でみていただくとよくわかるのではないかと思うが、上記の条件(B) (C)が基本的に成り立たないからである。まず、条件(B)の時間的余裕であるが、これも製造現場と同じく成立しない。いちいち人間が AI の判断を熟慮する暇がない。次に、条件(C)の AI が間違えたときの人間のバックアップがあり、法的問題がないことであるが、これはムリで、事故になれば生命に影響する。したがって、いくら条件(A)のエラー率が人間よりはるかに小さくなっても完全 AI 化は難しい点がある。

しかしいろいろな点で実用化に近づいている。それを以下みてみたい。

⑶ 関係制度・レベルの整理

１）2014 年「SAE」の自動運転 5 段階レベル

まず、米国の非営利団体「SAE（Society of Automotive Engineers：米国自動車技術会)」が 2014 年に発表した 5 段階のレベル定義が重要である（完全手動の LV0 をつけ 6 段階とすることがある）。

LV1（運転支援）：単一操作をシステムがアシスト。

LV2（部分的運転自動化）：ハンドルと加減速等複数操作をアシスト。

LV3（条件付運転自動化）：限定エリアで自動。トライバーは同乗し、

システムが要求したときだけドライバーが対応。

LV4（高度運転自動化）：限定エリアで自動。ドライバーは不要。

LV5（完全運転自動化）：全エリアで自動。ドライバーは不要。

明らかに、LV2までが運転支援で、LV3からが実質的に最初の自動運転にあたる。現在、実用化はLV2までで足踏みをしていた。LV3への突破を目指している。

ここで重要なのは、(A)のエラー率条件は、限られたエリアで技術的にはもう可能となっているが、(C)の人間のバックアップ条件もLV3なら可能ということである。したがってLV3は、自動運転でありながら(A)＋(C)が可能な可能性ということである。もうひとつの解決策としている遠隔監視運転も(C)条件の代替である。

2）1949年「ジュネーブ（道路交通）条約」

1949年の「ジュネーブ道路交通条約」では、走る車にはドライバーが同乗する必要があり、しかも運転を監督する必要があるので、やはりLV2か、よくてLV3までということになる。

3）2020年施行の日本における「道路交通法」「道路運送車両法」の改正

ながら運転禁止と同時に、限定LV3を認めるもの。とりあえず、主に高速道路などの特定エリアで、日産のLV2.5（プロパイロット）は手放し運転実現、ホンダはLV3を目指す。もちろんシステムが緊急を告げたときはドライバーが運転しなければならない。

自動運転の最大問題は、事故責任がシステムか同乗者かという問題である。LV3なら事故責任は「改正道路交通法第119条2」でシステムでなく運転者にすることを明記した[3]。これに合わせ、今後、任意自動車保険会社からLV3向けの保険商品が企画されるだろう。また、「改正道路車両運送法第41条2」で、LV3システムを保安基準対象装置とし、システムの最低構成要件も策定した。

4）国際基準作りへの日本の貢献

国土交通省（2019）「日本が主導してきた自動運転技術に関する国際ルールが国連で合意」（令和元年6月28日）告知によれば、2019年6月

24 日〜28 日にスイス・ジュネーブにて開催された国連の自動車基準調和世界フォーラム（WP29）第 178 回会合において乗用車等の衝突被害軽減ブレーキ（AEBS）の国際基準が成立、自動運転車の国際的なガイドラインおよび基準策定スケジュールが合意された。

しかしながら、これらのアプローチでは LV3、しかも高速道路など一部のエリアまでしかいかないだろう。そこで視点を変えてみたい。

⑷ 都市づくり・マーケティング論の立場から：自動運転（スマートシティ）が日本を救う

1）マーケティングの視点の導入：最も事故が起こりにくく、かつ、最大のマーケットをどうして狙わないのか？　どうして限定しないのか？

当たり前のことだが、これまで自動運転は技術と法律制度が議論の中心である。本章では筆者が 10 年前（2010 年頃）より公開してきた、経済・経営とくに「マーケティングの視点」からの分析を紹介したい。

「マーケティングの視点」からとは、「①自動運転の事故が起こりにくいマーケットを探せ」と「②自動運転の大きな需要＝巨大になるマーケットを探せ」という 2 つの問いに答えることである。

2）「通勤通学都市から通院観光都市へ」：「個人公共交通」としての自動運転超小型 EV

本章では筆者が 10 年前（2010 年頃）より公開してきた今後の都市に関する研究で、2010 年頃よりすでに、タクシー会社へのヒアリング結果で、現在郊外でのタクシー会社の需要の 7 割はシニアの特徴的な移動になっている（小長谷 2014a 〜 2014d）。図 12-1 のように、郊外のシニアの動き（最大かつ最安全マーケット）は、「朝から医療・介護施設に向かい直帰する」か、「朝から医療・介護施設に向かいその後買い物・飲食後直帰する」パターンで、「ランダム」な「個人」移動が最大の特徴である。

このことは都市づくりの観点から大革命が起こることを意味する。なぜなら、これまで放射状の通勤交通（ルート交通）をつくり、それにより郊外開発を行ってきたからである（小長谷 2005）。

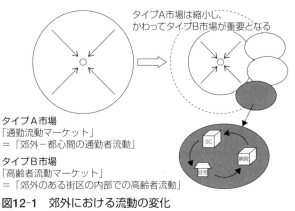

タイプA市場は縮小し、
かわってタイプB市場が重要となる

タイプA市場
「通勤流動マーケット」
＝「郊外－都心間の通勤者流動」

タイプB市場
「高齢者流動マーケット」
＝「郊外のある街区の内部での高齢者流動」

**図12-1　郊外における流動の変化
「通勤通学都市から通院観光都市へ」**
（出所）小長谷（2014a〜2014d）より作成

　ところが今後の高齢化社会になると、通勤通学人口が減り、シニアの通院や交流人口の集客移動が交通需要でメインになってくる。これらの流動はランダムなため、ルート交通で拾いきれないので、オンデマンドで、ラストワンマイルに適した小型EVの自動運転が最適となる。

　その際に利用者需要の中心は、シニア・女性・観光客であり、利用場所は郊外や中山間地や観光地である。

　EVは、現在の5人乗りが特別充電器と長時間の充電時間を必要とするのに対し、2人乗り程度の超小型EVは通常のプラグを用いて短時間で充電できることから、EVは技術的には超小型の方が完成度が高く、日常の需要も大きい。国土交通省は全国50か所以上で超小型EVの導入に補助しており、小職もこれがLRTやバスより今後の都市交通の本命とみて研究を発表してきた（小長谷 2014、2015）。ここにきてようやくトヨタがEVは超小型を本命として発表（日本経済新聞 2019、ベストカー 2019）した。世の中が個人主義化し高齢化しているので需要は小さな交通がメインになる。

　すでにこのシニアの郊外や中山間地での移動は、ルート交通では拾いきれないランダムなもので、ラストワンマイル問題を抱えているので、これまでのいわゆるコミュニティバスなどより、オンデマンドの立ち寄

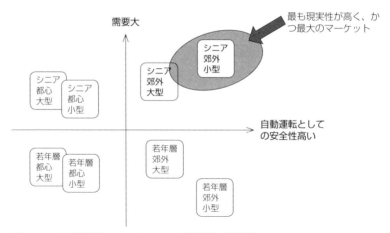

図12-2 自動運転のマーケティング問題の解決策
（出所）筆者作成

りバスかタクシー補助に移行してきている。小職はこのように、超小型EVこそ、自動運転の本命であり、それを制御すれば「個人公共交通」という新しいジャンルになると提案してきた。

　すなわち、マーケティング問題の解答は、10年前から予測してきたように（高速道路以外では）「①自動運転の事故が起こりにくいマーケット（セグメント）」は郊外か中山間地で、「②自動運転の大きな需要＝巨大になるマーケット（セグメント）」はシニアと女性である（図12-2）。

　郊外や中山間地の道はゆとりがあり交通量が少ないので、そこで、ゆっくり走れば自動運転でも安全性が最も高い。道の真ん中に小型EV専用レーンをつくり、中央センターで最適ルートを選択させるという遠隔制御でよい。

　実は、完全な自動運転が法的問題等から難しいので、高速道路のような限定道路か、最もマーケットが有望でかつ安全性の高い、都市郊外や中山間地などから普及する可能性がある。ここで、5Gなどの大容量通信が可能となった場合（1平方キロあたり100万端末を使える）、地域単位で制御センターで監視してコントロールする「コミュニティ的解決」「スマートシティ的解決」がある。しかし人が監視する必要あるので、

採算性をとるためには監視人：車比率を大きくする（少なくとも、人：車比が2以上、1人で2台以上をコントロールする）必要があり、5G以上の大容量通信による集中監視方式の可能性がでてきたのである。

　2020年現在、全国の自動運転実証実験や実用化は、まさにこの予測のとおりとなっており、都市郊外や中山間地のシニアマーケットで進んでいる。このように考えると自動運転問題は実は解決しているのである。郊外の高齢化団地か中山間地で「誘導線」や専用レーンも考慮に入れてのろのろ走るか、あるいは5Gで監視するスマートシティ的解決が実用化の最初になるだろう。

　したがって、自動運転は、今すぐ、任意の地点でする必要もないし、すべての世代でする必要もない。安全性の低い都市中心部や、ドライビングを楽しみたい若者が自動運転する必要もないのである。やりやすいところからやりだすという解決策になる。

⑸ **産業論の立場から、自動運転（スマートシティ）が日本を救う**
　今度は産業経済の立場からもこれが相応しいことを説明する。

1）地球環境問題からもエコカー、EVへの移行は不可欠
　　ところが、

2）藤本隆宏氏の「すり合わせ型＝モジュール型（モジュラー）」理論
　　は、日本が優位を維持できている産業の製品と、優位を失った産業の製品を比べ、その製品アーキテクチャの違いから判定できることを示した（藤本 2003、2004、2007）。すなわち、簡単な「モジュール型（モジュラー）」製品では日本は優位を失い、日本が優位を保てるのは「すりあわせ型」製品である。前者の例がパソコンで、後者の例がGV（ガソリン自動車）やデジカメである。

3）EV単体だけでは日本は優位をたもつことはできない
　　理由：EVは簡単な「モジュール型」製品であり、日本が優位を保てる「すりあわせ型」製品でない。GV（ガソリン自動車）は優位を保てる「すりあわせ型」製品であった。したがって、GVからEVへの転換が進み、単なるEV単体だけで勝負した場合、日本は産業の最後の砦である自動車産業を失い、産業が衰退する恐れがある（図12-3）。

1. GVは2段階エネルギー変換装置→複雑な「すりあわせ型」＝日本優位保てる

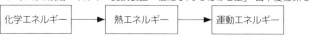

2. EV「単体」は1段階エネルギー変換装置→簡単な「モジュール型」＝日本優位保てない

図12-3　GVとEVの比較
GVは人類の歴史上でも非常に複雑な機械（2段階エネルギー変換装置）であり、
EVはそのままでは簡単である
（出所）小長谷（2014d）より

4）「自動車単体」「家電単体」産業から「都市インフラ」産業へ

　すなわち、日本のEV産業戦略は高付加価値化しかない。デザインか制御系で高付加価値を狙うことである。

①デザイン戦略

　デザインだけでヨーロッパ等のブランド力に勝負できるのか？　という課題がある。アパレルで負けたことが好例。

②制御系戦略

　自動運転＋都市の中央センターで制御する。自動制御する個人モビリティとは、一言でいうと「個人公共交通」なのである。「集団的公共交通」→（移動パターンの個人化）→「個人公共交通」という流れである。単体EVでなく、都市そのものを売る産業になる。

　すなわち、日本人はもうEV単体では食えない。自動運転の制御系も込みのスマートシティ＝「都市全体」を売って輸出する時代である。

　家電、自動車単体では食えないので、「住宅＋自動車＋家電で情報・エネルギーの制御も含めたトータルなシステム＝スマートシティ」を売って稼ぐ時代にきている（小長谷 2014a～2014d）。自動運転・スマートシティはむしろ日本の福音である。トヨタやパナソニックグループがスマートシティ（住宅＋家電）にシフトしているのはその好例（日本経済新聞 2020）である。

(6) 再び都市政策に戻る「コンパクトシティからスマートシティへ」

　ところで、人口減少社会・高齢化社会への移行による都市政策として

有名なものがいわゆる「コンパクトシティ政策」であるが、小職はこれだけでは不十分と、やはり10年前から指摘してきた。事実、日本経済新聞（2019b）によれば、都市のスプロール化・空洞化がますます進み、コンパクトシティにはなっていない。

〈ポイント1〉

　都市が外向的発展するときには新市街地を売り採算がとれたが、単なるコンパクトシティでは、市街地の放棄、撤退の都市戦略なので、採算がとれない。何らかの付加価値をつけることが必要。それはスマートシティである。

〈ポイント2〉

　都市がスプロールするのは、既存の5人乗りのGVの自動車社会が続いているからで、自動運転超小型EVが普及すればむしろそれが「個人公共交通」となり、コンパクトシティになる。しかも高付加価値がつき、経済も循環する。すなわちスマートシティであるコンパクトシティを目指さないといけないのである。

⑺　本当に自動運転技術が進むとどうなるのか？

　条件(A)、すなわちAIの実用基準＝エラー率が人間より小さくなったレベルで多くの分野では商用化されるが、自動運転では条件(B)(C)が満たされないので、単にエラー率が人間より下がってもLV4以上には簡単には行かないことを述べた。しかし、もし、自動運転車がさらに極端に高性能となり、エラー率が自然誤差（天変地異確率）程度に小さくなった段階になると、保険の天変地異免責レベルまでくる可能性（事故は天変地異という解釈）が予想されることは指摘しておきたい。

II．人に近づく──脳の研究とAGI（汎用人工知能）

1．AGI（汎用人工知能）に向けて

　現在のAIは、人間の脳の働きのある側面に特化して作られている。碁に勝つAI、画像診断するAI、運転するAIなどである。

　これに対し、人間と同じように総合的・万能的に判断するAIを、汎

用人工知能（Artificial General Intelligence: AGI）といい、その研究も盛んになっている。当然、人間の脳をさらに詳しく調べ、より複雑にして近づけていこうという方法論である。これについても少しまとめておき、筆者なりの視点を説明しておきたい。

2. 前提——AI は人の脳を模したものなので、AI 研究により脳の研究も進むというのは自然な流れである

(1) そもそも生物、特に人間の脳をモデルに作ったのが AI であった。

(2) だから、AI の研究が進むと、脳の理解が進む。

(3) というより逆に AI をモデルに脳・意識のモデルもできる。

(4) 不謹慎だと思われるかもしれないがそれは「科学の王道」。

これはどういうことかというと、この機能を調べ原型に似せたモデルを作り結果をつきあわせて検討するという手法は、シミュレーションないしモデル化といい、科学の常套手段であり、王道的な方法論なので、単に、その科学の正統的な方法論が着実に成功してきているということである。

それは「自然に学ぶ」「自然を模して、シミュレートする」という自然科学の方法論が着実に勝利しただけなのだ。だから、AI により脳の研究も進展するし、逆に、脳に近づく AI 研究は当然進む。現在の第 3 世代の AI は、自然（生物）を模したものだということを強調した。ということは第 3 世代の AI は、脳のシミュレーションであり、逆にその研究が進めば脳を模して作るところまでいくことはなんの不思議もない。

3. AI 研究からの接近——脳の階層性

(1) 脳神経系の階層性モデル

五木田（2016）、伊庭（2015）を参考に説明する。

人間の脳の構造と機能は、簡単にいうと、以下のようになっていると現在考えられている（図 12-4）。

まず「小脳」は、「教師あり学習」を行っていると考えられる。これ

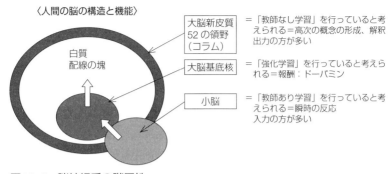

〈人間の脳の構造と機能〉

白質
配線の塊

大脳新皮質
52 の領野
（コラム）

＝「教師なし学習」を行っていると考えられる＝高次の概念の形成、解釈
出力の方が多い

大脳基底核

＝「強化学習」を行っていると考えられる＝報酬：ドーパミン

小脳

＝「教師あり学習」を行っていると考えられる＝瞬時の反応
入力の方が多い

図12-4　脳神経系の階層性
（出所）五木田（2016）ほかをもとに筆者作成

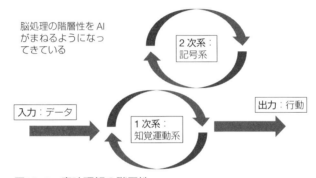

脳処理の階層性をAI
がまねるようになっ
てきている

2 次系：
記号系

入力：データ

出力：行動

1 次系：
知覚運動系

図12-5　意味理解の階層性
（出所）松尾（2019）ほかをもとに筆者作成

は瞬時の反応へのとっさの対応であり、入力優位である。実際、小脳は単純な構造をもち、教師あり学習の AI のモデル（ニューラルネット）でよく理解されることが知られている（伊庭 2015）。

　次に「大脳基底核」は、ドーパミンという報酬システムがあることから、「強化学習」を行っていると考えられる。

　最後の一番上位の大脳新皮質は 52 の領野（コラム）からなり、「教師なし学習」を行っていると考えられる。これにより高次の概念の形成、解釈を行っていると考えられ、入力より出力の方が優位である。

(2) 記号処理と意味理解

　松尾（2019）は、意味理解の階層性を「知覚運動系」と、それから発

達した人間特有の「記号系」に分けている（図12-5）。

⑶ なぜ階層か——人間組織アナロジーモデル

　ここで、本節では、人間組織アナロジーモデルとして、企業や役所など、人間の組織における情報処理のモデルを当てはめてみたい。「現業部門」–「中間管理職」–「役員」というモデルである。

　組織として存続するためには、日々の仕事の処理は一日も休むことができず必要なので、まず、現場のデータで最適に、「現業部門」が日夜休みなく体からの要求を処理しているはずである。これが「脳幹」「小脳」の働きに相当する。現場の身体の活動には、瞬時に正誤の結果が出てそれに対応しているので、教師あり学習に近い。

　「中間管理職レベル」はその現業部門を監督する。これが大脳基底核にあたり、利益最大化、売上げ増加、コスト削減などの日頃の目標を達成しようとしているのだから、強化学習に相当している。

　「役員レベル」は、中間管理職からの報告を受けて、会社の企画を立案し、ビジョン、長期目標などを作る。これがわれわれの意識と考えると、現場の日々のデータやそれに対し現場が逐一対応していることが役員会にいちいち上がらないのは不思議なことでない。

　こうした脳の意識の階層性は、以下の2点からも自然である。

　1）進化面からも自然

　もともと、生存競争（餌・異性の獲得、敵の回避）の面からみれば、現場の処理の方が日々の暮らしに大切で、高次の概念形成は後でよい。爬虫類や魚類などは脳幹・小脳があり、哺乳類は大脳基底核、ヒトになると大脳新皮質が発達した。だから、この順番で生存競争に勝つ生命の維持に必要なことであり、高次の脳機能は後から追加されてできてきたと考える方が自然である。

　2）いわゆる「意識の遅れ現象」を理解できる

　意識の遅れとは、人間が外部に対する応答に際し、すでに次の行動を起こして0.5秒ほど後に、意識のニューロンが発火するようにみえる現象のことで、自由意志はどこにあるのかと大問題になった（リベット2005）。

⑷ 大脳新皮質を理解する HTM（階層的時間記憶）モデル

　意識をより理解するには、意識の座とみられる「大脳新皮質」をモデル化するのがよい。ジェフ・ホーキンスは、HTM（Hierarchical Temporal Memory：階層的時間記憶）モデルを提案している。これによれば、大脳新皮質は教師なし学習をして、空間的・時間的に長いプーリングをしている（意識は時間的に安定していなければいけない）。より下の階層の神経はデータに隷属し、データからパターンを得る学習をしているが、大脳新皮質は長期予想をしているので、逆に、下の階層の一瞬先を常にオンラインで予測しているという。この「脳は予測機械」という考え方は脳科学からも支持される。

3．脳研究からの接近──生成モデル

　渡辺正峰（2017）に依拠して説明する（図 12-6）。

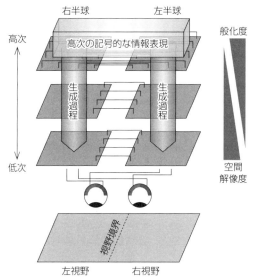

図12-6　脳の生成モデル
左右半球に分かれた脳の解剖学的・生理学的制約を受けずに一体化する生成モデルを示す
（出所）渡辺正峰（2017）『脳の意識 機械の意識－脳神経科学の挑戦』中公新書、273 頁の図 5-16 より引用

データを解釈するだけでなく、自分で作り出すものを「生成モデル」という。自分が世界モデルを作るということ。この自分がシミュレートした世界モデルで予測した結果と現実を常に比較するループとして人間の意識を理解するというのがはやりだしており、やはり「生成モデル」が人間の意識にせまるのではないかといわれている（渡辺 2007）。

4．意識の理解としてこれまでの仮説

⑴ 脳とは予測する機械である。生存競争に生き残るための。

地球上の環境で、餌を発見し、敵を回避し、異性を獲得するため、よりよく生きるために、過去の記憶からより長期の予測をするため概念や記号をつくり発達してきた予測機械であるといえる。

⑵ 意識は時間概念を含む。なんらかのオンラインのプロセス（予測）の連続。予測からはずれれば驚き（surprise）になり、全体で必死に学習しなおす。

⑶ 意識をなんらかの時間的なオンラインの「（予測）サイクル・ループ」のプロセスと解釈するのは、以下の２つの点で、自然と思われる。

〈意識の遅れ問題〉意識の座が活動する前から人間は行動している。

〈時間観念の付随〉意識には時間概念がある。

⑷ これらは、階層構造をもったAIのプロセス（データ→世界モデル生成→予測→突き合わせ）が近い。ただし、大脳新皮質は、今のAIと違って、1方向ではなく、また各層で相互作用がある。全体が結合し1方方向でない。データよりパラメータの方がはるかに多いだろう[4]。

⑸ ただし、完全に人間に近づき、現在のAIにとって難問といわれている「フレーム（枠組み）問題」「シンボルグラウンディング（記号着地）問題」を解決するには、人間と同じ五感をそなえ、勉強させる「身体性」が必要、すなわちロボットに接続し五感から学習させるという見方がある。ただし、機械にも難しいこととは、人間にも完全にはわからないこと、完全にわかれば人間でもイノベーションになるということは、つけくわえておきたい。

5．「AI は人間に永遠に近づけない、人間は聖域である」という誤解

　すでに前節で述べたように、現在の AI は人間の脳を模して（シミュレート）して作られたものである。この「シミュレーション（機能を調べ原型に似せたモデルを作り結果を検討する）」という手法は、科学の王道的な方法論であり、単に、その科学の正統的な方法論が着実に成功してきているということである。したがって、AI の研究が進めば脳の研究も進むし、逆も真なりで、脳の研究が AI の研究を進める。人間自身をシミュレートする時期も意外に早くくると考えないといけない。

Ⅲ．雇用問題

1．雇用に関する予測

　以下、有名な例をあげる。

⑴ オフィスワーカーの減少分のゆくえ

　AI が本格化する以前の IT 産業のアメリカ雇用への影響に関するものとしては、ブリニョルフソン・マカフィー（2013）『機械との競争』（日経 BP 社）があげられる。

　あくまでアメリカの例である。中間層のオフィスワーカーが減った分のうち、IT の高度技術者職の雇用が増えるのはほんの一部であり、大部分は「ホスピタリティ業種」という対面接客のサービス業になるという二極化予測を紹介した（井上 2019）。

⑵ 小売業での減少：アマゾン効果

　アメリカでははっきりとした数字で、ネット通販が小売業に相当影響を及ぼすようになっていることは有名である（バーニーズ・ニューヨークやフォーエバー 21 など）。

　日本でも、直近で産経新聞が「【ビジネス解読】日本経済を揺るがしかねない「アマゾン・エフェクト」の脅威」（産経新聞 2019）として、「既存の小売店が閉鎖・倒産に追い込まれる「アマゾン・エフェクト（効果）」が日本にも及び始めた。（中略）小売店では実際の品物を手に取って品質を確認するのみで、ネット通販で買い物をする「ショールーミン

グ」が広がっており、百貨店やスーパーはこうした消費行動の変化に苦しめられた可能性がある」と記す。しかし、同記事では、消費者が割安な商品を手に入れやすくなったというメリットも指摘し、日本総研の安井洋輔主任研究員の「政府が主導し、小売業の余剰人員を再教育して介護や医療、IT など成長産業に移すべきだ」というコメントをつけた。

⑶ 全体の雇用の減少

2010 年年代後半の雇用需要を分析し、アメリカでは減ってきているとする（ゴードン 2016、井上 2019）。

アメリカでは、労働参加率や就業率の低下傾向が、2017 年ごろまでに大きくなっていることをあげ、1）ベビーブーマーのリタイア、2）大学・大学院進学率の上昇、3）AI を含む IT による雇用破壊の 3 つの要因をあげ、年齢限定で 1）2）の効果を除去し、3）の AI 効果を無視できないとしている。

⑷ 単純労働の減少予測

野村総研とオックスフォードチームによる雇用予測（2015 年）。

2015 年に、野村総研とオックスフォードチームが、日本国内 601 種類の職業を検討し、10 ～ 20 年後に約 49%が代替されると予測した。特に表 12-2 のようなものが候補だとしている（NRI・オックスフォード大の報告書 2015）。

代替可能性が高いものとしては、一般事務、定型的窓口業務、見回り警備、運転者など、代替可能性が低いものとしては、コンサルタント、デザイナー、編集者、教員、ケアマネ、医師などである。これによれば、①直接人に触れるコミュニケーションが重要なもの、②非定型、定義が難しい、体系化されていないもの（AI のフレーム問題）は、代替可能性が低いという。

⑸ 専門職の減少予測

Altman Weil 社の調査（2015 年）に基づく。

これは、アメリカにおいて、いわゆる、医者や弁護士のような専門職に対する影響を調べたものである。2015 年の Altman Weil 社の調査では、それから 10 年以内に（すなわち 2025 年までに）、35%の法律事務所

表12-2　野村総研とオックスフォードチームの雇用予測

● AIやロボット等による代替可能性が高い100種の職業

・IC生産オペレーター	・金属熱処理工	・製粉工	・バイク便配達員
・一般事務員	・金属プレス工	・製本作業員	・発電員
・鋳物工	・クリーニング取次店員	・清涼飲料ルートセールス員	・非破壊検査員
・医療事務員	・計器組立工	・石油精製オペレーター	・ビル施設管理技術者
・受付係	・警備員	・セメント生産オペレーター	・ビル清掃員
・AV・通信機器組立・修理工	・経理事務員	・繊維製品検査工	・物品購買事務員
・駅務員	・検収・検品係員	・倉庫作業員	・プラスチック製品成形工
・NC研削盤工	・検針員	・惣菜製造工	・プロセス製版オペレーター
・NC旋盤工	・建設作業員	・測量士	・ボイラーオペレーター
・会計監査係員	・ゴム製品成形工(タイヤ成形を除く)	・宝くじ販売人	・貿易事務員
・加工紙製造工	・梱包工	・タクシー運転者	・包装作業員
・貸付係事務員	・サッシ工	・宅配便配達員	・保管・管理係員
・学校事務員	・産業廃棄物収集運搬作業員	・鍛造工	・保険事務員
・カメラ組立工	・紙器製造工	・駐車場管理人	・ホテル客室係
・機械木工	・自動車組立工	・通関士	・マシニングセンター・オペレーター
・寄宿舎・寮・マンション管理人	・自動車塗装工	・通信販売受付事務員	・ミシン縫製工
・CADオペレーター	・出荷・発送係員	・積卸作業員	・メッキ工
・給食調理人	・塵芥収集作業員	・データ入力係	・鋳類製造工
・教育・研修事務員	・人事係事務員	・電気通信技術者	・郵便外務員
・行政事務員(国)	・新聞配達員	・電算写植オペレーター	・郵便事務員
・行政事務員(県市町村)	・診療報酬請求事務担当者	・電子計算機保守員(IT保守員)	・有料道路料金収受員
・銀行窓口係	・水産練り製品製造工	・電子部品製造工	・レジ係
・金属加工・金属製品検査工	・スーパー店員	・電車運転士	・列車清掃員
・金属研磨工	・生産現場事務員	・道路パトロール隊員	・レンタカー営業所員
・金属材料製造検査工	・製パン工	・日用品修理ショップ店員	・路線バス運転者

(注) 50音順、並びは代替可能性確率とは無関係
(出所) https://www.nri.com/-/media/Corporate/jp/Files/PDF/news/newsrelease/cc/2015/151202_1.
　　pdfより引用

が、新任弁護士の業務をAIが代替すると予測した。

　しかし、これは少し単純な予測であり、上記のように現在、医療の分野では、AI導入条件に相性がよいこともあって、AIの利用は相当進むと予測され、AI診断はツールとして新人でも必須になるだろう。

　それゆえ、専門職の雇用に関する予測については、俗にいわれる以下の予測Aのような形ではなく、予測Bのような形で実情は進むと考えられる。

　×　予測A:「AIの導入により専門職の雇用数が相当減る」
　◎　予測B:「AIの導入により、専門職の職場では、新人・ベテランを問わず、AIを使えマネジメントするものが重用され、AIを使いこなせないとどの仕事も難しくなり、AI教育が重要になる」

2．雇用問題に対する（日本人的）バイアス

　この雇用問題について、当初の予想や日本的バイアスについて述べて

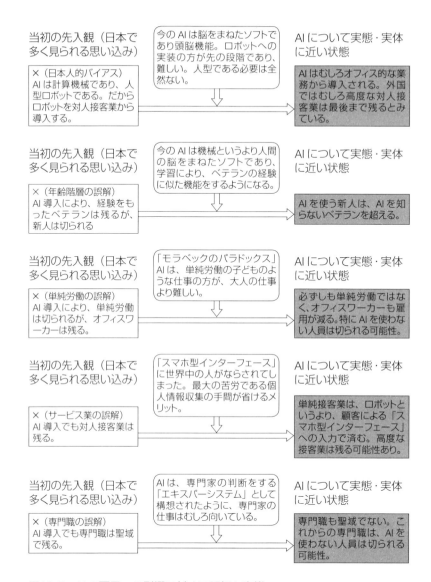

当初の先入観（日本で多く見られる思い込み）

×（日本人的バイアス）
AIは計算機械であり、人型ロボットである。だからロボットを対人接客業から導入する。

今のAIは脳をまねたソフトであり頭脳機能。ロボットへの実装の方が先の段階であり、難しい。人型である必要は全然ない。

AIについて実態・実体に近い状態

AIはむしろオフィス的な業務から導入される。外国ではむしろ高度な対人接客業は最後まで残るとみている。

当初の先入観（日本で多く見られる思い込み）

×（年齢階層の誤解）
AI導入により、経験をもったベテランは残るが、新人は切られる

今のAIは機械というより人間の脳をまねたソフトであり、学習により、ベテランの経験に似た機能をするようになる。

AIについて実態・実体に近い状態

AIを使う新人は、AIを知らないベテランを超える。

当初の先入観（日本で多く見られる思い込み）

×（単純労働の誤解）
AI導入により、単純労働は切られるが、オフィスワーカーは残る。

「モラベックのパラドックス」AIは、単純労働の子どものような仕事の方が、大人の仕事より難しい。

AIについて実態・実体に近い状態

必ずしも単純労働ではなく、オフィスワーカーも雇用が減る。特にAIを使わない人員は切られる可能性。

当初の先入観（日本で多く見られる思い込み）

×（サービス業の誤解）
AI導入でも対人接客業は残る。

「スマホ型インターフェース」に世界中の人がならされてしまった。最大の苦労である個人情報収集の手間が省けるメリット。

AIについて実態・実体に近い状態

単純接客業は、ロボットというより、顧客による「スマホ型インターフェース」への入力で済む。高度な接客業は残る可能性あり。

当初の先入観（日本で多く見られる思い込み）

×（専門職の誤解）
AI導入でも専門職は聖域で残る。

AIは、専門家の判断をする「エキスパーシステム」として構想されたように、専門家の仕事はむしろ向いている。

AIについて実態・実体に近い状態

専門職も聖域でない。これからの専門職は、AIを使わない人員は切られる可能性。

図12-7　AIの雇用への影響に対する誤解と実態

おきたい（図12-7）。

　まず、日本人特有の人型ロボットバイアスがある。日本人は人型にこだわり、ホテルのフロントなどで、物珍しさで使うところから出発したが、本当は、「高度な対人接客業」こそ最後まで人間に残る仕事である。

　AIは「頭脳機械」なのだから、実は、頭脳労働こそ代替される可能性があり、今回の第4次産業革命の課題は、人類史上初めて「ホワイトカラー」の代替が起こる可能性である。「専門職」も、「単なる専門家」は不要となり、「AIを使いこなせる能力のある専門家」が生き残る。

　むしろ単純作業でもすぐに代替できないものは多い。AIには、単純労働の子どものような仕事の方が、大人の仕事より難しい「モラベックのパラドックス」があるからだ。

　ところで、単純なサービス業で、最近でてきた傾向は「顧客にやらせる」というものだ。レストランなどの接客業務がどんどんタブレット入力などに置き換わっているが、これは消費者意識の革命が大きい。あまりにスマホが一般化したために「スマホ型インターフェース入力」に世界中の人が馴らされてしまった。企業側でも、最大の苦労である個人情報収集の手間が省けるメリットがあり、人手不足の解消になる。

3．AIの最適用途とは？
　現時点でAIの最適用途はなんだろうか。次の2点に注目したい。
⑴ トロント大やグーグルのネコの話のように、今のAIは画像認識が最も得意となっている。エラー率は人間より下がり、人間を超えている。
⑵ 一番よいのは、これまで人間しかできなかった「パターン認識」などで、しかも苦労のある「鬱陶しい仕事」を全部代替させる。人間が人間らしく生きられる原則。とにかく人間にしかできない「鬱陶しい仕事」はほとんどAIで劇的に解決するといっていい。

　それゆえ、環境産業やリサイクル産業やインフラ産業での以下の例のような「廃棄物処理の認識」や「故障の余地」や「インフラ施設のメンテナンス」などが現時点で最もAIに向いており、人間が大変な仕事を

することを劇的に改善できる[5]。

　日経クロストレンド（2019）「ディープラーニング活用最前線」第32回「ごみ焼却炉でも AI 活用　運転時間の89%を自動化へ」にあげられている技術コンサルティングや開発を手がける Ridge-i（リッジアイ、東京・千代田）などが例である。ごみ焼却施設では、安定した状態でごみを焼却する必要があり、焼却炉への投入に適したごみの選別という事前作業が必要で、従来の目視では、自動運転できる時間が全体の16%だったが、ごみ識別 AI を活用した自動クレーンシステムでは89%にまで引き上げることができたという。

IV．人間が真に人間らしく生きるための AI を使った社会経済のデザイン

　今後、AI の能力が拡大し、シンギュラリティ[6]が近づくにつれて、雇用など、AI という科学技術が引き起こす課題が、いろいろ出てくることが予想されるが、当然のことながら、AI の応用において、本来の文明の目的である人類の省力化と幸福の増進に向け、「AI を、人間が本当に人間らしく生きられるようにする不断の努力」が欠かすことができないことはいうまでもない。

　ところで、AI をめぐる雇用などの問題を解決するためには、どのように考えたらよいだろうか。AI は科学技術の進歩によって生まれた存在であるから、それが引き起こす根本的な問題も、過度の規制や禁止ではなく、同じく科学技術のより進んだ進歩によって作られる新しい社会経済のデザインによって解決するのが、本来の考え方である。

　ここでは、AI の技術が更に進展したとみて、実現する可能性のある社会経済のデザインの例を2つあげる。AI を応用することにより人類の課題を究極的に解決し、「AI を、人間が本当に人間らしく生きられるよう」にするデザインであり、今後の科学技術のチャレンジングな課題である。

1．デザイン 1：「年金型完全自動工場（社会経済的半永久運動機関）」

(1) 定義：単なる工場の自動化ではない

ここで、「年金型完全自動工場（社会経済的半永久運動機関）」を
「原則として、1）再生可能エネルギー（太陽光等）と、2）自由財
（水、空気など）ないし完全リサイクル財のみを用い、3）しかも AI
によるメンテナンスにより、人間の寿命に匹敵する長期（〜100 年
単位）、故障せず、特に必需品の生産に働き続けるシステム。」
と定義する。

(2) 投入（原材料、原エネルギー）の手間もない

ここで注意がいるのは、現在よくいわれる「完全自動工場」ではな
い、ということである。単なる「完全自動工場」には、投入にまでリサ
イクルはない。

ここでいう「年金型半永久工場（サスティナビリティ工場）」は、原材
料とエネルギーは自給し、自己完結するもので、人間が用意する必要が
ない。本当にそんなことができるのか、ということになるが、地球上の
あらゆる生命や機械の活動は、根源的には「太陽エネルギー」と「地熱
（地球奥の崩壊熱）からくるエネルギー」を、物質の器（人間の身体や自
動車のような機械）を作り、利用して動かしているにすぎない。

物質の器の方は完全にリサイクルして元にもどす。エネルギーはもち
ろんソーラーを主として利用することになるだろう。

もちろん一つの工場で難しければ、モジュール化し、多段階のサプラ
イチェーンを組み合わせて、コンビナート全体で、長期にわたり、まっ
たく人間が世話をすることなく、必需品を、自動的に無から作り出す。
もちろん完全な永久機関は物理学の法則に矛盾するので、あくまで半永
久機関であり、エネルギーは太陽からとるし、投入原材料は自由財かリ
サイクル財で繰り返し使う。1 工場でムリなら、サプライチェーンを組
み合わせ、そのコンビナート群で自己完結するようにする。

もっと具体的な例をあげると、一番に生産する目的として重要なの
は、必需品、特に食料である。現在、AI による植物工場の完全自動化
が進んでいる。完全に自動で、植物の種から完全にリサイクルできれ

ば、この条件を満たす。あるいは、現在進められている人工光合成技術を使って、より根本的に、自由財だけから食料を作り出すようにする。

(3) 故障の手間がない：長期にわたるメンテナンスフリー

問題は、長期にわたり、人がメンテしなくても自動で動き続ける、単純なリサイクル生産システムのほかに必要な、AIによる故障診断・自己修復システムである。2つの段階が考えられる。

1）第1段階：原料投入する流れ作業プロセスの生産システム以外に、生産にともない、どうしても劣化・摩耗する加工プロセスに関係する生産財の自動部品交換システム。最終的には部品自身も作り出す。

2）第2段階：生産システムと第1段階システムを含む全体の故障診断・自己修復システムである。

もちろん、完全に永遠の稼働は不可能だが、この2つの機能が改良されれば、最後の目標は人間の寿命に匹敵する寿命の獲得になる。

(4) 完全なるサスティナビリティ機械

この発明のアイデアを理解するには、これまでの通常の製造業とは問題設定を逆にしてみる。これまでは、機械とは故障するからビジネスが成立した。しかし、科学技術の究極の目的に「完全なるサスティナビリティ機械」という目標を置くのである。すなわち、「自由財ないしリサイクル財を原料とし利用して生産を行いながら、永遠に故障しないで働き続けるシステムをつくることは可能か？」という問いを最上位にもってくる。科学技術の発展の究極（人間の代替）であるAIを使い、人類の文明のもう一つの最大の課題である「貧困の撲滅」を解決するのだ。

この問いは重要性で、そのような技術こそ文明の最高の目標とすべきである。なぜなら、この機能が完全になれば、それは時間に対抗して、宇宙（地球）環境の中で生き続け、生き残るものであるからである。

人類は、AIを手にすることにより、故障の予測、自己修復が可能となってきた。

ある意味で、この宇宙の中で時間に打ち勝ち生き続ける、もうひとつのシステムとして成功してきている（有機分子による）サスティナビリ

ティシステムを「生命」と定義できる。生命は現在「代謝」「自己修復」「自己複製」の機能を備えたものであるが、逆にいえば、偶然これらの機能を備えたとき、それは時間の経過の中で生き残り存続するシステムなのだから、それを偶然「生命」と定義したのである。「自己修復」に限界があるので、最終的に「自己複製」で対応しようとしたのが生命だとみなせる。ただし「自己複製」にはエラーが避けられず、そのバリエーションのうち環境により有利なものが生き残る。すなわち「進化」は生物においては必要悪であり、新しい可能性を開いたともいえる。

(5) 半永久工場の目的

1）ベーシックインカムの基礎（貧困の撲滅）

この技術が完成すると、それは以下のベーシックインカムの基礎となりうる。その場合は、この「年金型完全自動工場」そのものの生産は公共事業と考えてもよい。政府は国民が生まれたら同時に、この年金型完全自動工場を1名分建設する。そのときこの「年金型完全自動工場」生産産業は、現在、公共施設や道路・橋を作っている建設業と同様、公共事業的産業となる（以下で述べるIT産業と同じく、すべての産業が「限界費用ゼロ・初期投資固定費用のみ」という性格を帯びる）。

2）宇宙開拓の基礎

この技術を荒唐無稽とはいい切れない。なぜなら、人類最後の仕事というべき、本格的宇宙開発に必要不可欠な技術だからである。

2．デザイン2：情報・エネルギー・食料の（自治）単位であるスマートシティ（スマートコミューン）

(1) IT産業（実装技術）の歴史は「集中と分散のせめぎ合い」（集中・分散論）

ここで、小長谷（2014d）、小長谷（2015）をもとに、IT技術とそれに立脚した産業の特別な性格について述べておきたい。

それは、図12-8のような、「IT産業のもつ集中と分散のせめぎ合い」の歴史であり、その多くの特徴が「集中・分散の二元論」から考えるこ

とができる。

1）ハード・ソフトにおける集中・分散の二元論

IT産業は、その歴史から、データの発生場所と処理場所を集中させるのか、両者を通信で結ぶのか、に応じて集中と分散の歴史を繰り返してきた。

まず、インターネット発生以前には、メインフレームという大型コンピュータの時代があり、IBMおよびその互換機のメーカーが君臨した。これはデータも入力し、集中処理した時代（TSS：タイムシェアリングシステム）である。

これに対し、ムーアの法則にあるように、中央処理装置（CPU）の性能が増したので、コンピュータの小型化が進み、ワークステーションからPCの時代に、またインターネットの誕生により分散化処理の時代が到来する。

現在は、クラウド技術と、ブロードバンド（大容量回線のインターネット）の技術により、再び集中化の時代（データも集中させ大企業のクラウドサーバで処理する時代）になっている。

2）IT産業における集中・分散のメカニズム

これらは、あくまでIT産業の形態（ハード・ソフト技術）の話であるが、実は、その経済特性も、多くは、集中・分散のメカニズムで理解できる。

IT産業ほど不思議な新産業はないということを小職は20年前から述べてきた。現在のGAFAですら、20年前は存在しないか、ベンチャーだったように、IT産業はベンチャーと大企業という2つの極端な側面をもっている。いったいどちらが本質なのかというと、どちらも本質であり、アイデア勝負で、「ブルーオーシャン（ライバルのいない新規市場）」を見つければ先行者は「起業の敷居が低い」ため容易に起業でき、いったんデファクトスタンダードを作れば、「限界費用ゼロ」「ネットワーク外部性」などの規模の経済が強く働き、一気に大企業となり、かつ独占力を獲得してその同じジャンルでは後続ベンチャーが出にくくなる（ウイナーズテークオール）ということである。これに対抗する方法は、

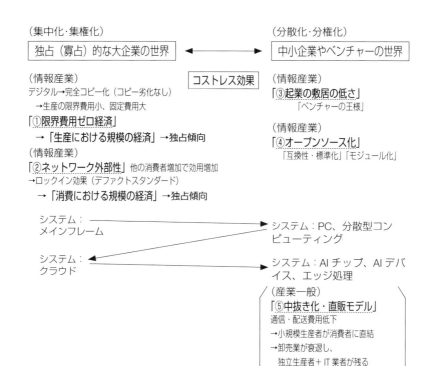

図12-8　IT 産業のもつ集中と分散のせめぎ合いの特性（集中・分散論）
(出所) 小長谷 (2014d)、小長谷 (2015) の図をもとに重要な部分のみ抽出

フリーソフト戦略（オープンソース化）と AI チップである。

　図 12-8 は、左側に「独占（寡占）的な大企業に有利な世界（集中化・集権化）」を表し、右側に「中小企業やベンチャーに有利な世界（分散化・分権化）」を示している[7]。

(2)「グローバル・クラウド処理」と「エッジ（スタンドアローン）処理」の中間の「コミュニティ・エッジ処理」の可能性

　すでに本章第 I 節で、自動運転が最もマーケットが有望でかつ安全性の高い、都市郊外や中山間地などから普及する可能性があること、ここで、5G などの大容量通信が可能となった場合、採算をとるには、管理

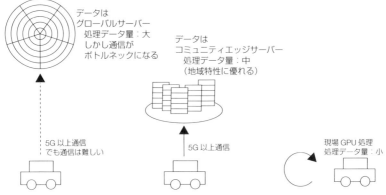

図12-9 「グローバル・クラウド処理」と「エッジ処理」の中間の
「コミュニティ・エッジ処理」

する人：車比を大きくするため、地域単位で制御センターで監視してコントロールする遠隔監視、コミュニティ的／スマートシティ的解決がある可能性を示唆した。

　これは、上記のような「IT産業の「集中」＝「分散」の二元論」の枠組みでいうと、ちょうどその中間点に解決策を見いだすことにあたる（図12-9）。

　もともと自動運転は、巨大なデータの即時膨大な処理なので、完全なクラウド処理はいかに大容量になっても難しく、AI自動車自身でのスタンドアローンでのエッジ処理が有効である。しかし人が監視する必要があるので、採算性をとるためには、人：車比率を大きくする必要があり、大容量通信による集中監視方式の可能性がでてきたのである。

(3) データ主権の基礎としての、情報・エネルギー・食料の（自治）単位であるスマートシティ（スマートコミューン）

　実は、上記のような「コミュニティ的解決」「スマートシティ的解決」は、日本の産業の競争力問題や、自動運転の法的問題の他に、もうひとつ重要な課題を解決する中間的案になる可能性がある。

AI・IoT 化社会においてこれから大問題になるのは「データ主権」の問題である。われわれの個人的データは、AI・IoT のクラウド処理を行えば、少数の大企業に集中され、管理される。それは利便性と引き換えにそうせざるを得ない状況が出てくるが、よく考えると、これまでに製造業や自動運転でみたように、現場のデータでエッジ処理した方がよい。逆に医療や自然言語処理（通訳）などは、世界中のデータを集めるほど処理は正確になり、かつ瞬時でなくてもよいので、クラウド処理に向いている。ここでも、「集中」＝「分散」の二元論で理解できる。

ところで、法的問題もあり、自動運転では、中間的地域単位で、処理する可能性がおおいにある。自動運転などの場合、地域の地形など地元のデータで十分ディープラーニングできることがあるので、「コミュニティ的解決」「スマートシティ的解決」（都市 OS）でよい。

いっそのこと、再生可能エネルギーで「エネルギーの自立[8]」、また上記の半永久自動工場のように「農・食の自立」ができれば、政治的自立性まで生まれてくる。このようなスマートシティ（都市 OS）はスマートコミューンと呼べるのではないか。本当のデータ主権には政治的自立性が必要ということであれば、国民国家よりスマートシティ（スマートコミューン）の方が重要になるかもしれない。

3．さらに導入が進む場合の新しい労働観と、BI の可能性

⑴ 経済の枠組み・前提条件は技術の進歩で変わりうる

1）技術条件が重要な問題は多い

経済学には、経済原論、経済基礎理論にあたるミクロ経済学、マクロ経済学等と、環境経済学、交通経済学、都市経済学などの応用経済学系の、大きくは 2 つの研究領域がある。

環境経済学は、もちろん再生可能エネルギーなどの技術革新により、モデルはその都度、新しい要素を取り入れ、革新されてきた。

交通経済学・都市経済学で代表的な問題のひとつに「混雑問題」がある。例として「トルゲート（料金所）問題」がある。これは、料金所での手続きによる混雑を経済学的にモデル化し解決しようとする研究だっ

たが、高速道路については、ETC の出現によりほぼ解決した。同じように、都市経済学の中心課題である都市内部の混雑も、今後、自動運転や AI 技術が進み、混雑を見越した車両のコントロールにより、解消される可能性があり、そのときは経済モデルの枠組みは変化させなければならない。

　要するに、応用経済学では、技術進歩に依存してモデル化の枠組みは変化する。今、IT 産業に代表される「限界費用ゼロ」の産業や AI による労働代替が増えると、基礎的理論や労働経済学の分野でも、当然、そのような急速な技術的影響を理論の枠組みに考慮せざるを得ない可能性が出てくると想像される。

２）「希少資源・制約の経済学」から「構想力の経済学」へ

　もともと、経済学は希少資源の配分問題から出発している。今後もその枠組みのほとんどは有効であろうが、あまりに早い技術革新により、一部で枠組みを変化させたり、前提条件を大きく変えたりする必要がでてくる可能性がある。

　再生可能エネルギーの普及で、エネルギーもどんどん安くなり、究極のエネルギー源である太陽光エネルギーと地熱から直接とるようになり、中間的な化石燃料に頼ることは不要になってきている。基本的に、技術の進歩により原料は安くなり、資源の制約はレアメタルやリチウムなどの特殊資源に絞られてくるだろう。

　例えば、A 地点から B 地点に個人的需要で移動したいとする。マイカーを使えばよいが、それが GV であっても EV であっても移動需要は達成される。技術の進歩で選択の幅は広がっていく。それにもかかわらず EV にシフトするのは、原材料の資源制約というより、ひとつは地球温暖化問題リスクなど別の条件からである。

**　資源の制約に代わって新産業を生み出す人間の自由な構想力が圧倒的な富を生み出す時代になっている。**例として、「（携帯から）ボタンをなくす競争」を起こし日本の携帯産業が衰退したのは、アップル創業者のスティーブ・ジョブズが 1984 年にスケッチさせた「ボタンのない携帯」MAC PHONE のアイデアからであった。今、日本の自動車産業は

「ハンドルをなくす競争」を仕掛けられているといってよい。まさに、「構想力」が巨万の富を生み出す経済の時代になっているのである。

(2) 文明の発展にしたがって製造業の製品の同一財の価格は原則として安くなっている

そもそも文明の目的は省力化・便利化であり、製造業の製品の同一財の価格は原則として安くなっている。例として、現在100円ショップで売っている商品を、もし中世・近世の技術で生産しようとすれば、非常に高価なものになる。現在、多くの国民の摂取カロリー量は、中世の貴族の水準である。同年代での人々、国々の間での経済格差を無視すれば、たしかに文明は進んできた。

しかし、生物である人間の欲望、必需品には一定の量があり、人間の生活必需品に対する需要がほぼみたされ飽和する可能性はあり、それは現在かもしれない。最後は生活必需品のほとんどは行き渡り、AIによる自動化があれば、生活必需品の多くは価格は下がる。

一方、AIによる完全自動化により、雇用も減り、すべての人がAIを活用する高度な職につけない場合、平均賃金も低下する。もし万一この自動化の恩恵により失職したり、価格低下効果より給与の低下の方が著しく、生活できない人が出てきた場合（利益が偏在すると、その可能性の方が高い）、その分はBI（ベーシックインカム）等で補わないといけない。

モノの価格は、同一財については、原則として安くなるのが技術の進歩であり、文明の目的だった。それにも関わらず高度化を目指してきたのは、先進国が、必需品から段階的に産業を発展途上国に明け渡し、自分はより高付加価値化を目指してきた歴史のためである。

高付加価値化といっても、人間の欲求が有限であるなら、いつかはほとんどの必需品が満ち足りる段階がくる。それが現在かもしれない。消費者のより高度な欲求を喚起し、より高級な「経験」を売る、新産業の創出をいくら努力しても、全人類がその仕事にたずさわれるかどうかはわからないのである。

(3) 究極経済モデル

以下は、あくまでもシンギュラリティにせまり、上記のような「年金

型完全機械化工場」も実現している時代を想定し、極端な前提で思考実験してみたものである。

〈仮定〉

1）2種類の国民（全人口数 N）：エリートと一般国民（エリート比が e ＜ 1）。

2）BI（ベーシックインカム）は全国民に一律支給（1人あたり B）。

3）雇用（eN）と給与（A）はエリートにしかない。したがってエリートは A ＋ B、一般国民は B をうけとる。

4）単一種のハイテク企業（群）が費用関数 f で必需品を生産。川上の原料は、「年金型完全自動工場」などにより非常に安く抑えられるものとする。

5）BI の基礎は唯一のハイテク企業（群）の利益（π）に対する法人税（β ＜ 1）と、エリートに対する所得税（a ＜ 1）のみ。

〈関係式〉

「補助的仮定：以上に加え、さらに、すべての国民が生活できるためには、必需品の価格は B でなければならない」を設けると、

● ベーシックインカム源泉方程式

$$\beta\pi + a\mathrm{A}e\mathrm{N} = \mathrm{B}\mathrm{N} \tag{式1}$$

● 企業利潤式

$$\pi = \mathrm{B}\mathrm{N} - f(\mathrm{N}) - \mathrm{A}e\mathrm{N} \tag{式2}$$

（「収入」マイナス「費用」マイナス「エリート給与」）

式2を式1に代入し整理すると、

$$(a - \beta)\mathrm{A}e = (1 - \beta)\mathrm{B} + \beta \cdot f(\mathrm{N})/\mathrm{N}$$

これは、「エリートの実質納税価値」が「法人の実質価値の増加（収入－納税）」と「平均費用の価値分」の和になることを意味する。

すべのものの生産が AI により半永久的に自動化され、生活必需品の

価格も非常に安くなっているこの究極経済では、価値を生み出す源泉が「エリートが企画・管理する労働」であり、それが企業の利益と（たぶんかなり安くなっている）費用購入を行って、経済をまわしていることが推定される。経済の主役は、イノベーションを考え出し、企画・管理するエリートになる。「構想力の経済学」になるのだ。

〈教育の重要性〉
　したがって、AIが進化する段階では、教育が最も重要になる。全国民に対して、できるだけエリートになり、人類に残された高度な仕事を行うよう教育する、そのような能力を身につけることが大切な、「学習社会」になる[9]。

Ⅴ．おわりに

1．第4次産業革命（AI革命）は人類史上最大の革命であり、21世紀は人類文明の最大の分岐点

(1) 結論：第4次産業革命は、これまでで最大の革命であり、人類の歴史の最後の革命かもしれない。

(2) 蒸気機関発明やキリスト様仏様の誕生より大事件では？

(3) しかし、文明の目的が最終的に達成されたので、見直しが必要。文明の目的とは、人間の機能の代替をさせ、人間が楽をすることであった。手の代替が工作・土木機械、足の代替が交通機械、脳の単純な能力の代替が計算機、そして本当に脳をまねて、複雑な判断をするAIに到達した。

(4) 21世紀は「人間と同等のものを作り出す世紀」である、という認識が大切。始めは電子工学的手段によって、次に生命科学的手段によって。

　そのとき、AIとの調和を前提として、人間の尊厳を維持する、今よりよりはるかに高度な倫理観と労働観をもつ必要がある。文明の目的は「人間が人間らしく生きられる社会経済の構築であること」を強調しな

いと大変なことになることは事実。

2．AIは文明の目的

　今後、特に雇用問題が深刻になった場合、（第1次産業革命時のラッダイト運動のように）「なぜAIを作ったのか、作らなければよかった」といった意見をもつ人は当然出てくるだろう。

　しかし、この判断は間違いである。よく考えれば、**AIの発明は、そもそも文明の目的であり、必然である。われわれの文明は長年「人間の省力化、（望まぬ）労働からの開放」を追求してきたのである。人間を代替する機械＝AIの出現は、実はわれわれが長年望んできたことだったのである。**たまたまそれが今世紀になり、その最終目的が相当達成されつつあるというだけである。

　しかし、当初の文明の目的が達成されたことで、**文明の再定義が必要になるなら、それを行えばよい。AIを前提にした「AIを駆使し、人間がより人間らしく生きられる経済・社会」の構築である。**

　同じように、AIやロボットを過度に禁止することも不可能である。人間の歴史からみて、どのような危険な技術でも、いったん知ってしまったらそれを「忘れる」ことはできない。それが聖書のいう「知恵の実を食べた人間の原罪」である。まして今のAIのニューラルネットは、人間の脳を模した、むしろ原理は単純なものであり、どの時代でも、誰でも、発明する可能性は常にあると考えないといけない。

3．AIが高度化してからの人類の仕事（文明の目的の再定義）

⑴ イノベーション

　上記のように、ほとんどの産業が完全に自動化されるので、その自動化された既存の産業のたえざる改良・進歩の企画が人類の仕事になる。

　筆者もずいぶん、次の経済の主役の候補として、クリエイティブ経済を研究してきたが（フロリダ 2010、小長谷 2015）、現在のAIの急速な進歩により、創作活動分野も応用が進んでいる（「ネクストレンブラント」、「作家ですのよ」などのプロジェクト〔松原ほか 2013〕）ことを考える

と、人類の最後の仕事としてクリエイティブ産業だけに限ることは難しい。

人間に残された仕事は、既存のシステムを改良するイノベーションそのものであろう。もちろんイノベーションにも AI を活用するということは出てくるが、シンギュラリティの可能性を考えると、AI だけにイノベーションを主導させるのは危険。**システムの通常業務の自動運転は AI に全面的にまかせてもよいが、システムそのものの改良・進化（イノベーション）は、人間の仕事というより、「人間の権利」として残しておくことなのである。**

(2) 宇宙開拓

地球よりはるかに過酷な環境の宇宙への進出は、人間のよき友としての AI がないと不可能な事業である。また長期の宇宙進出は、上記のような、投入（原材料）を完全な自由財とリサイクル資源だけから作り、投入エネルギーも再生可能エネルギーだけから作る「完全自動工場」の技術がないと不可能だ。それは AI が管理し、耐久年数を予測し、メンテナンスを行い、自己修復できるようなものでなければならない。

(3) AI 利用の人間中心化、AI を駆使し「人間がより人間らしく生きられる経済・社会」の構築への不断の努力

もちろん、AI が非人間的目的に使われないようにすることは人類の最後の不断の仕事になる。「人間が本当に人間らしく生きられるために AI を使うこと」は日本人には向いていると考える。これまでの世界のコンテンツ作品では、小説はいうに及ばず、『マトリックス』『2001年宇宙の旅』『ターミネーター』等、みな、人間を支配したり、あるいは戦争に使うことを想定した AI の姿が描かれてきた。それに対し日本人は、はるか前から『鉄腕アトム』や『ドラえもん』など、「人間の友としての AI」を構想してきた伝統がある。

しかし、ハイテクの恐ろしいところは、ある技術に対しキャッチアップしていかないと発言権すらないことである。今後、社会・経済の中心技術になる AI の開発競争では、AI が優れる国にそうでない国はかなわなくなる。その技術を人間化するのは日本人の発想が大事であるが、

そのためには日本はますます AI の教育が欠かすことができない。

(4) 教育

前節のように、この段階では、教育が最も重要になり、大「学習社会」になる。人類に残された高度な仕事「イノベーション」「人間化」を行うよう教育する、そのような能力を身につけることが、大切な「学習社会」が到来するのである[9]。

注

1) 不気味さの谷：ロボットの容姿が人間に似過ぎるとかえって不安になり、古い、いかにもロボットの形の方が安心できる現象。日本ロボット工学のパイオニアの一人である森政弘博士（東京工業大学教授）が1970年に提唱した概念。

2) AI効果：これまでAIの仕事と呼んでいたものが、AIの仕事でない（単なる人間のツール）と呼ばれるようになること。人工知能で何か新しいことを実現したときに、それが単なる自動化であって知能とは関係ないと結論づける心理効果である（同様のことは、人間特有と思われていた知的な行動を動物も行うことが示されたときにも見られるという）。ルールベースのIBMのディープブルーはAIといわれなくなった。ワトソンも単なる知識ベースではないかといわれるようになっている。

3) もし自動運転事故の責任をシステムにしようとすると、AIのブラックボックス問題（判断の可視化が困難）にぶちあたることに注意。

4) 昼間の膨大なデータの整理を夜間に大脳と海馬がする「教師なし学習」が睡眠であり、世界モデルの更新が夢とみる。

5) 人間にとって有用なのはエントロピーを擬似的に下げる仕事：ゴミはエントロピーが大きい状態、それを再分類してエントロピーを擬似的に下げる仕事をAIができるのは、擬似的な「マックスウェルの悪魔」の機能で、このようなものが人間にとって非常に有用。

6) シンギュラリティ（技術的特異点）：レイ・カーツワイルが提唱した概念で、最終的にAIの能力が人類の能力を全面的に超える瞬間で、特に、AIが、人間の管理下でなく、より優秀なAIを作り出す技術が暴走すると管理不可能になる可能性が指摘されている（カーツワイル2007）。

7) IT産業の本質：IT産業は、巨大な独占を生みやすいが、一方、産業一般、特に他産業に対しては、一般に中小企業・ベンチャーに有利に働く効果をもつ（図12-8の右下部分）。通信・配送費用低下の「④中抜き化・直販モデル」により、IT産業自身をのぞき、巨大な卸売業が衰退し、小規模生産者が消費者に直結できるようになる。また、ネットで直接消費者に結びつくので、消費者が生産者を兼ねる「⑤プロシューマー化」も可能となり、これまで売れなかったような細かい商品も売れるようになる「⑥ロングテール化」も可能になる（小長谷2014d、2015）。

8) 自立的スマートシティ：小長谷・神尾（2012）にもあるように、現在、住宅地で、家庭用蓄電池があれば、再生可能エネルギーである太陽電池の時間変動問題を解決でき、かつほとんど100％エネルギーの自給自足ができる段階にきている。このようなスマートタウンは、堺市、藤沢市、芦屋市などで建設されてきている。

9) 究極経済における社会の形態と教育目的：半永久工場を宇宙旅行に不可欠な経済の中心と述べたが、このような完全に人間が関与しない半永久工場ができる究極経済では、ある経済全体も、宇宙船や開拓移民団のコミュニティに似てくる。地球の経済全体が、完全リサイクルで、工場は完全自動になる「宇宙船経済」になる。そこで働く人々は、まさに「宇宙飛行士コミュニティ」のように、科学をたしなみ、アート・芸術や趣味で暮らし、悠々と完全自動システムを管理し、そして改良していくことが仕事になる。そのような生活ができるようにすることがAI時代の教育の一つの方向性になるのではないか。

参考文献

甘利俊一（2016）『脳・心・人工知能—数理で脳

を解き明かす』講談社

五木田和也（2016）『コンピュータで「脳」がつくれるか』技術評論社

浅川伸一・江間有紗・工藤郁子・巣籠悠輔・瀬谷啓介・松井孝之・松尾豊（2018）『ディープラーニング G 検定』一般社団法人日本ディープラーニング協会監修、翔泳社

伊庭斉志（2015）『進化計算と深層学習（ディープラーニング）』オーム社

井上智洋（2016）『人工知能と経済の未来—2030年雇用大崩壊』文春新書

井上智洋（2019）『純粋機械化経済—頭脳資本主義と日本の没落』日本経済新聞出版社

伊本貴士（2019）『AI の教科書』日経 BP 社

宇井貴志・可能隆・原千秋・渡部敏明（2019）『現代経済学の潮流 2019』東洋経済新報社

NTT データ・樋口晋也・城塚音也（2017）『決定版 AI 人工知能』東洋経済新報社

カーツワイル R.（2007）『ポスト・ヒューマン誕生—コンピュータが人類の知性を超えるとき』井上健・小野木明恵・野中香方子・福田実訳、NHK 出版

ゴードン R.（2018）『アメリカ経済成長の終焉（上・下）』高遠裕子・山岡由美訳、日経 BP 社

国土交通省（2019）「日本が主導してきた自動運転技術に関する国際ルールが国連で合意！～衝突被害軽減ブレーキの国際基準の成立～」令和元年 6 月 28 日告示

小長谷一之ほか編（1999）『マルチメディア都市の戦略—シリコンアレーとマルチメディアガルチ』東洋経済新報社

小長谷一之（2005）『都市経済再生のまちづくり』古今書院

小長谷一之・神尾俊徳（2012）「再生可能エネルギー政策は郊外の空洞化問題を緩和しうるか？」『創造都市研究』第 8 巻第 2 号

小長谷一之・他（2012）『地域活性化戦略』晃洋書房

小長谷一之（2014a）「都市構造の変容」近畿都市学会編『都市構造と都市政策』古今書院

小長谷一之（2014b）「特集：高度化した都市の構築を—単なる縮小から「高付加価値都市へ」」『日刊建設産業新聞』

小長谷一之他編（2014c）『経済効果入門』日本評論社

小長谷一之（2014d）「都市経済論・都市空間論からみた創造都市—構成論的創造都市論」『創造

都市研究』第 10 巻第 1 号

小長谷一之（2015）「第 8 章：インターネットと都市」『角川インターネット講座 10 第三の産業革命経済と労働の変化』KADOKAWA

古明地正俊・長谷佳明（2018）『人工知能大全』SB クリエイティブ

鈴木貴晴（2017）『シンギュラリティの経済学』ブイソリューション、星雲社

鈴木貴博（2017）『仕事消滅— AI の時代を生き抜いていくために、いま私たちにできること』講談社＋α新書

多田智史・石井一夫（2016）『あたらしい人工知能の教科書』翔泳社

田中宏和著（2016）『計算論的神経科学』森北出版

高度情報通信ネットワーク社会推進戦略本部（2016）「官民 ITS 構想・ロードマップ 2016」

竹内郁雄編（2016）『AI 人工知能の軌跡と未来』別冊日経サイエンス、日本経済新聞出版社

多田智史著（2016）『あたらしい人工知能の教科書—プロダクト／サービス開発に必要な基礎知識』石井一夫監修、翔泳社

東洋経済新報社編（2016）『ビジネスパーソンのための人工知能超入門』東洋経済新報社

野村直之（2016）『人工知能が変える仕事の未来』日本経済新聞社

藤本隆宏（2003）『能力構築競争—日本の自動車産業はなぜ強いのか』中公新書

藤本隆宏（2004）『日本のもの造り哲学』日本経済新聞社

藤本隆宏ほか（2007）『ものづくり経営学—製造業を超える生産思想』光文社新書

二木康晴・塩野誠（2017）『いちばんやさしい人工知能ビジネスの教本』インプレス

松尾豊（2015）『人工知能は人間を超えるのか—ディープラーニングの先にあるもの』KADOKAWA

松原仁ほか（2013）「コンピュータに星新一のようなショートショートを創作させる試み」人工知能学会全国大会

馬奈木俊介編（2018）『人工知能の経済学—暮らし・働き方・社会はどう変わるのか』ミネルヴァ書房

三津村直貴（2017）『これだけは知っておきたい AI ビジネス入門』成美堂出版

Motor Magazine 編集部（2020）「2019 年 12 月の改正道路交通法で、自動運転レベル 3 実用化

へ法整備が整った」2020 年 1 月 8 日付

Motor Fan illustrated 編集部（2019）「国土交通省：日本が主導してきた自動運転技術に関する国際ルールが国連で合意」2019 年 7 月 1 日付

中島能和（2017）『自分で動かす人工知能』インプレス

日経コンピュータ編（2016）『まるわかり人工知能最前線』日経コンピュータ、日経 BP 社

日経電子版（2019）「トヨタ、超小型 EV を 20 年冬発売 「日常の足」に」2019 年 10 月 16 日付

日経トレンディ編（2019）『未来のビジネス基礎用語』日経 BP 社

日経 BP 社編（2017）『人工知能 & IoT ビジネス』日経 BP 社

日経ビッグデータ編（2017）『グーグルに学ぶディープラーニング』日経 BP 社

ブリニョルフソン E.・マカフィー A.（2013）『機械との競争』村井章子訳、日経 BP 社

フロリダ R.（2010）『クリエイティブ都市経済論』小長谷一之訳、日本評論社

ホーキンス J.・ブレイクスリー S.（2005）『考える脳 考えるコンピュータ』伊藤文英訳、ランダムハウス講談社

リベット B.（2005）『マインド・タイム—脳と意識の時間』下條信輔訳、岩波書店

渡辺正峰（2017）『脳の意識 機械の意識—脳神経科学の挑戦』中公新書

ウェブ

産経新聞（2019）「【ビジネス解読】日本経済を揺るがしかねない「アマゾン・エフェクト」の脅威」2019 年 12 月 22 日付（https://www.sankei.com/premium/news/191222/prm1912220001-n1.html）

第 14 回全脳アーキテクチャ勉強会「深層学習を越える新皮質計算モデル」報告レポート（2016）「松田卓也（2016）「大脳新皮質のマスターアルゴリズムの候補としての Hierarchical Temporal Memory（HTM）理論」発表資料」2016 年 8 月 15 日付（http://wbAInitiative.org/1653/）

第 4 回全脳アーキテクチャシンポジウム，教育事業 – event, 全脳アーキテクチャシンポジウム

（2019）「松尾豊（2019）「理解するとは何か？—高次元科学と記号処理」発表資料」2019 年 11 月 23 日付（https://wba-Initiative.org/3701/）

日経クロストレンド（2019）「ディープラーニング活用最前線第 32 回　ごみ焼却炉でも AI 活用　運転時間の 89％を自動化へ」2019 年 4 月 22 日付（https://xtrend.nikkei.com/atcl/contents/casestudy/00012/00182/）

日本経済新聞（2019a）「ソースネクスト、通訳機「ポケトーク」新型を発売」2019 年 11 月 7 日付（https://www.nikkei.com/article/DGXMZO51900050X01C19A1X20000/）

日本経済新聞（2019b）「遠いコンパクトシティ止まらぬ居住地膨張・大阪府ひとつ分に」2019 年 12 月 26 日付（https://vdata.nikkei.com/newsgraphics/compact-city/）

日本経済新聞（2020）「トヨタがスマートシティ参入 —CES で発表」2020 年 1 月 7 日付（https://www.nikkei.com/article/DGXMZO54098420X00C20A1I00000/）

ネクストレンブラント　http://www.nextrembrandt.com/

ビジネス＋ IT（2019）「創薬で AI がヒトを凌駕、Insilico Medicine が拓いた可能性」2019 年 12 月 5 日付（https://www.sbbit.jp/article/cont1/37341）

ベストカー（2019）「トヨタ 2020 年冬ミニ EV 発売」2019 年 12 月 24 日付（https://bestcarweb.jp/news/entame/110885）

NHK（2016）「人工知能 病名突き止め患者の命救う 国内初か」2016 年 8 月 4 日付 http://www3.nhk.or.jp/news/html/20160804/k10010621901000.html

NRI・オックスフォード大の報告書（2015）https://www.nri.com/-/media/Corporate/jp/Files/PDF/news/newsrelease/cc/2015/151202_1.pdf

ZDNet Japan（2016）「ジョブズとダヴィンチの共通点—「30 年前の iPhone」を生んだアートとロジック —」（NHK スペシャル［2011/12/23］「世界を変えた男—スティーブ・ジョブズ」を引用）（https://japan.zdnet.com/article/35101625/3/）

［補説］　第Ⅲ部が簡単にわかる10のポイント集

Ⅰ．AIの基礎がすぐわかる5つのポイント

ポイント① ☐AIの歴史は3つのブーム☐ ⇒【図11-1（180〜181頁）】の上段を参照

(1) もともとAIは自動人形などで昔から人類の夢だった（第2章）。

(2) **第1次ブーム**は、計算機が商用化し、天才たちが議論した「ダートマス会議（1956年）」。

(3) **第2次ブーム**は、なんと日本が中心。IBM互換機路線で行き詰まった通産省の第5世代コンピュータ計画。「エキスパートシステム」というように裁判官や医者などの専門家の論理をこれまでの計算機で実現しようとした。結果は、専門家の知識といえども膨大でありまたそもそも人間社会が完全に論理的でないので行き詰まった。

(4) 人間にできてこれまでのAIができなかった最大の難関が「パターン認識問題」。ところが最初はコンピュータ専業企業でなかった検索業のグーグルが、最初に画像・動画の分類に挑戦するため、①通常の計算回路でなく人間（生物）の神経回路をマネた「ニューラルネットワーク」を用い、②人間が教え込む手間を省き自分で学習（機械学習：マシンラーニング）、③ニューラルネットワークを多層にして複雑な判断を処理（深層学習：ディープラーニング）の3つの工夫により、人間と同等・それ以上に判断が可能になり「第3次ブーム」がホンモノになる。日本のNHKの技術者の研究（たたみ込み法、196頁）も活かされていることに注意。AI元年は2012年。

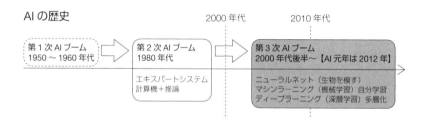

AIの歴史

ポイント② AI の成功は、人間（生物）の神経回路をマネたこと ⇒ニューラルネットワーク ⇒【図 11-2（182 頁）】を参照

(1) ニューラルネットワークは、みなさんが持っているパソコンやスマホなどの中の計算回路よりずっと簡単なことに注意。

(2) 神経細胞は、インプットの沢山の信号を受けて、自分からアウトプットを出す決断するだけ。つまり聖徳太子である。**人間の脳・神経には 1000 億人の小さな聖徳太子が居る。**

(3) 構造が単純なのに普通の計算回路より優れているのは「学習能力」があるから。

ポイント③ AI の成功は、神経回路を多層にしたこと ⇒深層学習（ディープラーニング）⇒【図 11-5（191 頁）】を参照

(1) 図の上が単層のニューラルネットワーク、図の下が 4 層のニューラルネットワーク。層を増やすと比較にならないほど複雑な判断ができるようになっている。

(2) この深層学習の訓練の仕方が難しかったが、トロント大学などの研究（オートエンコーダ）で突破。

ポイント④ 成功した AI の特徴は、厳密な論理ではなく確率的判断 ⇒【図 3-3（47 頁）】を参照

(1) この図は、トロント大が優勝したときの計算結果。全部確率的判断で、最大確率が正解と近い。

(2) 間違っている例が下段右から 2 番目。AI は携帯電話と判断したが正解はカセットテープデッキを耳に押し当てた男の写真だった。つまり人間と同じような誤解、うなずける間違いをしている。

(3) だから、むしろ、人間と同じ弱点ある。名人や職人の判断と同じで「説明が難しいブラックボックス問題」がある。

ポイント⑤ なぜ第 3 次ブームで AI が「ホンモノ（スゴく）」なったのか？ ⇒以上のまとめは【図 11-3（185 頁）】を参照

Ⅱ．AI の応用がすぐわかる5つのポイント

ポイント⑥　AIの応用3原則 ⇒【表12-1（208頁）】を参照

⑴ 小長谷（2020）が提示した、AIの応用3原則とは、⒜エラー率の
人間よりの低下、⒝人間が判断する時間的余裕の存在、⒞法的問
題が生じにくい場合、である。

⑵ ほとんどの応用分野（医療、言語、工業、小売り・物流、農業）で
は、第1原則⒜だけでなくなんらかの形で⒝⒞も部分的に成立
しているので応用がどんどん進んでいる。

⑶ AIの応用で今一番注目されている「自動運転」だけが⒜原則しか
満たさない。

⑷ 工場と自動運転の2つは、日本がこれから有利さを活かすべき
「エッジ処理（クラウドでない現場処理）」の中心だが、工場の場合
はミスあっても社内で不良品として処理し法的問題ない（AとCを
満たす）。ところが交通事故は法的問題ないというわけにいかない
（Aしか満たさない）のである。

ポイント⑦　AIで最も完成されているのが言語処理 ⇒【205頁】およ
び【210頁】を参照

⑴ 今一番進んでいるというか、もう完成されているのが言語処理技
術。なぜなら文章は1次元の情報でしょせん簡単だから。

⑵ 社長が大阪市大卒の日本のポケトークは70カ国以上の言葉に正確
に瞬時に翻訳。

⑶ 文章情報は1次元だが係り結びがある。これを「アテンション機
能（注意機能）」で克服した「トランスフォーマー」を用いたグー
グルのBARTや、イーロンマスクのOpenAI財団のGPT-3は、
**もはや、人間より上手いぐらいの文章書いてくる（見分けがつかな
い）。**第11章の補説で述べたように、**人間の知能でもっとも重要な
のは画像と言語の認識であり、**「文脈をよむ」トランスフォーマー
の大規模AI（ファウンデーションモデル）は、AI元年（2012）から

10年もたたないうちに、AIに第2次革命をひきおこしつつある。

ポイント⑧ 　それにも関わらず自動運転は実現する⑴ ⇒【図 12-1（217頁）】を参照

⑴ 小長谷が 10 年以上から注目し研究していたのが「郊外のタクシーのマーケット」。タクシー需要は、昔は通勤通学だが、今はシニアの通院や観光が 7 〜 8 割。

⑵ これは都市構造に大変化を起こす。なぜならこれまでの都市は、阪急の祖、小林一三さんのように、「通勤通学」で放射状に発展したもの。

⑶ ところがシニアの動きはランダムである。したがってこれからの**交通や都市構造は「ラストワンマイル」「オンデマンド」などをキー概念とする小さな個人公共交通に移行する**と考えられる。

ポイント⑨ 　それにも関わらず自動運転は実現する⑵ ⇒【図 12-1（217頁）】を参照

⑴ マーケティング的にみて、郊外や地方のシニアの移動需要や観光需要が大きくなる。「通勤通学都市から通院観光都市へ」

⑵ それらの環境が自動運転的にもっとも安全でもある。

⑶ したがって都心や若者マーケットではなく、郊外・地方のシニア・観光マーケットから普及すると予想される。

ポイント⑩ 　日本人は優秀なのに IT で出遅れたときと同じで、AI についても誤解が多く、それを認識・克服すれば大発展する（AI の中心は人型ロボットだけでない）⇒【図 12-7（230 頁）】を参照

〈IT 教育に関する参考サイト〉
https://www.youtube.com/watch?v=9Cw-dOXv7wQ

執筆者紹介

村上憲郎
（むらかみ　のりお）

[第1章]

編者紹介参照

服部　桂
（はっとり　かつら）

[第2章]

編者紹介参照

今井隆志
（いまい　たかし）

[第3章、第4章]

京都フュージョニアリング株式会社取締役（現任）経営全般。元株式会社エナリス取締役 エナリスみらい研究所プレジデントとして、電力ネットワーク最適化への AI 技術およびブロックチェーン技術の応用を主導した。東京大学工学部卒業後の 1980 年代に三菱総研で人工知能や数値シミュレーションの研究に従事し、LISP 言語を使った認知科学の研究などに行った。その後、複数の金融機関において、データベースマーケティングや保険数理への AI の応用などを主導した。元チャブ損害保険株式会社元代表取締役社長兼 CEO。一橋大学大学院国際企業戦略研究科修士、Yale University Graduate School 修了（Master of Science）。

近　勝彦
（ちか　かつひこ）

[第5章]

編者紹介参照

金野和弘
（こんの　かずひろ）

[第6章]

大阪公立大学大学院都市経営研究科教授。広島大学大学院社会科学研究科博士課程後期単位取得退学。独立行政法人科学技術振興機構常勤研究員、岡山学院大学専任講師、明治大学国際総合研究所客員研究員、島根県立大学総合政策学部専任講師、准教授、地域政策学部教授を経て現職。著書に『情報リテラシー』（大空社）などがある。

谷本和也
（たにもと　かずや）

[第7章]

佛教大学社会学部講師、大阪公立大学大学院都市経営研究センター研究員。大阪市立大学大学院創造都市研究科博士（後期）課程修了、博士（創造都市）。グローバル経営学会優秀講演賞受賞。著書に『顧客分析論―メタファー分析によって顧客の本当の心を知る』（大阪公立大学共同出版会、共）、『経験の社会経済―事例から読み解く感動価値』（晃陽書房、共）などがある

廣見剛利
（ひろみ　たけとし）

[第8章]

株式会社マーケティングデザイン代表取締役社長。大阪市立大学大学院創造都市研究科博士（後期）課程在学。甲南大学文学部英語英米文学科卒業。著書に『集客の方程式―SNS 時代のメディア・コミュニケーション戦略』（学術研究出版、共）などがある。

圓林真吾
（まるばやし　しんご）

[第9章]

株式会社メディアオーパスプラス取締役 COO。大阪芸術大学芸術学部卒、関西大学大学院総合情報学研究科修了、情報学修士。株式会社浜学園に入社し、国語科講師経験の後、映像制作配信事業統括責任者に着任。ほどなく『浜学園 Web スクール』を立ち上げ、その後の e ラーニングを統括。浜学園映像制作配信事業部が株式会社メディアオーパスプラスに分社独立すると同社取締役 COO に就任、浜学園退社、現在に至る。出版社、学習塾、大学、一般企業等の学びの映像、AI、データ解析を幅広く支援。

中島　晋
（なかしま　しん）

［第10章］

中小企業診断士。大阪市立大学大学院創造都市研究科博士（後期）課程在学。関西学院大学法学部政治学科卒業後、信用金庫勤務。大阪市立大学大学院創造都市研究科都市ビジネス専攻修士課程修了、修士（都市ビジネス）。研究業績優秀賞（若野賞）受賞。

小長谷一之
（こながや　かずゆき）

［第11章、第11章補説、
第12章、第Ⅲ部補説］

編者紹介参照

編者紹介

村上憲郎
（むらかみ　のりお）
［第1章］

大阪公立大学大学院都市経営研究科教授（実務型専任）。元グーグル米国本社副社長兼グーグル日本法人代表取締役社長。国際大学 GLOCOM 客員教授。大阪工業大学客員教授。会津大学参与。（公財）ハイパーネットワーク社会研究所理事長。（社）グリーンカラーアカデミー理事長。（社）ASUKA アカデミー理事。（株）ブイキューブ社外取締役。セルソース（株）社外取締役。（株）メルカリ社外取締役。（社）大分県エネルギー産業企業会元会長・現顧問。（株）村上憲郎事務所代表取締役。京都大学工学部卒。主な著書に『知識ベースシステム入門—やさしい人工知能』（インフォメーションサイエンス社）、『村上式シンプル英語勉強法—使える英語を、本気で身につける』、『村上式シンプル仕事術—厳しい時代を生き抜く14の原理原則』（以上、ダイヤモンド社）、『一生食べられる働き方』（PHP 新書）、『クオンタム思考』（日経 BP 社）、『量子コンピュータを理解するための量子力学「超」入門』（悟空出版）、『Google が教えてくれた英語が好きになる子の育てかた』（CCC メディアハウス）、『スーパー IT 高校生 "Tehu" と考える　創造力のつくり方』（角川書店、共）などがある。

服部　桂
（はっとり　かつら）
［第2章］

ジャーナリスト。関西大学客員教授。早稲田大学、女子美術大学、大阪市立大学、成城大学（2020 年4月より）などで非常勤講師。早稲田大学理工学部で修士取得後、朝日新聞社に入社。AT & T 通信ベンチャー（日本 ENS）に出向、MIT メディアラボ客員研究員として未来のメディアを研究。科学部記者や雑誌編集者を経て定年退職。著書に『人工現実感の世界』（工業調査会）、『人工生命の世界』（オーム社）、『メディアの予言者—マクルーハン再発見』（廣済堂出版）、『マクルーハンはメッセージ—メディアとテクノロジーの未来はどこへ向かうのか？』（イースト・プレス）、『VR 原論—人とテクノロジーの新しいリアル』（翔泳社）などがある。また訳書に『デジタル・マクルーハン—情報の千年紀へ』、『パソコン創世「第3の神話」—カウンターカルチャーが育んだ夢』、『ヴィクトリア朝時代のインターネット』、『謎のチェス指し人形「ターク」』、『チューリング—情報時代のパイオニア』（以上、NTT 出版）、『テクニウム—テクノロジーはどこへ向かうのか？』（みすず書房）、『〈インターネット〉の次に来るもの—未来を決める 12 の法則』（NHK 出版）など多数。

近 勝彦
（ちか　かつひこ）

［第5章］

大阪公立大学大学院都市経営研究科教授。広島大学大学院生物圏科学研究科博士後期課程単位取得退学後、小樽商科大学、島根県立大学などを経て現職。その間、東京大学社会情報研究所、北東アジア地域研究センター、科学技術振興機構の研究員を歴任。現在の研究対象は情報経済論、情報社会論、情報経営論。主な著者は『IT資本論―なぜIT投資の効果はみえないのか？』、『web2.0的成功学―複雑系の科学と最新経済学で時代を読む』（以上、毎日コミュニケーションズ）、『情報経済社会の基礎理論Ⅰ―情報経済系―』、『情報経済社会の基礎理論Ⅱ―情報社会系―』（以上、学術図書出版社、編）、『顧客分析論―メタファー分析によって顧客の本当の心を知る』（大阪公立大学出版会、共）、『集客の方程式―SNS時代のメディア・コミュニケーション戦略』（学術研究出版、共）、『創造社会のデザイン―片岡良範博士追悼論文集』（ふくろう出版、共）、『経験の社会経済―事例から読み解く感動価値』（晃洋書房、編）ほか多数。

小長谷一之
（こながや　かずゆき）

［第11章、第11章補説、第12章、第Ⅲ部補説］

大阪公立大学大学院都市経営研究科教授・東京大学空間情報科学研究センター客員教授。京都大学理学部（物理系）卒業、東京大学大学院理学系研究科修士課程（統計物理学）修了、京都大学大学院文学研究科博士後期課程（地理学）中退、大阪府立大学講師、大阪市立大学経済研究所助教授、同創造都市研究科教授、同都市経営研究科開設準備委員会副委員長、同都市経営研究科研究科長をへて現在に至る。毎日出版文化賞受賞、日本都市学会特別賞受賞、メディア政策参考図書100選。主な著書に『角川インターネット講座　10：産業と労働の変化』（KADOKAWA、共）、『経済効果入門』（日本評論社、編）、『クリエイティブ都市経済論』（日本評論社、単訳）、『クリエイティブ経済』（ナカニシヤ出版、共訳）、『マルチメディア都市の戦略―シリコンアレーとマルチメディアガルチ』（東洋経済新報社、編）、『地域活性化戦略』（晃洋書房、共）、『地域創造のための観光マネジメント講座』（学芸出版社、共）、『都市経済再生のまちづくり』（古今書院）、『都市構造と都市政策』（古今書院、共）、"Land Use Cover Change"（Science Publishers, Inc.、共）、"Modelling Geographical Systems"（Kulwer Publishing、共）、「AIによる不動産分析― AIの説明可能性問題に向けての視点」『都市経営研究』1号（共）ほか。

都市経営研究叢書3

AI と社会・経済・ビジネスのデザイン [増補版]

2020 年 3 月 25 日　第 1 版第 1 刷発行
2022 年 9 月 30 日　増補版第 1 刷発行

編　者——村上憲郎・服部 桂・近 勝彦・小長谷一之
発行所——株式会社 日本評論社
　　　　　〒170-8474 東京都豊島区南大塚 3-12-4
　　　　　電話 03-3987-8621（販売）-8601（編集）
　　　　　https://www.nippyo.co.jp/　振替 00100-3-16
印　刷——平文社
製　本——牧製本印刷
装　幀——図工ファイブ

検印省略　©N. Murakami, K. Hattori, K. Chika, and K. Konagaya 2022
ISBN978-4-535-58781-6　Printed in Japan